钟声在这一天敲响

——记 1968 年清华大学 7.27 事件

The Bell Tolled on That Day:
The 7.27 Event of Tsinghua University in 1968

Writer: Liu Chaoju

编辑组：鲍长康　王学文　刘才堂　廖凯贤
　　　　邢刚　李青　戴碧玉　温思源　刘朝驹
执　笔：刘朝驹

美国华忆出版社
Remembering Publishing, LLC

Copyright © 2023 by Remembering Publishing, LLC. USA

ISBN： 978-1-68560-079-2 (Paperback)
　　　978-1-68560-080-8 (eBook)
Remembering Publishing, LLC
RememPub@gmail.com

The Bell Tolled on That Day:
The 7.27 Event of Tsinghua University in 1968
Writer: Liu Chaoju

钟声在这一天敲响
　　——记1968年清华大学7.27事件

编辑组： 鲍长康　王学文　刘才堂　廖凯贤
　　　　邢刚　李青　戴碧玉　温思源　刘朝驹

执　笔： 刘朝驹

出　版： 美国华忆出版社
版　次： 2023年10月 第一版 第一次印刷
字　数： 142千字

All rights reserved.
No part of this book may be reproduced in any form or by any electronic or mechanical means, including information storage and retrieval systems, without permission in writing from the publisher. The only exception is by a reviewer, who may quote short excerpts in review.

作品内容受国际知识产权公约保护，版权所有，侵权必究

清华大学平面图

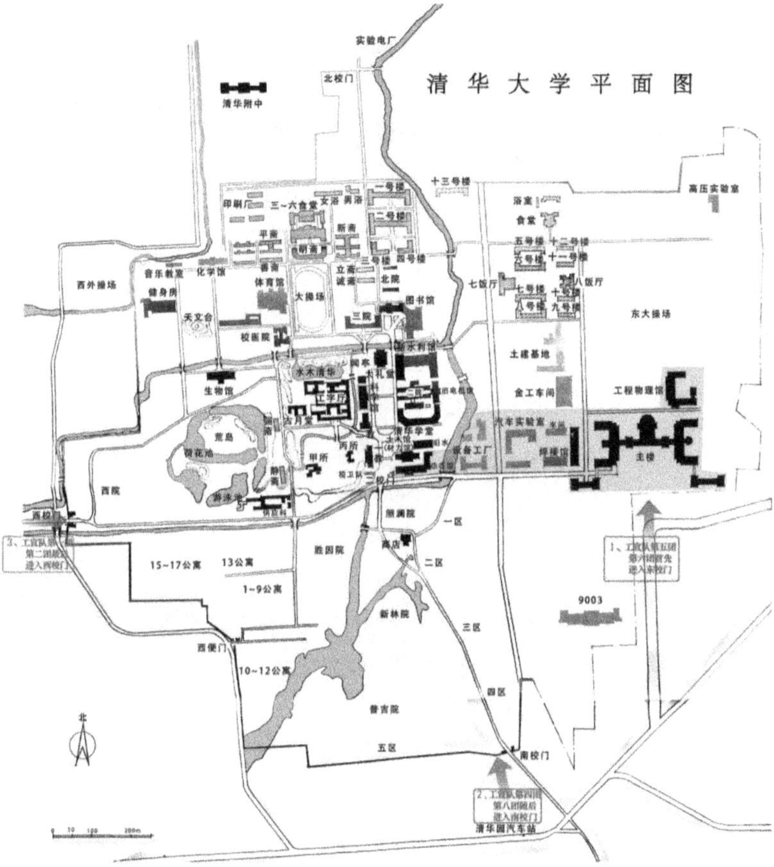

1968年7月27日清华大学态势图

注1：图中三处红色箭头为工宣队进入清华大学示意图，红色方框中的文字为补充说明。

注2：图中黄色区域为414当时占据的区域，东起主楼，西至动能馆，另含孤立在礼堂西南侧的科学馆。黄色区域之外的无色区域均为团派控制区。

蒯大富向周恩来总理汇报

1967年11月27日，清华大学工物系64级学生王学文和贵州"4.11"核心组的袁昌福等到北京大学开会，在北京大学原校阅览楼外毛主席塑像下用王学文带来的照相机留下了这幅合影。

前排：左2贵州新华印刷厂工人袁昌福，左3贵州工学院学生董大权，左4贵州工学院学生曾廉溪，左5北大中文系63级贵阳人张甦，左6北京石油学院炼制系64级程祖山。

中排：左1贵州工学院学生彭孟祺，左3贵州工学院学生李永福。

后排：左1贵阳医学院（今贵州医科大学）学生戴碧玉，左2贵阳六中学生徐纯毅，左4贵阳师范学院（今贵州师范大学）学生邱富伦，左5贵阳师范学院（今贵州师范大学）学生梅国材，左6北大中文系63级学生张惠泉，左7王学文。

清华大学无06班学生邢晓光（右一，现名邢刚）与太原十中学生沈刚（左1，现为邢刚夫人），北京矿业学院学生韩成刚（左2），北京农机学院学生毛一民（左3）于1967年秋天在清华主楼前合影。

1968年5月，蒯大富（右）与鲍长康（左）摄于清华大学静斋西荷花池小桥

武斗期间身着盔甲的清华学生

前排左起：任传仲、鲍长康、蒯大富
后排左起：陈继芳、马小庄、王良生、刘才堂

清华大学"井冈山"总部核心组成员于1968年9月24日，为纪念清华大学"井冈山"成立二周年，摄于北京中国照相馆。

此时正是清华大学"大联委"学习班期间，这张照片因此也成为他们破坏大联合的证据。

河南二七公社武彩霞保存的7.27事件之后的清华《井冈山》小报第154期、155期、157期，这三期分别刊登了毛主席接见蒯大富等人讲话、毛主席赠送芒果给工宣队、清华两派成立大联合委员会等内容。

蒯大富在第154期上题字"历史是不能忘记的"。

2009年清华大学校庆日，蒯大富将《清华蒯大富》一书送予沈如槐

2009年清华大学校庆日。文革期间清华两派校友聚会北京。
　　第一排左起：叶志江、杨继绳、孙维藩、石福庆、蒯大富、沈如槐、刘才堂、鲍长康、尹尊声、唐晋
　　第二排左起：汲鹏、李自茂、马小庄、陈继芳、武庆兰、黄雅岚、陈育延、孙铮、邱心伟、洪喆子
　　第三排左起：唐伟、张云辉、孙毓星、林海、王良生、高子正、周同衡、张学琛、周志宏、吴炜煜

　　第一排左起：邱心伟、黄雅岚、崔兆喜、陈继芳、陈育延、李建国
　　第二排左起：沈昆、马小庄、张庚、陆小宝、孙铮、刘立伟
　　第三排左起：蒯大富、潘四明、蒋南峰、杨继绳、周家琮、张学琛
　　后排左起：童鲁、王醒民、孙怒涛、李自茂、孙毓星、陈楚三、唐伟

2011年清华百年校庆日，校友聚会在北京卢沟桥宛平城

2013年4月27日清华大学校庆期间在中关村"郭林家常菜"陈育延组织的清华大学"团派""四派"聊天会

后排左起：吕述祖、张树有、周泉缨、林海、蒯大富、汲鹏、金品玮

中排左起：赵为民、颜惠中、陈育延、孙铮

前排左起：刘才堂、沈昆、孙耘、周同衡

前排左起：王瑜（张学琛夫人）、孙铮（孙耘夫人）、黄雅岚（李自茂夫人）、李自茂、蒯大富、刘才堂、汲鹏、周泉缨、陈育延、吕述祖

后排左起：沈昆、孙耘（孙毓星）、张树有、林海、叶志江、张学琛、唐少杰、蒋南峰、周同衡、金品玮

拍照者：赵为民（刘才堂夫人）

2013年7月21日，贵州"4.11"与蒯大富伉俪在贵州财院合影留念。前排左1庞守中，左3蒯大富夫人罗晓波，左4蒯大富，左5李少华，左6戴碧玉，左7王润深；

后排左1雷友桂

2013年8月，曾于1968年7月27日借宿清华大学的贵州"4.11"成员时在贵阳欢迎清华大学蒯大富、王学文的合影

后排左2 李乾宽，左3 曾廉溪，左4 魏小花，左5 徐纯毅，左6 余孝颖，左7 张远识，左8 郭平，左9 温思源，左10 王卫东（王云生），左11 张远超，左12 陈孝洪。

前排左1 李青，左2 张惠泉，左3 张甦，左4 戴碧玉，左5 蒯大富，左6 邱富伦，左7 李少华，左8 王学文，左9 莫伏麟，左10 梅国才。

左起：李青、蒯大富、鲍长康
2016.7.15 在贵阳花溪湿地公园

2016年7月，蒯大富与鲍长康在贵阳情人谷养老院

左起：蒯大富、余孝颖、鲍长康、温思源、徐纯毅
2016年7月29日摄于贵阳

2018年7月，清华大学鲍长康夫妇应邀赴贵阳参加"7.29"纪念活动，并在会上致辞。会后，与当年住清华10号楼的几位贵州"4.11"合影留念。左起王卫平、徐纯毅、戴碧玉、鲍长康、鲍长康夫人严小慧、梅国材、李青。

"7.29"是指1969年7月29日发生在贵阳紫林庵的一次武斗事件。在这次武斗事件中，贵州"4.11"及无辜群众有54人被打死，伤172人。1969年10月26日，中央下达解决贵州问题的中发（69）71号文件，明确"4.11"是革命群众组织，李再含撤职。"7.29"是悼念这一天死难的群众。

2018年8月30日，蒯大富与贵州"4.11"在贵阳孔学堂合影。
前排：左一张惠泉，左三邓振新，左四戴碧玉，左五蒯大富。
后排：左一张甦，左五王润深，左六雷友桂，左七梅国材。

后排左起，李凌云、叶志江、鲍长康、严小慧、赵为民，
前排左起，廖凯贤、黄雅岚、李自茂、刘才堂，
2019年10月18日摄于上海叶志江办公室

2022年7月,王学文应邀到贵州遵义参加"4.11"聚会,并在会上致辞,会后合影留念。中排:左6戴碧玉,左7邓振新,左10郭平,左11陈贤,左12王学文,左13王东良,左14王启杨,左20张甦。

后排:左1陈茂昌,左5雷友桂,左9 温思源,左11张惠泉,左13马彦玲,左14蒋冀(明珠)

左起马彦玲、严小慧、鲍长康、刘才堂、刘朝驹、王学文。2022年10月6日摄于雄安火车站前

左起：邓蓉蓉、蒋冀、蒋冀夫人、邓振新、陈远维、张甦、张惠泉、陈贤、戴碧玉、王学文、徐纯毅、马彦玲、邱富理、戴玉祥

左起王学文、鲍长康、严小慧、刘才堂、刘朝驹
2022 年 10 月 8 日摄于任丘星际酒店

左起李青、严小慧、鲍长康、王学文、马彦玲2022年8月摄于贵阳中铁城。在此确定写一本记述1968年7月27日经历的书

2023年4月26日鲍长康（右）与胡鹏池（左）
在南通胡鹏池家中

目录

前　言 1
序　言 3
导　言 5

一、当时的形势与《7.3 布告》 7
二、清华园百日武斗 11
三、北大为电再武斗，广东武传斌进京 28
四、"北航黑会" 36
五、中央发《7.24 布告》，毛主席召见谢静宜 44
六、7.25 接见广西代表 48
七、要解决柳、桂问题 54
八、再追问《今日的〈哥达纲领〉》 61
九、武传斌回广州受到批判，七二七工宣队开进清华 69
十、开东门，工宣队与"4.14"主楼签协议 74
十一、工宣队二校门止步不前，难敌众工人们涌入西门 78
十二、围静斋，蒯大富不解 86
十三、工人解救科学馆 90
十四、工宣队进入大礼堂，占领工字厅 95
十五、弃旧电守旧水，工人围东区宿舍 100

十六、守明斋，静斋解围 107
十七、"井冈山"解救大礼堂 112
十八、"4.14"撤离科学馆 117
十九、"井冈山"驱赶工人 122
二十、火攻十号楼，东区死人了 126
二十一、紧张的临时指挥部，蒯大富与迟群谈判 132
二十二、又死人，枪响9003 139
二十二、"井冈山"清华人撤离 148
二十四、聂元梓北京大学议对策，
　　　　毛泽东急召见"五大领袖" 155
二十五、似漫谈海阔天空说文革 163
二十六、蒯大富见主席嚎啕大哭 171
二十七、批评几位学生头 179
二十八、红卫兵"钟"声响起 186
二十九、清华园安抚工人与学生，
　　　　电话到改"接见"为"召见" 194
三十、　工人围住蒯大富，"井冈山"撤出9003 199
三十一、公布正式传达稿 204
三十二、工宣队进驻大学 217

后　　记 225
读后记 227
书中人物介绍 230

前　言

2016年夏天，我们夫妇应蒯大富邀请，到贵阳情人谷养老院避暑，有幸遇到李青伉俪。在冷水鱼庄谈起了1968年7月27日贵州4.11的40多名造反派在清华大学十号楼遭遇火攻的经历，颇为震动。此后，在李青帮助下，在几年的时间里，我们找到了7.27那天在清华的十几名亲历者，一一访谈之后，才知道1968年7月27日那天，工宣队进入清华大学的一些经过。

回想1968年7月下旬，我从井冈山动态报上看到了蒯大富参加了7月17日在北航召开的全国造反派形势讨论会，这次会议已被中央定为北航黑会。当时我问了蒯，蒯回答他就去了一个多小时，有人在会上提出要成立全国造反派联络站，蒯坚决反对，表示不同意，后来就离开了会议。

北航黑会和清华7.27有着一定的因果关系？我一直在思考。2018年，在云南张振钧的帮助下，我邀请了北航的侯玉山夫妇和广西422的朱仁、钱文俊（文革期间名钱文军）在南宁座谈了解到当时各地参加北航会议的造反派，均是当时在当地受压的。他们是广西4.22，辽宁8.31，贵州4.11等等。他们中的不少人居住在清华大学，方便向中央告状。

1968年7月27日，我在清华的时间一共约四个小时，在静斋两个小时，经历了工宣队在军人的带领下团团围住静斋，让进不让出，出就被抓。

我冒充解放军空军到大礼堂，被抓后，蹲在大礼堂的东侧墙根下约2小时。再后来就是被打晕，关到北京市革委会地下室。到7.28上午八点半左右，在毛主席的干预下，被放出，送到了人民大会堂南门。所以，对7.27那天清华大学发生的事情很多都是不清楚的。实际上，清华 7.27 那天，由于被工宣队分隔包围，电话总机室被占领，清华学生彼此的交流还有向上求救的呼号，都是不能够畅通的。在校的其他人只知道身边的事，对其他的楼或地区发生什么事也都是不很清楚。

7.27 那天，我在大礼堂前被抓，所以 2016 年秋，我到美国找到大礼堂当时的负责人游白然，才知道针织总厂工宣队负责人邢云有进入大礼堂的具体过程。

2016 年我参加加拿大的枫叶之游。旅游途中，又有幸认识了 7.27 那天在科学馆 4.14 的邱心伟，了解到了科学馆被解救的经过。

后来通过清华微信群"海南人"群主于火的介绍，4.14 常委张雪梅和丈夫葛伍群专程从澄迈来到海口，我们一起包饺子，她给我讲了工宣队进入主楼的经过。

点点滴滴，涓涓细流汇成河，7.27 那天发生在清华各个楼的一些事情渐渐交汇在了一起，与清华大学校史馆陈列的图片，校史档案馆里的一些记载，似乎存有较大差距。

面对亲历者，那些对真实历史做出错误描述的人，应该脸红呀。

本书委托刘朝驹先生执笔，是为了避开 7.27 那天亲历者本身难以避免的派性陈述，让现在对文革感兴趣的年轻人更好地了解那天事情的真相。由于我们自身的能力所限，这次没有找到那天参加行动的工宣队和解放军亲历者，不能不说是此书的遗憾。

在此感谢沙铁成、林海等人在成书过程中付出的辛劳，感谢李自茂、张雪梅、李世雄、赵炎生、邱心伟、沈昆、张天海、王良生、陈继芳等诸多亲历者的回忆和提供的资料。

是以记之。

鲍长康

2023 年 4 月 6 日

序　言

　　半个世纪前的 1968 年，我们还是中国北京清华大学的几名青年学生时，经历了一场震惊全国的大事——"7.27 事件"。如今已是"不才明主弃，多病故人疏"的耄耋老人的我们为什么要旧事重提？正如司马迁所言："人皆意有所郁结，不得通其道也，故述往事，思来者。"关于当时发生在中国大地上的那场政治风暴，官方或私人著述甚多。但很多是站在自己的立场上予以想象演绎，不符合事实。有的文章，把当时的清华学生描绘成青面獠牙的匪类，形同剿匪小说，让亲历者意甚"郁结"，不得不想把当时的真实情况写出来，以供"来者"判断。为《钟声在这一天敲响》一书提供素材者，主要是原清华大学、原贵州"4.11"在清华大学 1968 年 7 月 27 日那天的亲历者，他们虽然年事已高，但对这些影响了他们一生的政治事件，印象仍然是深刻的。

　　自从 1966 年 6 月 2 日清华北大因为聂元梓的大字报而"停课闹革命"开始，到 1968 年 7 月 27 日，由毛主席亲自发动的这场政治风暴已经经历了 2 年多了。其时全国高校仍然处在停课状态。如北京的高校，以清华北大为首甚至处在两派武力对峙状态。清华院内两派分区，有些教学楼甚至修了武斗工事。多场武斗动用了长矛等器械，甚至枪械也进入了高校，造成了人员的伤亡。这种状态是极为不正常的，亟待改变。后来知道，当时广西、陕西等地武斗激烈，铁路交通受阻，"中央文革"应该是忙于处理这些事情，当时连我们这些原来经常被"接见"的"红卫兵"负责人也见不到他们了。大家处在茫然不知所措之中。

　　还是在这一天——"7 月 27 日"的清晨，数万名号称"工人解放军宣传队"如天兵天将降临清华园，他们以"拆除武斗工事"为名见楼就进,见学生就抓,强制"制止武斗"。而当时两派学生根本没有武斗,这里的黎明静悄悄。

由于当时得不到"上级"(中央文革、北京市革委会)的回复,不清楚真相的学生势必和工人们发生冲突。事后得知工人有伤亡(学生伤亡始终没有统计数字。)经过一个白天的对垒,到晚上九点,几乎所有的清华"井冈山"学生撤出了清华,分散到了北航、体院等几个院校,也有的投靠了北京的亲友家。

直到次日凌晨毛主席在人民大会堂召见会,本次事件性质才得到了结论。学生错,工人对。于是学生们走下了政治舞台,到农村接受"再教育",工人、解放军宣传队登上政治舞台:迟群、谢静宜领导清华的"文化大革命"。

本文就是从不同人的视角记录了这场发生在清华园的事件。通过事后的汇总大家发现:当时由于通讯不通、互相隔离,许多情况都不清楚。比如发生在清华园东区十号宿舍楼的"火攻事件"就使我们颇感震惊。为了将学生轰出来,竟然不择手段。这应该是造成双方伤亡的主要原因。但以后的处理却是学生们负全责。

"人世几回伤往事,山形依旧枕寒流。"现在这事件已经过去了55年。希望我们的回忆能为读者了解那段历史有所帮助。

"悟已往之不谏,知来者之可追。"历史的是非,请"来者"明鉴吧!

刘才堂
2023 年 4 月 4 日

导　言

　　1968年的7月27日,对每一位当时身在清华园的人来说,应该都是终身难忘的。他们全都未曾想到,那天会发生那样的事情。

　　清华大学文革期间长达百日的武斗在那一天终结;已经进行了两年多的文化大革命,可以说是从那天开始了结束的日程;工人进驻上层建筑领域,领导知识分子这一人类历史上似乎是不可思议、从未曾有过的事情,也是从那天开始。

　　"七二七"那天,每一位身处清华园的人几乎都是以期盼、不解、迷惘的心态关注、参与了那天的事情。同时也因为身处不同的区域,对那天发生的事情所见所闻差异甚大。"不识庐山真面目,只缘身在此山中。"本书将"七二七"那天部分亲历者的所见所闻综合汇集,力求再现那天的事情,为过来人留下那段记忆,为历史留下痕迹。

一、当时的形势与《7.3 布告》

1968年7月，中国的文化大革命已经进行了两年多的时间，距离1967年武汉"7.20事件"也过去快一年了。按照毛泽东1967年7月13日在中央文革小组碰头会上说的"一年开张；二年看眉目，定下基础；明年结束。这就是文化大革命"【注1】的说法，1968年7月，文革应该是到了结束的时候了。此时，全国29个省市自治区，除了云南、福建、广西、新疆和西藏这五个省和自治区外，其他24个省市自治区都已经成立了革命委员会，意味着这些省市自治区在文革中经过夺权，已经建立了新的权力机构，可以进入到文革"斗、批、改"中最后的改革阶段了。可是此时，全国除了还没有成立革委会的那五个省和自治区外，广东、四川、湖南、陕西、山西、安徽等地武斗再起，甚至北京都发生了七机部南苑大规模武斗，北京大学、清华大学的两派武斗也愈演愈烈，进入高潮。特别是广西，此时打得是不亦乐乎，甚至在5月21日，中国援助越南武器的军列在广西柳州被抢，中国与越南的铁路运输被迫中断。

1968年5月24日至28日，陕西西安、三原、高陵、富平等地区的两派组织，先后两次在泾阳302武器库发生武斗，共抢走该库各种战备武器万余件和大量弹药。

5月25日，广西梧州平桂矿区为期45天的"平桂大战"开打。

5月26日至27日，西安两派武斗，西安站铁路交通为此中断39个小时。

6月4日，广西桂林地、市"造反大军"从桂林军分区仓库抢走各种枪支3300支、子弹250万发、手榴弹3000多枚、炮弹7500发。抢枪时打伤解放军5人，"造反大军"被打死2人。与此同时，对立派"联指"也先后组织人员进行夺枪行动20多次，共夺得各种枪支

5800多支，各种弹药325.7万多发，手榴弹12.44万多枚，爆破筒114根，火炮多门，还有一批军用物资；"造反大军"共夺得各种枪支3410支，子弹26.92万多发，手榴弹3400枚，火炮8门，以及炸药50吨（此数不包括"造反大军"于1967年8月10日所抢的5450支枪、553.42万发子弹、3126枚手榴弹、5门火炮等）。接着，桂林地区两派展开了长时间、大规模的激烈武斗。

6月8日，北京南苑发生七机部大规模武斗。

6月13日，广西"联指"从南宁市桂剧院据点，用高射机枪攻打"4.22"百货大楼据点，三楼起火燃烧，被扑灭。

6月19日，南宁发生"火种"惨案，62人被杀。

6月28日，广东湛江地区发生了号称是"八国联军"的化州会战，使用了土坦克、迫击炮、75炮、高射机枪和轻、重机枪及各种武器，这场武斗共打死52人，伤68人。武斗期间，化州"联指"还成立了所谓的"前线军事法庭"，枪杀"俘虏"71人。

6月30日至7月2日，重庆两派在建设机床厂发生大规模武斗，动用了37机炮、四联高射机枪、14.5重机枪、63式水陆两用坦克、野炮、履带式装甲车、轻重机枪等，"8.15"派攻占全厂，随后从厂内运走大批枪支。

面对各地的武斗情况，7月3日，中央发出制止武斗、恢复社会秩序的《布告》，时称《7.3布告》。

然而，陕西一些群众组织认为，《7.3布告》是针对广西的，对陕西无约束力。7月12日，陕西汉中两派武斗爆发。

7月15日，广西南宁体育场召开15万人参加的"南宁各界热烈欢呼、坚决贯彻、誓死捍卫毛主席亲自批示的'7.3'布告大会"。当天早上，参加大会的南宁市群众经过南宁邕江大桥时，遭到"4.22"派控制的桥头据点武斗人员的射击，当场打死南宁糖纸厂工人阳碧珍和驻该厂的柳江造纸厂筹备处革委会委员宋玉柱二人，同时还打伤两名参加会议的群众。早上6时左右，"4.22"一派还向区体育场的大会场附近打了3发炮弹。大会立即宣布："这是一小撮阶级敌人对抗中央'7.3'布告，破坏'7.15'大会的反革命事件"。当天，布防在邕江桥头一带的广西"联指"派武装人员向"4.22"占据的解放路一带开枪开炮，解放军的炮兵也向那一带打炮，一直打到第二天上午。

会后，自治区革筹小组和广西军区负责人立即召开会议，决定要有计划、有步骤地出动军队，对"4.22"派进行"摧毁性打击"。并责成南宁市警备区用武力解决"4.22"派在解放路和百货大楼及展览馆一带的武斗据点。

这天，南宁邕江两岸人群车炮往返，无数白色安全帽和钢盔闪烁发光。军队和"联指"的高音喇叭高声广播《7.3布告》。火车站也调来大炮，炮口对准"4.22"的解放路、百货大楼、展览馆。7月的太阳像火一样滚烫，炮手们一遍又一遍地擦着炮弹，他们已经等不及了，纷纷请求允许开炮。

下午，广西军区被炮火击中，伤战士2人。

当天，广西"联指"开始攻打"4.22"派据守的解放路外围据点百货大楼，使用了炸药包、土坦克、无后坐力炮、火箭筒等武器。

"4.22"的参战者，抱着"明知是死，也要抵抗到底的悲壮气概"拼死抵抗。

当天晚上，广西自治区革筹小组和广西军区向中央、中央军委、中央文革发出《贯彻"7.3布告"情况简报之八》说："17点55分至19点30分，解放路的广西'4.22'向军区开炮。军区院内中弹5发，打伤战士2人。"

7月16日，南宁市的炮火更加猛烈，部队开始全面投入战斗，会同"联指"的九县一郊各路武斗大军，向"4.22"控制的据点展开全面进攻。从中午12时至晚上，"4.22"一派控制的解放路、百货大楼、区展览馆等据点遭到猛烈炮轰，一朵朵烟云腾起，百货大楼所有的窗口都吐出浓浓的黑烟，楼前的朝阳路被炸得坑坑洼洼。

百货大楼的南边是新华街和解放路，这里是南宁市旧城的主要街道，多数是平民老百姓的矮小瓦房。这些重重叠叠的小瓦房的居民，多是解放前贫穷的老百姓、小商小贩和自由职业者。这天，这些居民刚刚吃过午饭，许多人即听到"呼呼"的炮弹与空气摩擦声，还不及躲避，巨大的声浪已经将屋上的瓦片震得粉碎，房子"噼噼叭叭"地燃烧起来。解放路、灭资路、上国街、博爱街都冒出滚滚的浓烟。下午16时许，广西军区负责人召见广西"联指"常委，指示他们要"掩护群众救火"。

南宁市革委会、南宁市警备区司令部和"联指"向全市人民广播："'4.22'派匪徒放火焚烧街道民房，要把南宁市变成一片焦土。激起我人民军队和无产阶级革命派强烈义愤！"

"4.22"广播站则称：广西军区的做法是"既做强盗又做官，既当道公又做鬼！"

7月17日，广西部队和"联指"的武斗人员，向"4.22"控制的解放路展开猛烈进攻，炮火惊天动地，枪声连成一片，战地高音喇叭时而响起命令"4.22"派"立即投降！""缴枪不杀"的喊声。而"4.22"武斗人员则与进攻者进行街垒战和逐间房屋的争夺战。

与此同时，"联指"和部队的配合，集中炮兵轰击邕江上"4.22"控制的船只，"兴无"号和"反修"号等一批船只中弹烧毁。南宁市革委会、南宁市警备区司令部和"联指"向全市人民广播说："'4.22'派匪徒放火焚烧载有援越物资的船舶，犯下滔天罪行！"

7月17日这天，南宁市解放路、新华街一带的公用建筑和民房被大火烧毁。

【注1】《毛泽东年谱》第六卷第98页，中央文献出版社2013年第一版。

二、清华园百日武斗

此时的清华大学又是什么状况呢?

自从 1967 年 4 月 14 日,清华大学的"井冈山兵团"分裂为"井冈山兵团总部"和"4.14 总部"后,两派围绕着如何进行文革的策略和方法、如何评价和对待文革前任职的干部、如何评价文革前 17 年的历史进行了激烈论战。这种论战伴随着小规模的冲突,经过一年多的发展而愈演愈烈,终于在 1968 年 4 月 23 日发生了大武斗。

1968 年 4 月 23 日凌晨,清华大学"井冈山兵团",简称"团派",占领了清华大学的大礼堂、新旧水利馆。清晨,"4.14 总部",简称"四派",也占领了旧电机馆、动农馆、土建馆、汽车楼。

上午,两派为争抢一辆救护车,双方用大弹弓互射达 3 小时之久。

"四派"原定 4 月 23 日上午在大礼堂召开批斗原电机系党总支副书记、代书记陶森的大会,不料"团派"已在凌晨抢占了大礼堂。

当天,"团派"组织进攻"四派"重要据点科学馆,以求解救被"四派"关在这里的陶森,未果。

接着,"团派"决定攻打旧电机馆,切断"四派"占领的动农馆与科学馆之间的联系。清华园里第一场大武斗发生。

因为清早"团派"广播台在全校广播:"'4.14'在大礼堂准备了很多长矛……"所以"4.14"总部一早就派直属总部的"李文忠学习班"【注1】进入科学馆对面的旧电机馆,这里距大礼堂不足百米。

旧电机馆当时是数力系馆。大约 9 时左右,"团派"开始攻打旧电机馆,冲进了一楼。"李文忠学习班"的负责人,数力系力 7 班的陈天晴派冶金系铸 0 班的葛伍群去科学馆搬救兵。

武斗进行不久,守楼的"四派"已现寡不敌众之势,被驱赶压缩至旧电机馆顶层继续抵抗。"团派"爬上了房顶，地面上也搭起了云梯，从两个方向通过三楼的窗户向里面发起强攻……

陆续有进攻的学生从三楼窗口处跌落下来。

"四派"最后抵挡不住，被逼到三楼一个屋子从窗口跳楼。这时，人们惊讶地发现，从三楼窗口飞身跃下一人，是"四派"燃9班的陈文安。只见他从旧电机馆的三楼飞跃到旁边小楼的平屋顶，再蹦到地上，踉跄几步后平安逃走，赢得下面一片喝彩的声音。

旧电机馆楼下近千人在围观，有的在数从楼上跳下来的人数，有的冲上去把跳楼受伤的人背扶、保护着离开，还有的人在叫骂……

葛仕群用绳子从旧电机馆三楼滑下，跑到科学馆搬救兵。水利系7班学生、四派总部委员宿长忠立即带人从科学馆前去救援旧电机馆。

这一天，数力系"四派"头头、力0班周忠东右眼被长矛刺中，而他的同系05班"团派"同学沈文龙伤了左眼，从此丧失了视力，他俩都曾经是班上的干部。

北京卫戍区副司令李钟奇很快赶到现场制止武斗，大批的解放军战士们徒手进行规劝，在两派学生之间努力做成人肉屏障。只见两派学生在解放军人墙外面举着《毛主席语录》相互对骂，双方的高音喇叭里也播放着激励人心的乐曲，或高喊革命的口号。虽然真正手持钢钎参与攻防战斗的武斗学生并不多，但现场对骂，呐喊助威的两派学生，当然也包括一些爱看热闹的旁观者，从二校门到大礼堂之间聚满了学生，人数达数千人之多。

看到楼里的"四派"处于劣势，现场观战的"四派"学生看不下去了，许多人流着眼泪撕扯那些实行隔离的解放军战士，骂他们见死不救。而处于攻势的"团派"学生也与死死抱住他们不放的解放军战士们拉扯成一团。那些无辜的解放军战士，即使被学生们厮打出血，仍旧是打不还手骂不还口。

从这天开始，清华大学拉开了著名的"百日武斗"的序幕。

4月24日，"四派"冲进工字厅，砸坏"团派"设在这里的办公机构，加固科学馆及其周围的工事，捣毁"团派"的"前哨广播台"

的电线和喇叭。

4月25日凌晨,"团派"对科学馆断水断电,从几处攻打该馆,未成功。上午,"四派"近千人在校内游行,抗议"团派"挑起武斗,并在科学馆门前召开批斗

"4.14"广播台的学生在工字厅里操练

陶森大会。2月24日进驻清华大学的解放军海军宣传队在4月25日这天向清华两派宣布,"暂时撤离清华"。"井冈山"写了《向江青同志告急!!》,"汇报"清华武斗情况。

4月27日,清华大学土木建筑系学生姜文波,在二号楼内被"团派"追赶,最后在二号楼的西北部坠楼致死。

4月28日,在海军解放军宣传队的主持下,清华两派交换武斗被俘人员。

4月29日中午,"四派"100多人从清华36所粮库抢粮,运至科学馆。

下午,为抢夺两辆运送大米的汽车,"团派"和"四派"双方再次大打出手。在"团派"前往九饭厅抢粮时,清华大学自动控制系904班学生谢晋澄,在九饭厅前的广场上,被"团派"的汽车撞倒,碾压致死。

清华园分为东、西两区,其分界线是昔日著名的京张铁路路基。

中央主楼是东区的主要建筑。它的外观厚重庄严,室内门厅高大,楼层空间很高,连走廊都有两三米宽,十分气派结实,其建筑风格与莫斯科大学相同。此时,"四派"抢占了中央主楼、东区浴室、5号楼、8号楼、12号楼以及西区大礼堂附近的科学馆;"井冈山"则占领了东区的7号楼、9号楼、西区宿舍区、大礼堂、旧电机馆、力学馆。

1966年清华大学明信片上的主楼照片

1968年5月清华大学主楼北面

4.14 一把手沈如槐对东区某"部队"讲话

5月1日晚,在天安门城楼上,陈伯达找来蒯大富,对他说:

你们搞武斗,脱离工人、脱离农民、脱离市民,也脱离你们学校大多数师生员工,还脱离井冈山兵团大多数战士。你们必须马上停止武斗!如果不停止,将来后果很严重!【注2】

当天,清华两派在解放军宣传队主持下签订交换被俘人员协议。但是,就在签订协议的会上,两派代表又发生厮打。

东区 9 号楼边暗堡的枪眼对着主楼

5月2日,清华大学一方试图断水,另一方不同意,武斗再起。

5月5日上午,"四派"千余人抬着4月29日抢粮武斗中被汽车压死的谢晋澄的尸体,在天安门广场集会,扬言"以血还血,以命抵命,向蒯大富讨还血债"。会后抬尸游行。

当天,北京市革命委员会决定成立由聂元梓、蒯大富、韩爱晶、王大宾等人负责的关于清华、北大等武斗的调查组并开始工作。因为有蒯大富在内,清华"四派"拒绝接受这个调查组。

5月8日,"团派"总部召开大会。鉴于"四派"不交出罗征启等人,不释放陶森等人和不拆除科学馆工事,"团派"总部命令其"战士":一个工事也不许拆,一个长矛都不许交。

5月9日,海军解放军宣传队代表向两派宣布他们最后人员立即撤离。

5月14日晚19时左右,"四派"占领汽车楼、焊接馆。

傍晚,清华大学无线电系64级无01班的"四派"学生孙华栋,在校园内骑自行车从动农馆返回科学馆,途经一教学楼时,被"团派"同学绑架至一教楼内，遭到清华技工学校一些中学生毒打，领头的人绰号"狗熊"，是清华大学自控系67届学生吴慰庭，也是一教的"前哨"广播台负责人，在清华园内无人不知，无人不晓。可怜孙华栋内脏完全被打坏，全身80%皮下出血，左腿骨折，两臂打烂，喝水后死亡。

15日上午，孙华栋被"团派"人员送到阜外医院，然后弃尸医院，逃之夭夭。而"狗熊"也为此付出了终生的代价。

5月16日，双方打算交换战俘，未成，仇恨加剧，冲突升级。

1967年，蒯大富在主楼前建起一根18米高的旗杆。旗杆竖起来后，"4.14"宿长忠他们就把这旗杆起名叫蒯杆，说假冒升国旗实际上是升蒯大富自己个人的威信。1968年5月20日，"4.14"占领主楼后，宿长忠、刘万璋、蒋南峰和"4.14"保卫组人员用气焊锯断蒯大富在主楼前树立的旗杆，然后在锯断的旗杆处合影，背景就是主楼。

5月17日，"团派"占领位于中央主楼的西南的精密仪器系的系馆——9003大楼，旨在控制"四派"通往东门的道路。"四派"攻打9003，未成功。次日，"四派"占领了整个主楼。

5月29日晚，土建系暖0班郭福鑫和动农系9字班的张庚找到"井冈山"动农系分部委员、西区总指挥、动农系9字班的班长李自茂，对他说，"四派"占据的浴室楼的房顶上这几天只有七八个人守卫，今晚带人偷袭就能拿下。李自茂向"井冈山"的"文攻武卫指挥部"打电话请示，接电话的是"文攻武卫指挥部"总指挥、"井冈山"二把手鲍长康，他让李自茂他们过去面谈。

李自茂等人来到"井冈山兵团文攻武卫总指挥部"所在的旧电

机馆，向鲍长康汇报了他们的想法。鲍长康听后召集"井冈山"各区负责人开会，最后决定：当晚偷袭"四派"占据的东区浴室楼，并制定了行动计划。当晚 23 时 30 分后，鲍长康将会议情况电话告诉蒯大富。

为了防止东区浴室正在架设的电网通电影响偷袭，他们决定行动前先停电。5 月 30 日凌晨 2 时 30 分，蒯大富亲自到清华大学自备电厂，下令拉闸断电，发出进攻信号。

当负责主攻的李自茂等人来到浴室楼下时，发现带去的梯子够不到房顶，爬上去的人都被"四派"从房顶抛下来的东西砸了下来，负了伤，梯子也被暖气片砸断了，偷袭失败，只好赶紧撤离，改用弹弓车向浴室楼顶抛打砖头。

"四派"在浴室的二楼楼梯焊了一道坚固的铁门，很难从浴室的一楼冲向二楼。清晨，"团派"登上了与浴室相邻的九饭厅平房顶，准备从这里搭梯子攻上浴室的楼顶。"四派"立即到屋顶迎敌，砖头、石块如雨泼下，清华大学修缮科工人段洪水在攀登梯子时，被守楼的"四派"派长矛刺中，从梯子摔下，当场死亡。

"四派"实施"围魏救赵"之计，派出一支队伍包围"团派"占据的第一教室楼，也简称为"一教"，向第一教室楼投掷砖头、瓦片、燃烧瓶等物，实施佯攻。但没有调回"团派"攻打浴室的人马。无奈，"四派"只好组织队伍前往东区浴室增援。

8 时左右。"四派" 100 多人的增援队伍与"团派"阻击队伍在东大操场西边路上相遇，双方激战。工程化学系化 003 班学生卞雨林在武斗时被箭射中，当场倒地，口吐白沫，很快死亡。"四派"总指挥刘万璋受重伤离开战场。

10 时后，"四派"开来一辆由东方红拖拉机改装的土坦克参加战斗。

"团派"冶金系焊 8 班学生、学校击剑队队员许恭生在东大操场北侧荒地长矛狂舞，勇猛异常，吓退一排"四派"长矛。后撤时不慎摔倒，被一拥而上的"四派"派人员数支长矛刺下，失血过多而死。

浴室楼久攻不下，"团派"决定火攻，坚守这里的"四派"渐渐不支。这时，一名"四派"被"团派"长矛刺中，出现气胸，有生命危险，"四派"东区浴室负责人与"团派"谈判，只要同意派车将"四派"伤员送医院救治，"四派"人员可以放弃东区浴室。"团派"鲍长康站在九饭厅房顶上向"四派"守浴室负责人保证，只要"四派"投降，同意将伤员送医院，并保证不打俘虏。于是，"四派"最后的守卫者21人，通过在九饭厅房顶上搭的木

许恭生遗体告别后，同学们在天安门前留影，据说这面旗帜上带着许恭生的血迹

530武斗后的东区浴室

板，从浴室楼上走到九饭厅房顶后，被"团派"押往13号搂。作为交换条件，"团派"把"四派"的两名重伤者送到北大附属医院。

这次大武斗从凌晨3时开始，进行了近11个小时之久，动用了土坦克、土炮、炸药包、长矛、大刀、箭矢、弹弓车、燃烧瓶、硫酸瓶、石灰瓶等等。两派群众还进行了殊死的肉搏战，致使3人死亡，近300人负伤。

浴室武斗结束后，鲍长康听到许恭生被长矛刺死的消息，赶到北医三院。他在临时太平间里看到许恭生的遗体，但是不相信许恭生已经死亡，亲自用手去摸许恭生的脉搏，居然感到了跳动，当即叫来护

二、清华园百日武斗

"4.14"修建的从二教到科学馆的"空中通道"

科学馆屋顶的瞭望塔

士。最后证明是他的幻觉。从许恭生的伤口看,他是被 12 支长矛刺中,大动脉被刺穿,引发大出血而身亡。

当晚,"四派"放弃了东区除 8 号楼外的所有学生宿舍楼。

"四派"退守的科学馆是一旧式西洋建筑楼房,文革前是清华大学基础课所在地。进入科学馆的"四派"整整 100 人。他们首先构筑工事,在门窗及一切通道的进出口处,全部采取了防范措施。

在科学馆的四周,"团派"也用各种枪支组成的火力网封锁了所有道路。唯恐火力封锁不够,他们又在科学馆西南端闻亭的一处小山包上挖了地堡,构建了掩体和工事。总部的"洋枪队"还为这里配备了半自动步枪、子弹和探照灯,日夜值守,严防"四派"人员突围。

5.30 后,"4.14"总部与科学馆联系困难,于是他们在主楼、动农馆、科学馆之间使用"密电码",白天在屋顶打旗语,晚上用电筒灯光亮长短的"密电码"、最后用喇叭念数字码。这些都是由自 9 班的贾培发同学提的建议,密电码也是他编写的,他中学曾参加过天津少年宫收发报培训班。

这里的窗户都用砖堵死了。有同学在科学馆实验室里翻出了一台文革前训练用的发报机。他们在屋顶塔架上用旗语和动农馆联系,再通过他们转到主楼总部。晚上则用装了五节电池的手电筒在楼顶的窗户向外面通过长短的亮灯组成电码。密电码到一定时期更换一次，由可靠的同学传送。"团派"用枪封锁科学馆后，仍有几个勇敢的同学冒着生命危险摸进摸出……

据孙慧后来回忆说："我进科学馆是为了帮忙，曾跟着保卫组几个同学（马文龙、钱大耀等）去成都搞武器，最后只带回几颗手榴弹，拿回来仿制。""我在科学馆主要是传密码、打旗语，在医务室帮助张寿昌。"

"4.14"广播台的学生也穿上盔甲，拿起长矛，保卫科学馆

6月3日晚，毛泽东接见南京、沈阳军区和解放军各总部、各军兵种参加毛泽东思想学习班的军队成员两万余人。在与参加接见的中央文革碰头会成员和一些军队领导人谈话时，说到北京大学和清华大学的武斗，毛泽东说："我们的方针叫做一不压、二不管、三不怕乱。""聂元梓、蒯大富天天叫，他们的日子不好过，队伍不多了。聂元梓想当北京

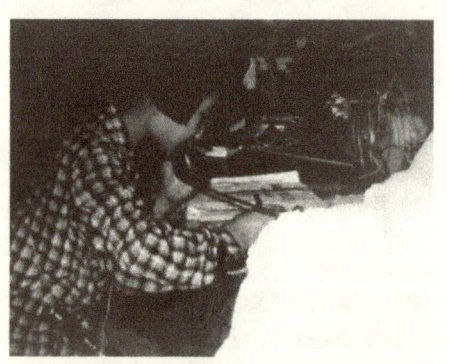

上边的照片是水利系00班的孙慧正在科学馆接受信号的小房间里接收"密电"

市革委会主任，没有当上，只当了副主任。蒯大富、韩爱晶是中间派。蒯大富直接写信给中央，说不得了啦，只有那么几个人了。""总之，学生闹事不要管。我们有些同志就是怕别人贴标语，别人贴标语就要抓人。哪有共产党怕群众的？"【注3】

6月29日，孤悬于东区学生宿舍区的"四派"据点8号楼学生试图突围，未成功，在楼顶上打旗语向焊接馆的"四派"总部求援。

次日清晨，主楼区的"四派"出动两辆土坦克和80多人的长矛队前往8号楼增援，遭到"井冈山"阻击，双方交战，各有损伤，"四派"退却。9时许，8号楼的"四派"全部人员撤往科学馆。他们沿着大礼堂北边的那条小河南岸往左拐，向大礼堂方向跑，跑到新水利馆和大礼堂之间时，遭遇"团派"。"四派"扔出数枚手榴弹，炸伤"团派"10余人，其中一人腿骨被炸断，另外一人腹部受重伤。"井冈山"总部遂决定武装封锁科学馆。"四派"总部则宣布处于"一级战备状态"。

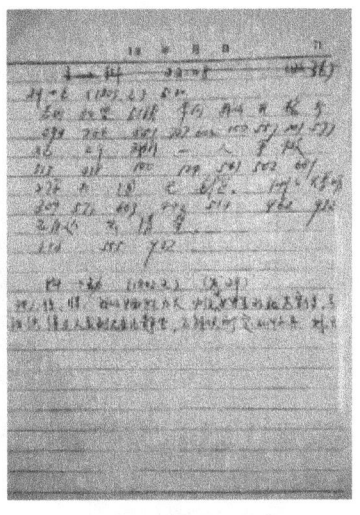

这是"4.14"科学馆用的联络密码记录本

7月4日凌晨2时左右，清华大学土木建筑系房01班学生朱玉生在科学馆大楼外的西北角值班放哨，被设在闻亭的"团派"岗哨发现后开枪，朱玉生中弹身亡。开枪的是动农系0字班学生樊思清。

久困在科学馆的清华"四派"在"团派"的严密封锁下，出入科学馆非常困难，给养成为问题。为了给被困在科学馆里的战友们送粮食，"四派"每次都全副武装，抓住一切机会送东西进去。但是，随着时间的推移，封锁越来越严，外边的东西根本无法再送进去了。

科学馆内，大米、蔬菜早已吃光，靠仅有的一点面粉，"四派"度日如年。为了节约，他们改一日三餐为两餐，馒头就着盐水，勉强咽下。

由于处境维艰，自6月下旬以后，"四派"多次要求中央及北京市革委会派宣传队进驻清华，或对清华大学实行军事管制，以求打破"井冈山"在清华的霸主地位，结束自己在整个武斗中的被动地位。

7月5日早上，清华大学电机工程系电01班学生杨志军在科学馆楼内从墙壁上的观察孔向外观看，突然被从观察孔射入的一颗子弹击中颈动脉，当场倒地，喷血不止，很快身亡。

7月6日"团派"从"四派"手中夺回工字厅。

在5.30浴室武斗中,这辆车出动过,在土坦克中指挥的工物系周剑秋被"团派"扔来的燃烧弹烧得面目全非,手也烧残。当时,开土坦克的是汽9班的刘庆西,汽9班崔丕源掌火火器火火。7月6日中午,动农系实验室实验员杨述立驾驶这辆"土坦克",和冶金系的学生周家琮和另一位同学从主楼往

这是"4.14"用东方红拖拉机改装的"装甲车",也叫"土坦克"

动农馆送菜,返回科学馆时,在毛泽东塑像东侧通往主楼的大道上,被埋伏在第一教学楼旁,二校门西南边原学校保卫组房中的电机系学生赵德胜发射的一枚穿甲弹击中,司机杨述立当场毙命,周家琮二人侥幸逃过一命。

两年前,大串联时,周家琮和赵德胜在重庆江北下横街小学还曾同住一室,如今却成生死对头。

整个"四派"都淹没在痛失战友的悲愤之中。"四派"总部一把手沈如槐与总部常委汲鹏和总部委员傅正泰召开紧急会议,决定在北京城里抬着杨述立的尸体游行。

第二天,7月7日清晨,"四派"人员在清华园外1.5公里远的双清路,炸毁通往清华校内的3.5万伏高压输电线杆多处,报复"团派"对"四派"据点的长期断电,导致清华园及中关村95家单位停电4小时之久。下午,近千名清华"四派"在总部常委汲鹏和总部委员傅正泰的带领下,用担架悲壮地抬着杨述立的尸体,在天安门前召开"呼救大会"。他们抬着杨述立尸体,在天安门、前门、北京市革委会和公安局所在地以及东交民巷使馆区游行,抗议清华"团派"暴

二、清华园百日武斗

行，向有关部门施加压力。

7月9日上午，科学馆顶层上的广播喇叭支撑木架燃起大火，火掉在屋顶油毡上顺着屋面越烧越旺，屋顶瞭望架烧塌。大火蔓延的科学馆屋顶是木结构，很快科学馆顶楼完全燃烧，火光冲天，浓烟滚滚，四楼北、南部先后烧塌。9时，设在科学馆的"四派"广播台致电北京卫戍区司令员温玉成，说科学馆顶层大楼的大火是"团派"用大弹弓抛掷燃烧瓶引起，向卫戍区紧急呼救。9时许，蒯大富发表了广播声明说，科学馆没有救了，命令"四派"必须保证被押的"井冈山"人员安全，敦促"四派"投降。11时又重播了此声明。"井冈山"广播台喊话劝降20多次，说大火是"四派"自己放的，是"新的国会纵火案"等。10时许，消防队前来救火。

无8班曹贤文后来回忆：

开始，大家还自发地组织起来，排成一队，用所有能找到的容器，将地下室的水传送到楼顶。而这样一盆水，泼到火海之中，顶多能听到"呲——"的一响。知道什么是"杯水车薪"吗？我们彻底领教了。火势越来越猖獗了，我们最后不得不放弃。很多人集中在二楼的一间实验室中，但是谁都没说话。从窗户仅存的缝隙中，传来团派广播台反复播送的"最后通牒"，显然，这是事先录制好的。

通牒的原话已经记不清楚了，大意是让我们排成一列纵队，打着白旗，走出科学馆，按照团派指定的路线，到团派指定的地点无条件投降。从通牒的用词和广播员的语气，无不洋溢着胜利者的得意之情。

我们深深地感到屈辱。按照老团的通牒走出科学馆，将彻底丧失我们的尊严，而4.23以来，我们将生死置之度外，不就是为了争取尊严吗？但是，我们也无法冲出火海，那意味着我们将面对无数枪口，成为一场屠杀的牺牲品。

忽然，有人唱起了《就义歌》："戴镣长街行，告别众乡亲。砍头

钟声在这一天敲响——记 1968 年清华大学 7.27 事件

不要紧,只要主义真。杀了我一个,自有后来人!"大家立刻跟着他高声合唱,这是大型音乐舞蹈史诗《东方红》中一首改编自夏明翰《就义诗》的歌曲。此时此刻,恐怕没有其他的形式和语言能更准确地表达我们的心声了。正因为如此,歌声极其悲壮,看得出,每一个人都热血沸腾,做好了在烈火中永生的思想准备。

可是出乎所有人的意料,烈火突然熄灭了。正当我们庆幸自己死里逃生时,高压水龙从天而降,整个无顶的科学馆变成了桑拿浴房,热水和蒸汽流到每一个角落,令我们窒息。

燃烧中的科学馆

后来我们才知道,科学馆一着火,几十米高的火苗就已经被海淀区消防队发现,于是派出了几辆消防车来到清华西校门。但是车被守护在西校门的武装人员截住了。现在我们已经懂得,消防队属于武警,救火是他们的公务,武力堵截消防车属于"妨碍执行公务"。但在文革那个特殊的年代,警务人员对这些妨碍执行公务的行为束手无策。直到大火熄灭,消防车才得以进入校园。消防车开到科学馆门前,不管里面是否有人,立即将水龙射向楼内。从业务的角度看,为了防止死灰复燃,他们的处理无疑是很专业的,但对我们说来,我们盼望的及时雨，完全变成了马后炮，将我们置身于水深火热之中。

水利系水0班学生邱心伟后来回忆说：

屋顶，已被老团打过来的燃烧弹烧没了，我们排队在楼梯上，传递着用脸盆从地下挖的水坑中取水，这哪里能浇灭熊熊的火啊！最后只剩下几个混凝土的拱型门，在消防队的援助下，火没往下蔓延。但自那天开始，天公跟我们作对，下了几天没完没了的雨。没屋顶的整个楼里都是湿漉漉的，散发着腐霉臭气。

我也记得，消防队员进楼时，我们正是午饭时间，他们看了一眼我们箩筐中那些没发面的"馒头"。

那些天，没有蔬菜、大米……我们天天吃着盐水片儿汤，加没有发面、没有油的花卷。这些还是武斗开始时从某饭厅抢来的面粉和煤。

围困在科学馆的"四派"为了求生，决定挖地道。近百人轮流上阵，学老愚公挖山不止的精神，没几天便将科学馆与二教间的地道挖通。可

土建系教师拍摄的武斗后科学馆顶层剩下的砖拱

"4.14"广播台人"7.27"后在工字厅合影，远处是科学馆烧剩的拱顶

钟声在这一天敲响——记1968年清华大学7.27事件

他们暂时还不敢太高兴，二教旁边就是"井冈山"占据的一教。若想逃命，必须从一教地下穿过，然后往东约20米，就是老机械工程馆。那里是"四派"的势力范围。只有将地道挖到那里，他们求生才有希望。"四派"继续掘进。

7月12日的前后几天中，被围得水泄不通的科学馆上空再次响起"永不消失的电波"，那是被围的"四派"学生通过高音喇叭播出的联络密码，而科学馆的地下，解救被围人员的地道正在日夜不停地秘密挖掘中。

眼看大功即将告成，却又飞来横祸。"井冈山"得知对方在挖地道后，立即组织人马，挖地三尺，要同"四派"打一场现代地道战。他们用埋在壕沟里的水缸准确地测出地道的方位。7月16日，"井冈山"的地道将"四派"的地道拦腰截断，然后在地道里塞满炸药，点燃导火索，"轰"的一声，"四派"逃生的希望被炸了个粉碎。科学馆里，他们围着两名战友的棺材，一个个黯然神伤。20多天里，他们未运进点滴食物和蔬菜。临时掘的一口水井，远不够使用。

7月18日12时许，自控系82班钱萍华从苏州家中返京回校，因不知清华东门已被武装封锁，从该门进入后，行至西主楼东侧，遭到9003大楼上的枪击死亡。

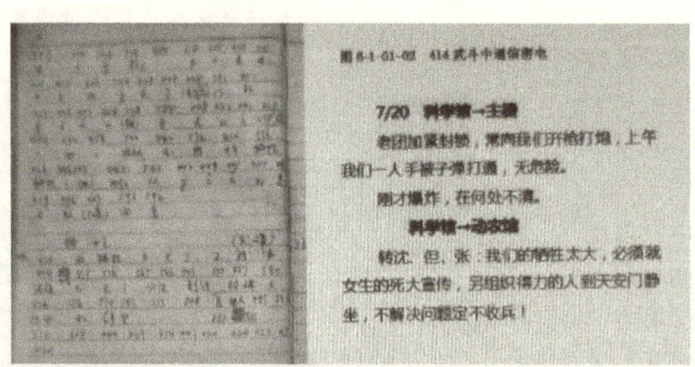

这是7月20日"4.14"从科学馆给主楼发送的密电：

"老团加紧封锁，常向我们开枪打炮，上午我们一人手被子弹打通，无危险。

二、清华园百日武斗

刚才爆炸，在何处不清。"

科学馆发给动农馆的电文是："转沈、但、张：我们的牺牲太大，必须就女生的死大宣传，另组织得力的人到天安门静坐，不解决问题定不收兵！"

电文中的沈是力03班学生、"4.14"负责人、一把手沈如槐，但是自9班学生、沈如槐1968年7月4日任命的"4.14东区司令"但燊，张是水工02班学生、"4.14"总部常委张雪梅。

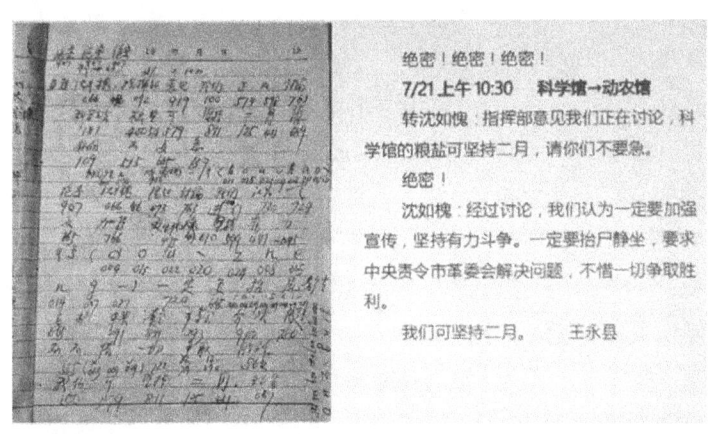

这是7月21日上午10时30分科学馆与动农馆互通的密电记录。

【注1】李文忠，中国人民解放军6011部队某部排长，1960年应征入伍，历任班长、排长等职。1967年8月19日，他带领四排奉命护送江西省蒋港公社群众和红卫兵学生，横渡赣江时，渡船突然遇险下沉，群众和学生落入水中。他带领战士奋不顾身抢救，先后救出50余人。自己却被激流卷走，献出了年轻的生命。1967年10月20日，经毛泽东主席批准，中央军委发布命令，授予李文忠烈士"支左爱民模范"称号，授予某部四排"支左爱民模范排"称号。

【注2】许爱晶《清华蒯大富》第334页，中国文革历史出版社。

【注3】《毛泽东年谱》第六卷第168页。

三、北大为电再武斗，广东武传斌进京

此时，经过7月武斗"洗礼"的北京大学也与清华大学一样，已是千疮百孔，弹痕累累。尤其是宿舍楼，不少窗户或者没有了玻璃，或者干脆连几扇玻璃框也没有了，只剩下一个光秃秃的窗户框，远远望去，只能看见一个黑洞洞的大窟窿。甚至楼房的砖墙，也被这里掏几块砖，那里掏几个洞。学校不少地区。都成了"军事禁区"，一般人不得进入，不然安全、生命就没有保障。即使人们的必经之路，随时都有受伤甚至性命危险。

北大"井冈山"控制的6个楼经常被"公社"指使电工班强行断电，楼内失去照明，广播台也失声。更要命的是此时，守楼的"井冈山"人只能靠电炉做饭，没有电意味着他们只能断炊，这让"井冈山"的坚守人员苦不堪言。他们决定自己解决问题，从地质学院借来变压器，准备将37楼旁边校园南墙外面不远的马路路灯杆上的10千伏高压线变成220伏通入37楼。

7月22日，"新北大公社"又决定对"井冈山兵团"占据的楼房实行停电、停水。这一情报被"井冈山兵团"通过监听得到，于是决定实施从37楼南墙的高压电线上带电作业往楼内接电的计划。

"公社"得知这一消息后，也决定届时从两面攻击，让"井冈山"的自我解救计划流产。

当晚，在37楼朝南的各个窗口，都装上了强力弹弓，由物理系四年级学生、"井冈山"总部成员谢纪康、地球物理系一年级学生梁清文和哲学系五年级同学孔易人等人调度指挥，手持长矛的"井冈山"人从各楼通过地道摸黑向37楼集结，部分人员身上装着燃烧瓶。

将近24时，从37楼通往校外的出口突然冲出两队人马，分别跑到马路东、西两端站定。随后是一只只木床，摆成两排，把马路东、

三、北大为电再武斗，广东武传斌进京

西两头封住。他们在床的前方洒上黄豆和绿豆，在床上架上了弹弓，人则持长矛守候在木床旁，严阵以待对方的冲击。

担任接电任务的物理系关玉霖等三人，他们已将个人生命置之度外，给家人留下了遗书，冒着一万伏高压，在无任何保护设施的情况下，冒死爬杆带电作业，大有"壮士一去不复返"的悲壮。爬高压电杆时，他们用木板做了一个没底没面的箱子，人在里面，随着人向上升起，木板箱护着人同步升起，下面则有几十名手持长矛的人员保护。

"公社"一方看到了这个情景，也很快作出了反应，分别从西南校门和东南校门冲了出来，三人一组，两边两个短枪手，中间一个长枪手，从海淀马路的东西两面向接电的高压电杆处发起进攻。顿时，就听见一片喊杀声。"井冈山"的人赶紧从楼上扔砖头，打弹弓，予以阻击。

"公社"武斗人员人多势众，却一直没有能够进攻到接电的地方。原来，当他们从马路上冲过去，快到木床排成的街垒时，只觉得脚下一个劲儿打滑。不少人摔倒了，大家站立都很困难，无法再向前去。原来，这就是"井冈山"撒的黄豆、红豆和绿豆起的作用，"公社"武斗人员到了这里，站立不稳，像喝醉酒一样，摇摇晃晃，无法投入战斗。

双方还扔了自制的燃烧瓶，火光飞射，场面很吓人。其实道理很简单，用一个瓶子里装白磷，另一个瓶子里装酒精或乙醚，扔出后，瓶子摔破，白磷自燃，点着了酒精或乙醚。

从西直门到颐和园的 32 路公共汽车经过北大南大门和 37 楼，当时有一辆 32 路 SKODA 大客车带一辆拖车。"新北大公社"武斗队用手电蒙上红布对着大客车晃动，司机一看不对，摘下拖车掉头就走了。"公社"武斗队推着拖车前进。来到木床墙时，被木床阻住，受力不均，突然就地转圈，藏在车后的武斗队一下暴露在对方的大弹弓射程内，被一阵弹雨打得东躲西藏。

"战斗"一直持续到深夜，造成马路堵塞，32 路公共汽车停驶。在海淀镇的平房上，站满了观战的居民。在他们看来，长矛的格斗声

和两军厮杀呐喊，犹如古战场上回声幻影，燃烧瓶似彩球在夜空中往来飞舞。优美的彩色弧线在某种程度上掩盖了拼杀的凶险。

与此同时，"井冈山"在28楼奇袭了"公社"后方。几个人先是用铁棍扔到对方裸露的电线上，企图造成短路，未果。后来改用铜丝漫洒下去，连搭在几根电线上，于是，火光一闪，全校电线都短路了！燕园顿时一片漆黑，"公社"广播台哑然失声。

两名"井冈山"物理系学生趁机把路边一万一千伏的高压线与楼内早已准备好的变压器及配电设备连接起来，顿时，灯亮了，成功了！"井冈山"这边6座楼一片辉煌，欢呼声响彻云霄，大喇叭响起毛泽东的《西江月. 井冈山》："黄洋界上炮声隆，报道敌军宵遁。"……并且激奋昂扬地播送了早已准备好的庆祝文稿。

这场武斗以"井冈山"接电成功而结束。而"新北大公社"社长卢平亲临指挥，挨了一砖头，上医院了。

此后，连"公社"武斗人员也佩服"井冈山"有关人员的聪明才智。对于接电成功，大家更是惊讶叹服，因为当天晚上的接电是10千伏高压带电作业，那个年代，专业的电工也不敢如此冒险操作。据说，这在北京市解放后电业系统也算是史无前例。还有人说，具体操作的是技术物理系的两名学生。事后不久，就被北京市供电局作为高级专业技术人员要走了。

"井冈山"中一些胆大者，第二天早起，又去"战场"上把豆子扫回，分门别类，发绿豆芽，泡黄豆，熬红豆粥，享用了一番。

这以后，"新北大公社"多次组织武力强攻"井冈山"派驻守的地盘，均无功而返。最后，他们以捉拿"刺杀聂元梓凶手樊能廷"为理由，在高音喇叭中宣读"封锁37楼狗洞通令"，日夜监视37楼出口，不许一人进出，抓捕所有出楼人员。

7月22日，《人民日报》发表调查报告《从上海机床厂看培养工程技术人员的道路》。在《人民日报》为这篇调查报告加的编者按中有这样一句话："奉劝那些轻视工农、自己以为很了不起的大学生放下架子。"

1968年7月17日，毛泽东在人民大会堂118厅召集周恩来等人

三、北大为电再武斗，广东武传斌进京

开会，要求中央文革碰头会讨论国际形势、国内形势、九大和八届十二中全会四个问题。

也就在这一天，7月17日，外地进京告状的群众也在北京航空学院开了一个后来被称之为"北航黑会"的会议，对全国产生了极大的影响。

"北航黑会"的发起人是广东省革委会常委、广州"红旗派"头头、广州中山大学生物系学生武传斌。

广州市从1968年3月开始，武斗再起。7月初，武传斌和广州"工联"邱学科、"广州工人"林基球等七八个人，带着海陆丰、阳江、封开、怀集还有海南白沙等广东各地关于镇压造反派的材料进京告状。"广铁总司"给他们安排了一个软卧，七八个人都挤在里面。火车途经韶关时，遇到部队上车查票，将武传斌等100多人赶下了车。

因为武传斌出发前，已经通知广东省军管会，告知他要进京一事，所以下车后，一名军人问到他："你是不是武传斌？是不是要上北京？"

武传斌说："是。"

随后，那名军人又让武传斌他们几人重新上车了。

7月4日，武传斌等人到达北京后，首先找到文革前北航学生会主席、"北航红旗"原"驻广州联络站"的站长、曾参加过广东省"革联"组织"1.22夺权"的郑焕成，安排在北航住下。第二天，武传斌即给总理办公室的谢秘书打电话。第三天，去了中南海后门，通报后，谢秘书出来，接收了武传斌的上诉材料，并答应武传斌："一定转给总理。"谢秘书说："据我所知，总理还是支持你们的。"

从中南海回来后，邱学科、武传斌又找到"北航红旗"动态组的负责人段孔莹，提出想见"北航红旗"一把手韩爱晶。

7月12日前后，"北航红旗红一连"的柴孟贤给正在体育学院疗养的韩爱晶打电话，说广东省来了两名革委会常委，一个是学生武传斌，还有一个工人常委，想见韩爱晶。

韩爱晶说，自己没体力接待。

31

柴孟贤说:"现在外面说你自以为'上有天堂、下有北航'。国防科委'学代会',外省来了很多造反派负责人,他们住在北航,可是你根本见都不见。人家说你老大作风,骄傲自满,是富农,不革命了。"

韩爱晶听了这话,就同意柴孟贤让武传斌二人到体院留学生楼找他。

第二天早饭后,韩爱晶在留学生楼前小树林散步时遇到了前来拜访的武传斌、邱学科二人,将他们带到楼上宿舍。

武传斌对韩爱晶说,周总理支持广州"旗派",黄永胜在广东也支持"旗派"。他和温玉成很熟,所以来北京想找温玉成。

韩爱晶一听黄永胜支持他们,他们和温玉成又很熟,觉得武传斌是可靠的,何况还有邱学科这名工人常委,便答应让北航侯玉山带武传斌去北京市革委会找温玉成。

午饭后临别时,武传斌提出,想开一个"全国形势串联会"。

韩爱晶说:"北京不比外地,北京不能随便开会。另外,北京还有'天派''地派',很复杂。"【注】

武传斌说,他和北京"天派""地派"关系都很好。上次来住在地院,这次来住在北航。

在武传斌的坚持下,韩爱晶同意在"天派""地派"都参加的情况下,找几个可靠的外省造反派头头、革委会负责人聊聊,但是要蒯大富、王大宾都参加才行。

武传斌说:"没问题,我去找王大宾和蒯大富。"

武传斌走后,韩爱晶托人把北航革委会常委侯玉山叫到体院留学生楼,对他说:"最近外地的造反派日子不太好过,有不少来北京向中央反映问题,中大的武传斌是广东省革委会常委,想与北京和一些外地造反派一块分析一下形势,座谈座谈。"

侯玉山建议,北航最好不参与。

韩爱晶说:"人家是省革委会常委,来到北京,要来和我们谈一谈,也不好拒绝。另外,主要是外地的人想互相交流一下。"

侯玉山提出:"可以另外找个地方。"

韩爱晶问："上哪儿找？老蒯那儿斗得厉害。"

侯玉山："我一直是管院内的事，对外地情况不了解。"

韩爱晶："不要紧，只要你出一下面，其余的事叫他们弄。"

侯玉山又问："武传斌来北京干什么？"

韩爱晶说："他想找一下黄永胜，送点材料，黄永胜在广东是支持他们的。"并让侯玉山替韩爱晶到北京市革委会开会时带上武传斌，找一下温玉成。

侯玉山回到北航后，武传斌到北航宿舍13号楼找到侯玉山。于是，侯玉山带着武传斌乘坐北航的华沙轿车来到北京市革委会东大门，警卫验过证件后指着武传斌问："他是谁？"

侯玉山据实回答说："是广东省革委会的常委，来找一下市革委会的首长，有点事情。"

警卫准备打电话请示时，司机已将车开进去了。

武传斌来到市革委会的会议室，没有看到温玉成。

随后，武传斌找了清华大学蒯大富、地质学院王大宾和北京师范大学谭厚兰，也是请他们帮忙反映广东情况。

7月15日下午，段孔莹找到侯玉山说："武传斌来了，老六让找你。"

"老六"就是韩爱晶。

武传斌与侯玉山商讨了"全国形势串联会"的开法，确定由广东武传斌主持，通知外地参加人员，北航负责接待。

此时，全国各地很多群众组织的负责人在北京参加"毛泽东思想学习班"，统一住在解放军政治学院。开始两三天还可以自由活动，后来宣布了几条纪律：不准外出，不准串联，不准外人来探访等等。

武传斌在北京认识了广西自治区党校群众组织"红浪"的朱仁。他是广西"4.22"赴京代表，但不是北京学习班的学员，所以也称为"非正式代表"。武传斌来到广西"4.22"进京告状代表的住地——和平里的一栋居民楼。这里是苏式建筑，大走廊，宽楼梯，楼梯底下的空间很大。武传斌看到楼里的走廊、楼梯底、阳台甚至公厕到处都住了人，还支锅做饭，大人小孩衣衫破烂……像一群难民，他觉得惨不忍睹。

这时，许多地方进京告状的听说武传斌在北京认识人多，北京的五大学生领袖，除了聂元梓之外他都见到了，就让他帮助找人向上反映情况。而武传斌到达北京后，也觉得全国造反派都很惨，情况远比广州更恶劣，于是提出请朱仁联络各地造反派负责人，"不如大家坐在一起谈谈情况。"

大家都想见见蒯大富，觉得蒯大富能往上说上话，于是决定在清华大学召开一个碰头会，如果蒯大富来参加，大家就可以见到他了。

于是，7月16日，武传斌在清华召集广西"4.22"、青海"8.18"、贵州"4.11"等七八个人开了一个会，主要是通知"全国形势串联会"开会的地点和内容。

大家来到清华大学后，觉得这里正在武斗，不安全，建议第二天到北京航空学院继续开会，由武传斌去北航联系。

武传斌找到清华大学的陈岩，请他转告蒯大富，希望他能出席第二天北航的会议。陈岩答应："我去跟老蒯说。"

晚上，武传斌回到北航，与段孔莹商量开会一事，并请韩爱晶出席会议。他希望段孔莹能帮忙找到蒯大富出席。

段孔莹很快答复武传斌说，开会地点没问题，可以在北航开。

武传斌给北师大谭厚兰打电话，请她来参加第二天的座谈会。谭厚兰表示不来参加。

武传斌又亲自去找"地质东方红"的王大宾。王大宾表示："你们到地院开，我一定来。"

因为北京"天派""地派"的原因，武传斌想："如果在地院开，蒯大富一定不会来。蒯大富的影响比王大宾大，于是决定仍然在北航开。

这时，正在参加北京"毛泽东思想学习班"的广西柳州"造反大军"白鉴平来到"柳州铁路局工机联"柳铁一中"联战"负责人钱文军的房间，邀他到自己的房间坐会儿。

钱文军随白鉴平来到他的房间，见里面已经坐了许多人。只听到有人说：清华蒯大富召开座谈会，邀请了广东"旗派"、青海"8.18"、徐海地区的"踢派"、重庆"反到底"等各地造反派主要负责人参加，希望广西的造反派也去参加。

白鉴平向钱文军建议说："咱们去看看？"

钱文军不以为然，白鉴平坚持去看看，房间里的人为此争论起来，最后白鉴平总结道："那你能怎么办？力争一下总比不争的好。我们什么东西也不向中央反映，别人可没有闲着，最后还不是等死？"

于是大家统一了意见，管他三七二十一，去听听也好。第二天早餐后，他们几个人从政治学院东北角爬围墙出去，与住在和平里的广西上访者在清华大学门口会合后，进入清华大学。只见校园里乱七八糟，武斗气氛十分浓烈。

钱文军对白鉴平说："老蒯像蒋介石迁都广州时一样了。"

白鉴平说："你他妈的这嘴就是不饶人，哪有那么严重？"

他的话音未落，有人就说了："你们别挤在一起走，分开点距离，不远不近跟着我。万一有人盘问，就说来找亲戚朋友的，千万别说来开会。"

钱文军抓住这些话马上驳斥白鉴平："你看怎么样？"

这次白鉴平也笑了，说："堂堂蒯大司令，在清华也成了地下党，是有点不争气。"然后又讥笑清华的武斗工事，与广西去年刚开始武斗时的水平差不多。

这些人七转八转也没有找到武传斌他们开会的地方，只好回去了。

【注】"天派"和"地派"是文革期间北京高校造反派中出现的两派组织。所谓"天派"，是因为这一派的主要组织之一是北京航空学院"红旗战斗队"，北航的"航"即航空，是与天有关的，所以称为"天派"；所谓"地派"，是因为这一派主要组织之一是北京地质学院"东方红公社"，北京地质学院有"地"，就取它的"地"字，称为"地派"。这在当时很形象，也很通俗，于是很快就流行开了。

四、"北航黑会"

7月17日上午，一些外地进京的造反派代表来到了没有武斗、"歌舞升平"的北京航空学院，这里丝毫没有两派斗争的影子，难怪人们由衷地感叹"上有天堂，下有北航。"

会场在教学区四系楼二层一间能容纳200多人的阶梯教室里，来的约有100多人。负责筹备和接待工作的是"北航红旗"全国动态组的段孔莹等几个学生。到会人员有黑龙江"炮轰派"、辽宁"8.31"、锦州"糟派"、镇江"三代会"、青海"8.18"、贵州"4.11"、桂林"老多"、广西"4.22"、广东"旗派"、武汉"钢工总"等全国20多个著名造反派组织的负责人和代表。

"北航红旗"一把手韩爱晶因病没有前来参加，但是二把手井岗山、常委侯玉山以及作战部、"红一连""全国动态组"的一些学生参加了会议。

按事前约定，会议由武传斌主持。他礼节性地推让一下，北航侯玉山坚持让他主持。于是，武传斌宣布开会，感谢北航"红旗"提供了会议场所等。然后，他就转身让侯玉山讲。

侯玉山说："外地革命造反派到北京来，到伟大领袖身边来，我们北航'红旗'非常欢迎。我们有义务接待，提供一些方便。我们对外地文化大革命的情况不很了解，我们主要是来听听情况的，希望能通过互相交流，向各地造反派学习。别的我没有什么好讲的。"

武传斌和另外两人商量了一下，就让大家开始发言。来自外地的十几个造反派代表争先恐后地介绍他们那里的情况。

青海"8.18"控诉青海刘贤权被架空，是没有赵永夫的赵永夫路线，老造反派被迫害……

接着是吉林的一位代表发言。

清华"井冈山"一把手蒯大富和北京六中的两个中学生代表也参加了会议。

蒯大富在后来多次回忆这段经历时说:"我原来不认识武传斌。那天,我和段永基一起赶到北航。进会场,北航同学把我带到武传斌旁边。我去参加会主要就是因为武传斌,如果不是他我也不会去。到会场我肯定先见武传斌。会议正在开,武传斌向与会者介绍这是蒯大富,会议继续开。"

有人提议各省造反派应该联合起来成立一个全国性组织。这时,与武传斌打完招呼的蒯大富很低调地到阶梯教室后边的座椅上坐下。"北航红旗"的井岗山也坐在后边。当蒯大富听到有人提到"应该联合起来成立一个全国性组织"时,大惊失色,表示这绝对做不得。

有人又说:"那就办个联络站保持联系。"

蒯大富说:"即便搞联络站也要先请示中央文革,得到中央的明确同意才能搞,否则是绝不能搞的。"说完他就离开了会场。

蒯大富后来回忆说:"我听外地造反派发言,就是诉苦告状,怎么受压。后来,有一个人发言,说成立全国造反派组织。我一听,立即表示反对。我在北京明白,中央特别忌讳成立全国性组织。我发言,说坚决不能成立全国性组织,这是中央不允许的。我的发言没引起重视,我讲完又坐一会,心里害怕,就回学校啦,我不记得坐在后面和井岗山在一起的事。"

在各地造反派发言时,北航侯玉山安排到会的北航"红旗"的人做一下记录。如果要北航发言的话,就由许志新把他与惠凤荣、刘博晓等人撰写的文章《历史的必然》介绍一下,宣传一下他们对于当前运动的看法,在观点上要把握反对武斗和派性,拥护人民解放军。随后他准备到阶梯教室的后排找蒯大富、井岗山聊一下,但抬头一望,他们都已不见踪影。侯玉山随即也就离开了。

与会的外地造反派们发言热烈,中午也没有休息,各自从食堂买些馒头、咸菜回来后,又边吃边聊,继续开会。

会议连续开了两天。许多人的发言把矛头指向了当地驻军和革命委员会。有人慷慨激昂地控诉当地驻军是如何镇压造反派的，抓了多少人，打死多少人；有人把全国的文革形势描述得漆黑一团，就像当年蒋介石"四一二"反革命政变后的白色恐怖，看不到任何的前途；有人认为中央军委的《八条命令》和《十条命令》自相矛盾，是造成军队与造反派对立的根源；有人甚至对中央当然也包括中央文革和毛主席怨声载道，认为中央出尔反尔，搞实用主义，"飞鸟尽，良弓藏；狡兔死，走狗烹"，卸磨杀驴，把造反派当替罪羊；还有人对中央内部斗争情况猜测，议论，认为毛主席被架空了。

广西钱文军、白鉴平他们是18日才来到会场的，入场时，会议已经开始。因为《7.3布告》是针对广西来的，在大家的要求下，柳州白鉴平即席发言，介绍了他们被追杀的困境：

"整个柳州市我们只剩下一条街道，与铁路的地盘还隔着'联指'的据点。各地农民在武装部的率领下，领着津贴进攻我们，基本上离被消灭只有'五十米'的距离。"

他继续说："然后我们自己救自己，毫不犹豫地学习毛主席'枪杆子里出政权'的指示，打出一片天地。广西鹿寨县武装部长张春峰亲自率领武装基干民兵进攻我们，被击毙在战场上。'联指'逃到柳北，我们占领了柳州市三分之二以上的地盘……"然后介绍了他们如何组织生产、生活、治安等等。

他的发言博得阵阵掌声，让刚才还愁眉不展的各地造反派都激动不已，纷纷表示要向柳州的"造反大军"学习。有人还高喊口号："向广西造反派学习！"昨天还在诉苦的青海造反派，发誓要立即返回，用柳州的经验武装头脑，组织大家干！还有人要求白鉴平把柳州的经验写出来，印成册子，发给大家学习。

下午15时左右，"辽宁8.31"代表提议成立"全国造反派联络站"，请求中央批准，地点设在北航，由"五大领袖"轮流当头。

马上有人反对，说北京的五大学生领袖已经分成"天派""地派"。

又有人纠正说："'天派''地派'都是造反派，没有根本的利害冲突。"

再有人又反对："清华不是打起来了吗？"

接着有人纠正说："'4.14'是老保翻天，算不得造反派。"

有人提出，建立全国性的组织是中央禁止的。

另有人建议，向中央打报告请求批准。

还有人说不会批，不如先成立起来，等中央知道了再申报。

有人甚至提出：要踢开中央文革，自己闹革命，自己救自己……

总之，会场始终乱哄哄的，莫衷一是。

武传斌没有看见蒯大富，在场的清华大学陈岩也不说话。

由于大家谁都不认识谁，会议照常进行。

这时，几名北航"红旗"的学生急忙找到离开会场的侯玉山，将会场情况告诉他，说与会的人很杂，不像是外地造反派。会上有的发言很出格，要求发通电的和成立全国组织的都有，搞不好要出事。

侯玉山说声："走！"便和他们一起来到会场。他把会场上北航"红旗"的许志新、祝春生、王竹贤、杨玲玲、柴孟贤、尹聚平等人叫出来商量。大家不同意侯玉山出面讲话，认为太正式了，没有回旋余地，就推举祝春生出面讲话，表明北航"红旗"的态度。因他善辩能讲，而且只是北航"红旗"的普通成员，说多说少、说轻说重都没有关系，也不会得罪外地造反派。接着，他们又议论了一些必须表达出来的观点，即：不同意成立全国性造反派组织或联络站，要回原地闹革命，要执行毛主席战略部署，反对武斗和派性，支持人民解放军等。定了以后，侯玉山就离开了。

最后，外地参会人员纷纷要求："请蒯大富同志和北航'红旗'头头为我们讲几句话，大家鼓掌，热烈欢迎。"说着，会场响起了一遍又一遍松涛般的掌声。

他们反复鼓掌欢迎，就是不见人。其实蒯大富早在17日上午会议开始后时间不长就走了，18日也没有来。

于是，北航"红旗"的柴孟贤、许志新、祝春生代表北航"红旗"分别作了发言。

祝春生也是北航"红旗"的"元老"，口才极佳。他在发言中先说了几句对外地造反派战友表示热烈欢迎和坚决支持之类的套话，然后话锋一转，便慷慨激昂地大声教训起那些外地造反派头头来。他说:"你们这些人不读书不看报,根本不理解伟大领袖毛主席的战略部署。你们自认为山高皇帝远,根本就不把中央放在眼里,不把解放军放在眼里,这样下去,你们要犯大错误的,要走向反面的。

"你们应当真心实意地拥护当地解放军,要打不还手,骂不还口,更不允许到处'揪军内一小撮',到处冲击军区、省军区、军分区、警备区和解放军驻地,到处抢解放军的枪,殴打解放军官兵。你们若不取得解放军的支持,迟早要完蛋的。

"真正的革命造反派决不能反军。我们北航'红旗'就坚决拥护解放军,上到最高统帅毛主席和林副主席,下到解放军战士,我们都拥护,特别是对国防科委聂老帅,我们北航'红旗'是坚决拥护的,所以解放军从来没有打过我们,不但没有打过我们,还坚决支持我们,所以我们北航'红旗'才坚不可摧。有人说,'上有天堂,下有北航',这话很对。但人间天堂不是天上掉下来的,而是我们坚决听毛主席党中央的话,听中央文革首长的话,通过艰苦奋斗换来的。还有人说,北航'红旗'架子大,老子天下第一。这话不对,不是第一,是第二。第一是毛主席、党中央、中央文革,是伟大的中国人民解放军,第二才是我们北航'红旗'。这不是谦虚,这是事实。我们北航'红旗'的宗旨是解放全人类,我们没有忘记全国的无产阶级革命造反派战友们。但是,现在泥沙俱下,鱼龙混杂,造反派中什么王八蛋都有。我们支持真正的革命造反派,凡是怀疑毛主席党中央的无产阶级文化大革命路线的,凡是不紧跟伟大领袖毛主席战略部署的,凡是反对中国人民解放军的,就不是真正的革命造反派,我们北航'红旗'决不支持他们……"

祝春生一番发言,把那些外地造反派头头们骂得目瞪口呆,很不自在。

广西钱文军悄悄对白鉴平说:"你知道什么叫革命吗?革命就是新的官僚取代老的官僚。"

白鉴平笑罢说:"你哪来那么多谬论?"

各地造反派再也坐不住了,纷纷起哄,不断打断祝春生的发言。

其实,早有内参记者也来参加了会议,他们记录了会上每个人的发言。据说，后来康生看到了记者上报的会议内容纪要，说了一句："这个北航头头的发言还差不多。"只是记者不认识祝春生，误将他写成北航"红旗"常委侯玉山。

下午的会没开多久，中央文革联络员就打来电话，不许再开了。此会就这样不了了之。武传斌建议大家留下联络方式，以后彼此多联系。他并没有把这次座谈会太当回事，觉得只是一个串联活动，在当时稀松平常。会开完，武传斌也就准备回广州了。但也没有马上走，还是想见周恩来。他又去找总理办公室的谢秘书送材料，并提出："希望见总理。"

谢秘书收了材料只说了一句："你快回广东吧。"

而正在北京体育学院休养的韩爱晶就不像武传斌这样简单了，他早在18日就接到北航段孔莹等同学打来的电话，对他说，有些不对头，地质学院只参加筹备会后就不参加了。蒯大富来听一会儿就吓跑了，井岗山也吓跑了。还有其他同学也打电话反映情况。政治敏感性极强的韩爱晶知道闯了大祸，赶紧对他们说："那你们赶紧写报告，把这件事报告中央，说这里有个会。"

可是，报告还没有写好，中央批评已经下来了，说这是个"北航黑会"。

大概是7月20日晚，韩爱晶将侯玉山叫到反修医院。侯玉山对中央为何这么快就知道在北航开的这个会，而且马上批成"北航黑会"。他感到迷茫和冤枉。韩爱晶的态度是稳住，不要慌，看下一步中央怎么讲。

7月20日晚9时30分至21日凌晨2时5分，周恩来、陈伯达、康生、江青、姚文元、谢富治、黄永胜、吴法宪、叶群等在人民大会堂东大厅接见新疆两大派群众组织的部分代表，军队和兵团的代表也参加了接见。

接见时，周恩来对新疆"红二司"的负责人吴巨轮说："不是指示，而是我们讨论研究过的，给你们打个招呼，提醒一下，你们应该总结两年来的斗争经验。我们是老战友啰，再提醒你们一次，不要再往北航那里去了，因为北航是是非之地。"

吴巨轮说："我没有去，只参加过一次批斗武光的大会。"

周恩来问："你们下边没有人去吗？有没有人住在北航？"

吴巨轮答："那里我们有人住。"

陈伯达："你们有人住在北航，不要住在北航，不要再住在北航喽！"

周恩来："我再提醒你们，我再提醒你们四个字，北航是是非之地。你们自己理解去。"

当吴巨轮汇报到有人住在北航时，周恩来又说："你是领头的，为什么要住在北航？要检查检查，你们在北京住有多少人？"

吴巨轮答："有的是上访的，有的是被打出来的。"

陈伯达说："与北京各大学有关系的同志，要割断关系。不要被人家牵着鼻子走。他们不知道你们那里的情况，你们也不知道他们的情况。"

21日，北京广西学习班的军代表、师政委王国禄找到钱文军，向他了解北航开会的情况。钱文军简单说了一下，王国禄要他写出书面交代。

钱文军没想到还让他写文字材料，十分恼怒，当场拒绝。

军代表问："为什么？"

钱文军的回答出乎大家的预料："本人不识字，不会写。"

王国禄大发雷霆："《今日的〈哥达纲领〉》你都能写，这个材料你不会写？"

两人大吵一通，不欢而散。

看着王政委渐渐远去的背影，钱文军心血来潮忽然有了诗兴，于是吟了一首《卜算子.军代表》：

"肥脸泛油波，瘦眼刻奸笑。休道穷人闹减租，成天喊又叫。叫叫又何妨，时候还没到；待到深秋算账时，自有镣和铐！"

他把这首《卜算子》写下来，正要对一下平仄关系，和他住同一间房的独立师金营长进来了。他也是个胖子，看了之后说："妈的，你小子不是骂我吧？"

钱文军也笑道："骂你又怎的？不会多一个罪状吧？"

四、"北航黑会"

金营长认真看了看,然后叹口气说:"小伙子,你怪聪明的。不过,初生牛犊不怕虎是好的,可别被老虎吃了!"

钱文军听出来他话中有话,急忙向他打听。金营长说:"北航这个会,中央已经知道了。定性为'黑会'。事情比你们想象的要严重得多。"然后解嘲说:"你在这学习班里好好的,吃得好,睡得好,偏要跑出去开什么会。什么会开了都没用,你们年轻,还没闹明白,无产阶级专政下的革命,什么叫无产阶级专政?别胡闹,闹事的都不会有好果子吃,这就叫无产阶级专政。"

当天晚上,学习班几个负责人把钱文军叫到一间会客室,正式宣布中央文革的指示:"北航黑会"有黑手,必须认真查出来。然后苦口婆心让他说清楚。

第二天,王国禄在大会上宣布:"王反修、李振岭,还有钱文军,从今天开始隔离反省。不许外出,也不参加大班学习。"

他们三人留在宿舍里单独写"北航黑会"交代材料。

五、中央发《7.24布告》，毛主席召见谢静宜

7月18日，中央文革碰头会讨论了毛泽东7月17日提出的四个问题。讨论中，关于十二中全会有两种意见：如为准备九大而开，它的主要任务是筹备九大；如为推迟九大而开，它的主要任务将是总结两年来文化大革命的丰富经验，提出全面夺取胜利的若干任务，并解决需要解决的组织问题。

7月21日，周恩来向毛泽东、林彪书面报告了上述意见。毛泽东当天圈阅。

就在"北航黑会"被中央文革叫停后的第二天，7月19日，西安市两派又在西安市西郊白家口发生大规模武斗。双方纠集数千人，动用航空机关炮、土坦克等武器、摧毁楼房1座，死亡21人。

7月21日，周恩来致信毛泽东、林彪："陕西问题有两种意见，我们原按主席指示为中央起草了一个布告，后来有同志怕降低陕西革委会作用，请陕西同志自己改写了一个决议。但据李瑞山三同志来信主张以中央布告形式发表为好，拟在明晚碰头会上讨论决定。"又告："煤矿会议将结束，决议草案正在修改中。接着拟开冶金和国防工业会议，以推动今年下半年生产。"

7月22日，中央文革碰头会讨论各地对《7.3布告》的宣传和执行情况，认为对布告的宣传宜做深入细致的政治思想工作，分区分单位进行宣传解释，不开大会动员，以免给唱反调的人以肇事的机会。会议还根据陕西情况，同意由中央发出针对陕西问题的布告。

7月23日，陕西汉中"统派"从汉中中学向"联派"发射8发炮弹，炸死8318部队九连指导员和一名战士。

7月24日，中央以中发[68]113号文件发出布告，要求陕西两派立即无条件收缴武器，解散人员，恢复交通，恢复秩序。布告措辞

五、中央发《7.24 布告》，毛主席召见谢静宜

强烈，态度坚硬，没有商讨的余地，史称《7.24 布告》。

7月31日，汉中"统派"准备再次偷袭"联派"，临行前一个人逗狗玩时，不慎引起爆炸，不仅待命出发的20多人均被炸死，还殃及汉中米厂大楼大部分被毁。这一声爆炸损失惨重，不过也为汉中武斗划上了句号。

《7.3》《7.24》两个布告，就像降魔杖一样，很快就使陕西汉中两派停止武斗，收缴武器，拆除路障，拆毁碉堡哨卡，填平战壕，武斗人员自行解散，居民回城，商贸各业开门。学生返校，工人回厂，机关也开始运转。

从1967年8月19日汉中"炸楼事件"开始，到1968年7月31日汉中米厂被炸掉为止，汉中地区武斗中死人逾千，烧毁房屋无数，10多条街道成为瓦砾，汉中城内48天空无一人，为有史以来之罕见。

《7.24 布告》发布的当天，7月24日，周恩来还致信毛泽东、林彪，提出："停止武斗、纵火，恢复铁路交通，将是目前政治动员中在广西首先要实现的任务。"

这段时期，清华大学"4.14"每天都派人乘小车到中央和北京市革委门前及周围街道用高音喇叭呼救。

进入7月后，北京市革命委员会针对许多高等院校武斗严重的情况，多次召开制止武斗、宣传并贯彻中共中央《7.3 布告》精神的会议，准备在中关村召开制止武斗的群众大会，派遣宣传队在高校所在地进行宣传活动。谢富治指示清华大学"团派"提交关于制止武斗的方案，并向"团派"头头打招呼说，可能要派工人游行队伍进入清华宣传。

此时，清华大学"4.14"也已经知道了"北航黑会"和中央对这个会议的态度。这是7月24日清华"4.14"总部从动农馆发到科学馆的密码，记录了他们了解到的情况。

毛泽东从内参上也看到了清华的动态，他的女儿兼联络员李讷也向他反映了清华大学的武斗情况。

7月24日上午10时左右,毛泽东的护士长吴旭君打电话到新华印刷厂,叫正在这里支左的中央警卫团8341部队机要员谢静宜回来一下,说"主席有事找你。"

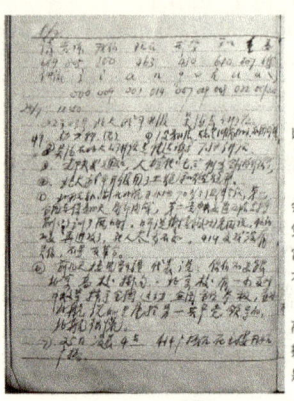

7月24日的密电电文

谢静宜放下电话立即赶回中南海,到游泳池去见毛泽东。

毛泽东见到谢静宜后,先问了新华印刷厂的情况,然后说:"现在工厂的形势比较好,大多数工厂都联合了,形势在好起来,唯有学校的形势不好。聂元梓、蒯大富这些人在搞武斗,谁的话都不听,市委的话不听,中央的话不听,我的话也不听。他们穿着盔甲,拿着长矛搞武斗,不知道羞耻。"

这时,毛泽东非常生气,继续说:"他们脱离了工人,脱离了农民,也脱离了他本派的大多数。他们头脑膨胀,全身浮肿……"

他把烟蒂往烟缸上一揿,站起来,气愤地来回踱步,加重语气说:"有本事拉出去打,打它个十年、八年,我看地球照样转。"

略微停顿一下,毛主席面部仍带着气愤的表情说下去:"他们不是谁也不怕吗?我看他们也有一怕,那就是怕群众,怕工人怕农民。"

这时,毛泽东自言自语伸出左手数着手指低声说:"北京有一百多万工人,在不影响生产的情况下","我的意见是临时组织两三万工人和部分农民参加的队伍,去同他们讲理。去宣传'要文斗,不要武斗',宣传中央制定的《7.3布告》。至于先去北大还是清华,请北京市商量定。哪一个学校问题最严重,就先去哪个学校,捅它这个马蜂窝。"

他精神振奋,语言激昂。随后又补充一句说:"有可能会发生流血的,要警惕。"

五、中央发《7.24布告》，毛主席召见谢静宜

谢静宜被毛泽东的指示惊呆了，脱口问道："这是真的吗？"

毛泽东笑了，说："是真的。"

接着交代说："你别吃饭了，快回去告诉你们厂的领导，联系好工人和部分农民，让北京市和8341部队，共同组织好这件事。"

然后又补充说："注意啊，工人要派大联合、三结合好的工厂，派性少的工厂，与大学没什么联系的工厂去，否则，你们还没动，他们就知道了，这就不好办了。"

谢静宜立即乘公共汽车赶回工厂，将毛泽东的指示向驻厂支左的中央警卫团副团长张荣温及8341部队宣传科副科长、时任新华印刷厂革委会主任的迟群作了传达，然后他们一起回到中南海向8341部队政委杨德中作了报告。随后，杨德中又立即带着他们三人赶到汪东兴那里，向汪东兴作了详细汇报。

根据汪东兴的意见，由杨德中政委带着张荣温、迟群和谢静宜到北京市革委会汇报。北京市革委会负责人谢富治、吴德、吴忠、杨俊生、刘绍文等人听了他们的汇报后，很重视、很赞成、很支持。他们说，清华大学武斗最严重，科学馆被烧，封锁在里面的人既没有吃的，也断水、断电，快困死了，先进清华好。他们表示，由北京市革委会帮助组织联络工厂，并当即找来多张清华大学地图，研究部署工人宣传队去清华的路线。他们决定先由北京市革委会组织工人在大专院校周围游行，呼喊"要文斗，不要武斗"的口号，不进校，游一阵子就回去。

六、7.25 接见广西代表

7月25日凌晨1时5分至6时15分,下发了《7.24布告》,忙碌了一天的周恩来没有休息,又与陈伯达、康生、姚文元、黄永胜、吴法宪及刚刚研究完落实毛主席派工人宣传队去清华大学制止武斗的北京市领导谢富治、温玉成在人民大会堂东大厅,接见广西来京学习的两派群众组织部分代表和军队部分干部。在这次长达5小时又10分钟的接见中,中央首长的通篇讲话,充满了对他们一向支持的广西"4.22"派的猛烈抨击和严厉谴责,其语气之尖锐,措辞之激烈,是文革时中央领导人对群众组织中少有的,完全形成了"群起而攻之",只准认罪不准抗辩的局面。

康生主持会议。他说:"现在开会了。今天开广西的会议。广西的问题,情况你们知道的比我们还清楚。中央《7.3布告》不但发到广西,而且发到了全国。同志们来时看到街上长长的游行队伍没有?都是拥护毛主席亲自批示的《7.3布告》的。你们广西问题闹了很久,全国出名了,全世界也出了名。现在请同志们到中央来,到北京来,到毛主席身边来,学习毛泽东思想,学习毛主席的革命路线。大多数同志来了,但还有少数同志不愿到中央来,不愿到毛主席身边来,不愿到中央办的毛泽东思想学习班来,还有的来了不到学习班学习,跑到阴沟里去活动。我要问同志们:你们如何执行《7.3布告》?!刚才同志们不是喊永远忠于毛主席吗?但是同志们不来,或者来到北京不到学习班住,是不是忠于毛主席?是不是忠于毛主席的革命路线?"

"同志们有什么意见可以尽量讲,中央是讲民主的。但是,要告诉大家,你们来不是打官司的,不能讲条件,更不能向以毛主席为首、林副主席为副的无产阶级司令部讲条件。你们是来学习毛泽东思想,学习毛主席革命路线的。向无产阶级司令部讲条件是不行的!中央召集的会,你们讲条件,是中央服从你们,还是你们服从中央?!广西问题,铁路不通车,拖了两个月之久,我现在要问问你们:你们反美不反美?"

众答:"反!"

"你们支持不支持越南人民反美斗争?"

众答:"支持!"

"现在援越抗美物资被抢去了,火车不通了,谁高兴?美帝高兴!苏修高兴!叛徒、特务高兴!你们口里喊革命,实际上是反对革命!希望你们有的人不要玩两面派了!有的人已走到边缘,再走下去就变修了!"

"听说广西党校有个教员叫朱仁的,朱仁在座吗?"

朱仁站了起来。

康生说:"我希望你忠实地讲,你来北京到底干什么?是革命的,还是不革命的?"

黄永胜:"你在毛主席像前要讲老实话。"

康生:"你这样的党校教员,毫无党员气味,你这样的党员,是代表什么党?你是代表国民党,是谢王岗的党!"

谢王岗,原名谢祖祐,又名谢晖鲁、黄岗。广西合浦福旺乡石碑口人。1919年生,1938年2月参加革命,曾任粤桂边纵队第三支队司令员,时任广西区党委宣传部副部长。支持广西"4.22"。

周恩来问:"你是'4.22'的吗?"

朱仁答:"是。"

周恩来:"你代表哪个'4.22'?"

朱仁答:"现在的'4.22'。"

周恩来:"是代表现在在南宁放火的'4.22'吗?熊一军是不是你们一起的?"

此时,广西南宁的大火还在燃烧。7月19日,广西自治区革筹小组和广西军区又调4个连和"联指"数千人包围并炮击解放路一带"4.22"据点。多条街道起火,硝烟弥漫,一片火海。对此,南宁

"警司"发布《立即行动起来,扑灭反革命分子制造的火灾——给全市无产阶级革命群众的一封公开信》。当天,周恩来命令广西军区派部队实行武装掩护群众救火。同日,自治区革筹小组、广西军区又向中央、中央文革呈上了《执行武装掩护部队、群众救火的报告》。

21日上午9时至12时,南宁百货大楼二、三楼起火燃烧。

康生接着问朱仁:"你要老实交代在北京造了些什么谣言?参加了些什么黑会?搞了些什么黑活动?哪个黑司令部指示你的?"

陈伯达:"把你的黑司令部端出来!"

康生:"你如果还有点革命气味的话,就要在中央面前和毛主席面前讲出米。你是什么地方的人?"

朱仁答:"广西柳城县。"

康生:"家里是什么成分?"

答:"中农。"

康生:"地主也是农民,富农也是农民。你在党校做什么?"

答:"政治经济学教研室。"

"在哪里学的?"

答:"东北师大。"

"什么时候毕业的?"

答:"60年。"

"毕业后呢?"

答:"到广西党校。"

"那你到广西很久了,谢王岗是你的上司吗?"

答:"没见过。"

"在北京见过吗?"

答:"没有。"

康生:"你说没见过是撒谎!"

姚文元:"你还没有回答康生同志的问题!"

康生:"你什么时候来的?"

答:"4月21日来的。"

周恩来:"你是'控诉团'的?"

答:"我们是汇报团。"

周恩来:"你们出来时叫汇报团,现在叫'控诉团'了。你跟熊一军在一起吗?"

答:"没有见过。"

周恩来:"怪事!你们4月份来的,熊一军也来了嘛!"

黄永胜:"要交代来北京的活动情况!"

康生:"你要交代你搞了些什么黑活动!"

陈伯达:"你在北京住在什么地方,向谁汇报,跟谁联络?"

康生:"你是党员吗?是什么党员?是党员还撒谎!"

接着,周恩来、陈伯达、康生轮着问他:"你们在北京开了几次会?""在哪里开的?""谁主持的?""到了多少人?清华谁去了?"

"4.22"代表做梦也没有想到,一直都是支持他们的中央领导态度会如此转变,这次接见会成为审查他们的调查会。朱仁转弯抹角、吞吞吐吐地承认了,在清华主持了7月17日那次各地造反派座谈会,说有十几个省的30多人参加。

姚文元继续问:"你们准备建立一个什么样的统一组织?"

朱仁答:"辽宁'8.31'在会上提出要成立一个全国性统一的组织。"

"叫什么组织?"

答:"全国造反派总部。"

陈伯达:"一个是造资产阶级的反,一个是造无产阶级的反。你们造谁的反?你们是假借名义要造无产阶级的反!"

康生:"你造了些什么谣?"

吴法宪:"你有什么资格召集全国十几个省开会?谁给你的权力?谁给你的任务?"

周恩来:"你方才不是在门口闹着要来吗?不是要控诉吗?现在请你们来了,你们控诉吧!在北京什么时候开的会?"

答:"这个月的前几天。"

康生:"前几天,是哪几天?你老实点好不好?"

康生问:"曹东峰参加了没有?"

广西大学"革联"的曹东峰起立做了回答。

周恩来问:"桂林'造反大军'参加北京的会了没有?"

桂林"造反大军"刘振林答:"我们有个同志参加了半天。"

康生:"你们住在那里,近水楼台嘛!到现在还不愿意回来,在那里气味相投嘛!"

原来,桂林"造反大军"的代表没有住在中央指定的解放军政治学院,都跑到北航去了。

周恩来:"请你们到毛主席身边来学习,比跟国民党谈判都困难,请都请不回来。"

刘振林说:"有两个代表个不是我们'造反大军'的……"

康生:"代表是中央定的。就这个理由就不愿来,和中央讲条件,你们还愿不愿到学习班来?什么时候回来?"

刘振林答:"明天全部搬去。"

康生:"你们如果再不去,北京所有的工人、农民就要把你们赶出去!"

周恩来生气地站起来对刘振林说:"我问你们,你们包围第三监狱、劳改工厂,对不对?"

黄永胜:"还成立了'接管监狱领导小组'。"

周恩来:"你们组织成立'接管监狱领导小组',是不是要造无产阶级司令部的反?那里是劳改犯,你们知道不知道?你们把军队的枪都抢了。你们'老多'要改个样子,不是去年那样了,今年变了,性质要变了,你们已经走到边缘了,快掉下去了。你们不听中央的召唤,不听以毛主席为首、林副主席为副的无产阶级司令部的召唤,你们这么大架子,拒绝中央的接待,住在北航不回来,是个严重的错误。你们在北航的都站起来!承不承认住在北航是错误的?"

众答:"承认。"

周恩来:"现在有三件事:第一,你们要承认错误,要向中央文革写出检讨;第二,今天就搬回去!第三,马上给家里打电话,一定要从第三监狱撤出去,由军队接管。那里有10年以上徒刑的劳改犯,有几千犯人。你们占领监狱是造谁的反?去年、前年你们造反动路线的反,做了些好的事,现在还造谁的反?!我在去年说过,你们还有造反精神,我支持了你们。现在你们变成了这个样子,你们里边一定混进了坏人!你们要在学习班里好好学习毛主席的一系列极为重要的最新指示。学习林副主席的重要指示、江青同志的重要讲话和《人民日报》刊登的《从上海机床厂看培养工程技术人员的道路》这篇文章。今天是25日,一定要让部队接管监狱!"

桂林"造反大军"刘天偿说:"桂林市被农民包围,我们来北京时在机场挨打……"

周恩来说:"打人是错误的,'联指'已经写了检讨,态度是诚恳的。"

黄永胜:"这个态度是好的。"

周恩来:"农民进城问题,军队劝他们回去,'联指'也劝他们回去。"

姚文元:"你们在北京开会的详细情况,要给中央写出书面汇报。"

周恩来:"你们汇报团、'控诉团'到底是两个组织,还是一个组织?到底是什么团?是不是到中央面前就叫汇报团,在北航就叫'控诉团'?"

朱仁说,他们住在和平里不了解情况,消息很闭塞……

黄永胜:"你们就是要搞小道消息,造谣!"

温玉成:"你们的所谓'汇报团',在北京做了很多坏事。冲京西宾馆,再三劝说不听,打烂玻璃,打伤战士,派战士把你们送到和平里,你们把战士也打伤了,现在这个战士还在医院。你们说在和平里开了一次会,实际开了几次会造了很多谣。桂林'造反大军'的去了,你们开欢迎大会。到处串联,散布谣言。要你们组织起来学习,你们不愿学;宣传毛主席的指示,你们不听。你们做了很多坏事,我们都有账。希望你们在中央面前老老实实讲出来。"

吴法宪:"你们汇报团不向中央汇报,到清华、北航'汇报',汇报什么?你们在北京四个月到底干了些什么?"

七、要解决柳、桂问题

"4.22"的苏振国说梧州放火烧房子一事,周恩来问他:"你是什么时候出来的?"

苏振国答:"3月。"

周恩来:"你3月份出来的怎么知道得那么清楚?还有到广州做坏事的,你知道不?"

苏振国答:"不知道。"

周恩来:"凡是坏事你都不知道,你都不代表!你们把坏人揪出来没有?梧州放火时,你在哪里?"

苏振国答:"在南宁。"

周恩来:"在南宁你怎么知道梧州的情况?你们在京西宾馆待了10天,到处贴大字报,打了玻璃,打伤了人,还打电话回去,造了很多谣。"

黄永胜:"你们讲:'别人来宾馆顶多两个小时就走了,我们呆了48个小时。'还说'坚持就是胜利!'"

周恩来:"事实说出来了,你们不得不承认;不说出来,你们就把错误推给对方。梧州问题今天不再谈了。梧州的火,'4.22'要负主要责任,而且这种办法不仅在梧州,在柳州、南宁也都有发生。你们把杀人的、放火的、抢援越物资的、中断交通的,都说是受压的,还说别人是右倾翻案。这是反革命罪行,对这些人就是要实行专政嘛!"

康生问苏振国:"我问你,杀人、放火、抢援越物资的是不是反革命,镇压这些人叫不叫迫害?对杀人的、放火的、抢援越物资的,你到底怎么样对待?怎么样处理?"

苏振国答:"回去调查……"

康生:"不能等回去,就要在这里处理。"

苏振国:"我们没抢援越物资。"

周恩来、康生同时说:"你们都是'造反大军'。"接着,康生又说:"梧州搞成那个样子,你们怎么能看得下去?怎么能对得起群众?要让全国人民知道会怎么愤恨?!"

周恩来:"《7.3布告》是毛主席的伟大战略部署。要立即停止武斗,交还人民解放军的武器、装备和抢夺的援越抗美物资。"

广西大学"革联"曹东峰说:"'4.22'常委龙智铭等人是被开除的,不能代表'4.22'……"

周恩来质问道:"你能代表'4.22'吗?你是什么'4.22'?我们请的'4.22'的30个代表为什么都不来?"

吴法宪:"南宁放火就是你们放的。"

周恩来:"房子烧了那么多,就是你们'4.22'烧的。"

吴法宪问曹东峰:"7月21日,在民生路一带烧了1000多间房子,是不是你指挥的?"

黄永胜:"百货大楼是你们占的,火不是你们放的是谁放的?"

吴法宪:"你们好好想一想,伟大领袖毛主席亲自批发布告,这是全国没有的,广西2400万人民,要求按照毛主席的指示办事,但是你们不执行,铁路中断两个月不能通车,这是全国没有的,严重影响援越抗美,影响物资运输、部队供应,影响外贸,影响人民的生活。还有到处杀人、放火、烧房子的,这也是全国没有的。中央、中央文革的命令一传达,各地都闻风而动;但你们广西,接你们来学习,有些人不来。中央、中央文革派最大、最好的飞机去接你们,可是有一架飞机却摆在桂林停了10天。我们空军闻风而动派飞机,晚上也飞,气候不好也飞,可是等了你们这么久,你们不来,这对得起毛主席吗?是忠于毛主席?同志们好好想一想,头脑要清醒一点,到时候了,再不能拖延了!你们究竟要把广西引到什么地方去?"

康生:"我们今天批评'4.22','联指'也要做自我批评,不能压他们。如果你们再压他们,下步犯错误就是你们了,这是有经验的。"

陈伯达联系北航的座谈会说:"北航能解决你们的问题吗?清华能解决你们的问题吗?韩爱晶、蒯大富不要狂妄自大。什么叫马列主义,什么叫毛泽东思想,他们懂得多少?蒯大富最好去劳动,韩爱晶最好去劳动。

你们来搞什么串联?曹东峰、朱仁搞什么控诉团,住在和平里,你们离开广西好几个月了,既不了解情况,也完全脱离了广西的群众。你们不听毛主席司令部的声音,专门去听小道消息。"

黄永胜:"我不作为中央的工作人员,作为广州军区的成员说几句,我要提出批评,你们拖住了广西革命委员会的成立,广州地区只有 个广西不能成立革委会。你们这叫紧跟毛主席的伟大战略部署?这是毛主席的革命路线?实际上,广大群众是要求尽快成立革命委员会的,就是走资派、叛徒、特务、反革命在挑动破坏。这只有美帝、苏修、反动派高兴,广大人民是不高兴的。你们撕布告,'4.22''造反大军' 700 人跑来北京几个月,还跑去广州,什么地方都去了。你们把手伸得那么长,你们这是黑手,要斩断你们的黑手!难道人家不能革命?你们到北京来造谣,是造谣公司的合股成员,至少少数人是合股成员。你们贴标语说:《7.3 布告》宣判了韦国清的政治死刑。这不是反革命?!

你们在南宁打,越南领事馆搬家,搬到对河去,你们还要打,还有没有国际主义精神?

在桂林,你们打越南的学校,使人家退走,还有点国际主义吗?还把桥炸了,把粮食也抢走了,你们对得起越南人民吗?

抢援越物资,放火,也是你们干的,这是搞文化大革命吗?

你们冲监狱,不想想里面关的是些什么人?你们究竟把自己摆在什么地位上,和谁坐在一条板凳上了!"

康生:"文化大革命搞了两年多了,你们还摇摇晃晃地跑来北京,贴出那样的大字报,不害臊!搞不起来联合还有什么脸皮这个那个的!"

这时,曹东峰强调"4.22"的群众是在他们这一边,不在赴京代表龙智铭等人那一边时,黄永胜说:"你这个话就不对,你们杀人、放火、抢东西就叫有群众？他们就没有群众？！你怎么知道他没有群众？！"

周恩来对曹东峰说："你离开南宁四五个月，你能代表那个'4.22'？"

康生："曹东峰，我提醒你，今晚不是讨论哪个代表哪个的问题，是讨论革命和反革命的问题，是讨论执行不执行毛主席亲自批准的《7.3布告》的问题。在广西柳州、桂林、南宁等地杀人放火、抢劫援越物资、枪杀中国人民解放军是革命还是反革命？对反革命你采取什么态度？！"

周恩来："你支持广西革筹小组不？你支持中国人民解放军不？你支持广西军区不？你支持《7.3布告》不？"

温玉成："你们在北京贴大标语，写《7.3布告》宣判了韦国清的死刑，对不对？你给我回答。"

周恩来："这个口号是对还是不对？是革命还是反革命？怎么能说是宣判了韦国清同志的死刑？！"

周恩来对曹东峰说："你能代表新'4.22'，那么，我们叫新'4.22'来人，你可以叫来吧？他们到现在还不愿上飞机。南宁的火不能再放了，铁路不能再中断了。你能不能劝30个代表都来？和石怀宇联系上，电话不通你可以写信，我们有办法交给他。你贴了那样的反动标语，你能叫他们来，就算是你改正了一点错误。"

"你给石怀宇写封信，叫他把'4.22'30个人劝好，两天之内叫他们到北京来解决问题，不能听任《7.3布告》在广西不能实现了。我给你们个改正错误的机会。"

温玉成对朱仁、曹东峰说："你们这些头头阻碍解放军战士到和平里宣传毛主席的指示。从明天起你们就要停止这种活动，不能阻止！"

周恩来："你们听到没有？朱仁要负主要责任。你不是学生，你是个教员，是出谋划策的人，又参加了清华、北航的黑串联会。现在桂林、柳州的都来了，就是南宁'4.22'的30个人不来，还继续放火、封锁邕江大桥。要停止武斗，恢复交通，这是马上要办的。给你们 30 个代表不少了，不执行《7.3 布告》就不能代表。"

康生对朱仁说："你先不要说话，你回去把在北京的活动原原本本、老老实实地写出来，怎么造的谣，你在会上怎么讲的，蒯大富是怎样讲的，什么人怎样讲的，会上、会下又怎样讲的，给我写出来。你不要认为我们不知道，不是缺你的材料，是看你能不能挽救，考验考验你是革命的，是不革命的，还是反革命的！"

周恩来："你们回去要好好传达这次会议精神，按温玉成同志宣布的，他是卫成区司令员，不能对抗。要遵守北京革命秩序，不能对抗解放军的宣传。如果对抗，就是对抗以毛主席为首、林副主席为副的无产阶级司令部。一定要把你们这 600 多人的活动、串联黑会都写出来。"

朱仁表态说："谢谢中央首长的关怀。"

康生："你在哪学的那么多外交辞令！"

周恩来："现在讲柳州问题。柳州铁路不通，是关键问题。你们还打算停多久？"

柳铁"工机联"王反修："马上通车。"

"你叫王反修？"说着周恩来站了起来，扶着桌子问他："你真反修还是假反修？你这个反修，要真正反修。你是学生出身，你不是王反修，是忘记了反修，是忘反修！你要承认，我们给你们那么多电话、电报，《7.3 布告》下达又有 20 多天了，铁路还不通，柳州这个关键过不去！你们是不是把抢去的援越弹药分了？"

王反修："'工机联'抢 4000 多箱，其他是'造反大军'抢的。"

周恩来："你们全在柳江南岸，占的据点很多。"

王反修："我们请罪。"

温玉成："中央的《6.13 通知》下去以后，你们到处说是假的。"

王反修："我们坚决贯彻中央通知。"

黄永胜："你们口头上讲坚决贯彻，但你们的行动呢？完全是骗人的。你们说假话，言行很不一致嘛！"

周恩来："你们同'钢联指'能不能够合作？'钢联指'来了吗？"

"钢联指"张坚答："可以解决。但我们安全没有保证。"

七、要解决柳、桂问题

周恩来对王反修说:"你们的黑老板还在不在后面指挥?你不是张炎的'秘书'吗?你要说实话。你们能不能保证双方不阻挡通车?"

王反修说:"从来没有阻挡过。"

周恩来:"怎能说从来没有阻挡呢?"

张坚:"他们放脱轨器。"

周恩来:"对!只差50秒钟,若不是解放军抢救,火车就要出事啦!"

王反修辩解说:"只是一个学生放的,他不懂事。"

周恩来:"什么不懂事!这是反革命事件!"

周恩来对柳州"造反大军"白鉴平说:"我问你,你们参加抢援越弹药,不能交出来吗?你们抢了一万一千八百箱,这不是小事!还有廖伟然,你们能在很短的时间交回吧?今天是25号了,你们要在一两天通通交回来,你们明明知道是援越物资的列车嘛!一万一千多箱弹药,你们把火车拉到冷冻厂去,怎么分的,难道不知道?!"

"你们怎么还骗我们,想混过去?在中央面前,怎么能讲假话,能骗过去吗?你们面临两件事:第一,把抢去的援越弹药统统交回;第二,要和'钢联指'合起来恢复通车。保证通车,不是一方,但'造反大军'负主要一方的责任。'钢联指'你们在路外还有断轨的事情吗?"

答:"没有。"

周恩来:"我们在铁路会议上宣布张炎是坏人,他是幕后指挥,不能回去了,你们知道嘛。"他指着王反修说:"你现在还在为他辩护!"

"现在铁路要恢复通车,首先要停止武斗,哪派也不要侵占地方。对'工机联''造反大军'的考验就是要把抢去的援越物资全部交回,把抢去的枪全部交回。'联指'也要把抢去的枪交回。不然,恢复铁路交通就无法保证。双方在这里开会,马上解决这个问题,一切听从解放军指挥,由解放军全线护路。"

周恩来问"联指"代表:"'联指'张林、张麦生你们能负责吗?"

答:"能!"

周恩来："你们也不要跑到南岸去。"

答："没有。"

周恩来："柳州铁路大桥，由解放军接管，两派撤出。今天是 25 日，你们两派 26 日要达成协议。你们带个头。你们达成过 5 次协议了，都不能兑现。能说你们后面没有坏人、没有黑后台、没有反动家伙吗？你们还为张炎辩护，这不老实嘛！你们组织里就没有'反共救国团'？广西为什么发生这么多反革命罪行，就是后面有黑手。'反共救国团'总团在广州，你们广西有分团，他们有空子就钻进来。双方都要查。

南宁、桂林铁路来的人与柳州合在一起，由铁道部军管会、总参军交部的同志，同你们一起协商讨论，立即达成恢复铁路交通的协议。解放军来的人，也参加签字。"

八、再追问《今日的〈哥达纲领〉》

周恩来："现在谈桂林问题。"

温玉成："桂林主要是刘振林、刘天偿。"

刘振林报告说："我们进占监狱的人，保证在今天下午3点钟以前撤出。"

温玉成："你们进占的监狱周围山上的制高点也要撤。"

周恩来："桂林'联指'曹铁军、李年生，你们也要保证，打电话回去。'造反大军'保证从监狱撤出，'联指'保证在'造反大军'撤出时不要打他们，双方保证。"

刘振林提出"联指"不在协议上签字。周恩来说："你们一派起草的他们当然不干。141师韩更同志、分区景伯承同志，你们两人与他们双方一起，搞一个协议。"

他对桂林军分区司令员景伯承说："你们支一派压一派，检查没有？"

景伯承说："已经检讨了。"

康生对景伯承说："我听说你检讨得不大好哩！上次开会是点了名的。你是有亲一派疏一派的。我看你是'联指'的后台。"

黄永胜："是后台，两边都有，141师也是后台。"

周恩来："景伯承是有亲一派疏一派的。"然后对四十七军141师师长韩更和桂林军分区司令景伯承说："你们双方都有不对的地方，你们两位，一个是141师的，一个是军分区的，要把桂林的问题好好解决。不只是解决桂林市的问题，还要解决好铁路沿线、全专区的问题，铁路的从冷水滩到永福。大概桂林市的问题，'老多'要多负一些责任；城外的问题，'联指'多负一些责任。"

"联指"提出"造反大军"有一万多条枪，周恩来问141师师长韩更:"'老多'手里有多少支枪?"

韩更答:"不知道。"

黄永胜:"你们141师送给'老多'枪,还说不知道?"

周恩来:"今天是25日,要按主席的指示办事,包括韩更,景伯承两位,都要保证。进城的农民要回去。"

"联指"提出"造反大军"收留了很多外省人员,周恩来问:"刘天偿你们'造反大军'也有农民进城吗?有没有外省人员流入桂林市?"

刘天偿答:"一个也没有。"

韩更说:"有。"

周恩来:"你说没有,141师都承认了嘛。农民由部队劝他们回乡生产。外省人员由你们'造反大军'负责劝他们同去。你同意不同意?"

刘天偿答:"同意。"

周恩来:"你们回去达成全面协议,要有效地保证铁路畅通,不要农民进城。"

康生:"你们不要只看到南宁、桂林、柳州。你们要看到全国。《7.3布告》到了上海,工人看了大吃一惊,说我们根本不知道广西有这样一些事情。你们脑子里就没有一点敌情观念!刚才问你们反美不反美,支持不支持越南人民的抗美救国斗争?你们口里讲反对美帝,实际上不反。你们口里讲支援越南人民,实际上阻碍援越。你们口里讲拥护毛主席的革命路线,实际上反对毛主席的革命路线。你们口里讲揭露"反共救国团",实际上帮助他们。口里讲反修,还有的人名字叫王反修,实际做的是修正主义高兴的,不管主观如何,客观上帮了修正主义的忙。你们口头上拥护毛主席亲自批准的《7.3布告》,实际上是反对。不仅在你们那里有人反对,你们在北京居然贴大字报、标语,向我们示威,向北京780万人民示威!你们没有敌情观念,不顾大局!两派或多或少都有这个问题。某些军队同志支一派、压一派,也有这个问题。

你们不要只想到你打死我一个人,我打死你一个人,要想想大

八、再追问《今日的〈哥达纲领〉》

局,想想敌人,恰巧你们那里有'反共救国团',总团在广州,分团在广西。你们不是与广东'旗派'有接触吗?'旗派'的头头有的当了'反共救国团'的头头,恐怕在你们那里也有这个问题,为什么不想想这个呢?"

"广西有些头头不是那么纯洁。学生开始起带头作用是好的,但要一分为二地看问题。主席对上海机床厂调查报告的批语,请你们好好学一学。特别是主席讲,自己以为很了不起的大学生要放下架子,迅速赶上亿万革命人民前进的雄健步伐,不要以为自己很了不起。有些知识分子开始有觉悟,以后变了,我看朱仁就是这样。广西大学的曹东峰,是不是革命的,我有怀疑。不论是师范学院也好,广西大学也好,都要注意这个问题。我看广西两派都有黑手,都可能混进'反共救国团',都可能混进王公度、贺希明那样的托派,都有叛徒、特务、走资派混进去,两派都有学校的黑教师。广西大学、广西党校有没有黑教师?你们自己说还没有发现,问题就在这里。我不是讲过吗?《今日的〈哥达纲领〉》说是学生搞的,我看不可能。那不是学生写的!"

周恩来:"王反修,是学生搞的吗?"

答:"是。"

康生:"说是学生,骗人!我看你王反修也搞不出来。是黑教师搞的。在座的谁读过《哥达纲领》?朱仁你读过没有?"

答:"看过。"

康生:"你看的是《哥达纲领》还是《哥达纲领批判》?"

答:"《哥达纲领批判》。"

康生:"那个'纲领',就是要推翻无产阶级专政。说没有黑教师,见鬼,骗人!是掩护黑教师,遗憾的是过去没有发现。所以要根据毛主席的革命路线,首先办学习班。"

"你们现在这个条件,那个条件,应当是无条件地把铁路搞通,在7月份搞通。无条件地交枪,无条件地停止武斗,无条件地停止杀人放火。杀人、放火的人被镇压是受迫害吗?朱仁、曹东峰你们整天喊受迫害,杀人、放火的人要保护吗?那是要实行无产阶级专政的!"

康生提到的《今日的〈哥达纲领〉》是2月10日,柳州"柳铁革命造反红卫兵联合战队"主办的《红卫兵战报》上刊登的一篇文章。柳州铁路局两派于1967年10月26日签署了《关于实现柳铁革命大联合的协议》,当时也称"倒旗协议"。对这个协议,柳铁一中的"柳铁革命造反红卫兵联合战队"一直有不同的意见,他们进行了激烈的讨论,几乎面临分裂。但最终还是统一起来,除少数几个人坚持赞成"倒旗"联合外,大多数人都不同意"倒旗"。1968年1月,"柳铁革命造反红卫兵联合战队"的头头钱文军,布置该组织另外一位常委肖普云写作《今日的〈哥达纲领〉——评"倒旗协议"》一文,陈述反对"倒旗"的理由,并商量好写作大纲。这篇文章指责《关于实现柳铁革命大联合的协议》是当年《哥达纲领》的翻版。说这个"协议"脱离柳州和广西文化大革命的实际情况,在纸上空谈收缴枪支,助纣为虐,鼓励和纵容"联指"一小撮坏头头破坏"三个照办"。文章还指责柳铁"工机联"总部的头头提出的"铲平山头,破掉派旗,交出武器",实质是"交出柳铁无产阶级革命造反派一年来浴血奋战的成果,以换得一些人到大联委,甚至到将来的革委会去做官。"文章的发表激化了广西"4.22"阵营的内部分歧和广西两派的矛盾。

由于肖普云在文中引用了马克思的"用暴力推翻一切现存的社会制度"一句,广西革筹小组将此文上报中央。

黄永胜说:"广东的武传斌也来了。"

周恩来:"广东的武传斌,虽然他是革委会的常委,但他破坏林副主席所说的三性——革命性、科学性、组织纪律性,伪造介绍信,带100多人来,做你们黑会的主席。大革命时,我在两广待过,我为你们难过,两个当黑会主席的,一个是广东的武传斌,一个是广西的朱仁。

我再讲几句,反正朱仁是会传出去的,我也不怕你传出去。去年,伟大领袖毛主席要我到广州,与造反派谈谈,那时'三面红旗'是造反派,但不能总吃那三个字,不能吃一辈子。他说什么周某人是支持他们造反派的。但是,他现在跑到北京来,是造无产阶级司令部的反了!他们说什么黄永胜同志到北京来了,他们也来北京,这是借口。

他们是造无产阶级司令部的反,对坏人的阶级感情却那么深。中央点名的,他要辩护,究竟站在什么立场?还开黑会。"

黄永胜:"白鉴平,你挂牌要过饭没有?你丑化社会主义,想跑去香港,被抓回来。还有,廖伟然,过去当兵,是被开除的,你是四十二军的,我知道,我在广州军区待了十几年。我怀疑你们两个人,究竟造谁的反?站在什么路线上了?你们反对革委会,反对解放军!"

温玉成:"你们两个人,是中央指名要来的人。"

黄永胜:"你们两个好好想想,造谁的反?你们都要好好想一想,你们把斗争矛头指向无产阶级司令部,指向人民解放军,指向革命群众,就是江青同志所讲的三指向。武传斌这家伙是广东省革委会的常委。他到处煽风点火,挑拨离间。他要一派掌权,到处造谣,说北京市革委会他参加了。"

温玉成:"他还说我接见了他,公开造谣!"

康生:"朱仁,你要好好想一想,这个造谣的,就是黑会的执行主席。白鉴平,你也参加了吧?"

黄永胜对白鉴平说:"你就是黑会的成员。你们这些年轻人,为什么这样子?你们究竟是什么感情?"

周恩来问白鉴平:"是山东人,怎么到柳州去的?"

这时有人起来揭发说:"白鉴平的父亲是右派。"

还有人揭发钱文军这次来京时带四瓶炸药上飞机。

谢富治:"这是反革命!"

黄永胜:"你们'4.22''造反大军'看看,这都是些什么人!中央点名的,你们保护,完全把自己摆在对立面上了。你们'4.22'把坏人当好人。"

康生:"白鉴平,我问你个问题,你参加几天黑会?北京有些什么人到会?你怎么知道那里有黑会?谁通知的?"

白鉴平答:"参加一天半,18日一天,19日半天。"

温玉成:"刘振林、刘天偿、炸桥、抢粮是你们干的,你们是头头。"

康生:"白鉴平,你讲话不老实,你隐瞒的目的是什么,我们懂得。"

周恩来问桂铁"工总"施向东:"你们把'四十五号'列车的车头搞走了,有没有这回事?"

答:"有一次。"

周恩来:"啊,'有一次'!一次就够严重的了!司机是齐齐哈尔来支援的,就是因为你们两派闹得不可开交,你们拿机枪对准司机,把车头拉走的,还打开车门、车厢,把工具箱打开,拿走斧头,我直接给韩更打电话,一宿没睡觉才搞回来。这么大的错误,你为什么不检讨?还讲别人。你这是什么行动?"

施向东答:"这不是革命行动。"

周恩来:"这是反革命行动!我看你比王反修还调皮,他还承认犯了罪,你连犯罪也不承认。"

康生:"毛主席亲自批示的《7.3布告》指出,这是反革命罪行。你却只说'不是革命行动'。"

周恩来对施向东说:"你也是中专毕业生,是个知识分子,还是个干部,你们领导铁路,工人就会上大当!"

康生:"你们这些知识分子,打国民党、抗美援朝都没参加过。现在是个知识分子就觉得不得了啦!"

周恩来问施向东:"你今年多大?"

答:"27岁。"

周恩来:"不管你是什么家庭出身,还不是个知识分子!"

康生问:"白鉴平,你是冰室代理会计?"

周恩来对白鉴平说:"你是商店里的怎么能领导群众?乱领导一阵,要把群众领导到哪里去呀!"

谢富治:"白鉴平,你是不是要走你父亲的道路?!"

周恩来:"今天在座的工人很少,还是学生成分多,原来受的资产阶级教育都暴露出来了,坏人就混进来了。

广西无论如何一派掌权是不行的,一定要高举毛泽东思想伟大红旗,在毛泽东思想的原则基础上联合起来。如果联合不起来,广西

八、再追问《今日的〈哥达纲领〉》

这个局面就还要推迟，再推迟就会犯罪！广西打成什么样子了嘛！哪个省也没闹到你们那样！快两个月没有通车了，再不通还行呀！今天下午就要达成协议，非把铁路打通不可。要赶快通车。哪个违犯就要犯错误。对齐齐哈尔的司机那样对待就是反革命罪行。

不管哪一方抢解放军的武器弹药，都要迅速交回。再放火不行，双方抓的人都要放，劝进城的农民回去，铁路要达成协议。广西7月底要实现毛主席的批示。如果你们诚心跟坏人走，那是另外问题。现在还有6天，先把铁路通了，张炎什么时候都可以斗。今天下午铁道部军管会和总参军交部，你们铁路上两派在一起研究通车协议。如果到月底还不通车，怎么能说忠于毛主席呀？两派都要清理坏人。今天回去，两派都要自己检查自己，并见诸行动。打电话的打电话，写信的写信，不要互相写大字报，能不能保证？"

众答："能保证。"

周恩来："在广西制止武斗，首先要在学习班制止武斗，在学习班搞武斗就不像话了，有决心没有？"

众答："有！"

康生："你们在学习班有没有带枪的？有枪的要交。在和平里住的有多少人，有没有枪？"

周恩来："回去要传达，有武器要交出来，匕首也要交出来。"

曹东峰说："西大'革联'被围几个月了，没粮食吃。"

周恩来："什么没粮食吃，你们抢啦！"

康生："百货大楼为什么烧？就是先把东西抢光了，再放一把火灭口。"

周恩来对曹东峰说："你赶快动员没有来的人来北京学习，才能改正错误。"

梧州"造反大军控诉团"一个教员报告要求发言，康生说："不谈了，知识分子的话，我们听够了。"然后宣布散会。

就在7月25日当天，解放军宣传队两个连200多人进驻广西大学，宣传、落实《7.3布告》和领导学校的斗批改。

接着，7月27日，南宁"联指"再次攻打百货大楼"4.22"据点。百货大楼东北面墙彻底崩塌,二、三楼再次被大火燃烧,大楼附近的民房、机关宿舍全部中弹起火燃烧。市革委会和警备司令部再次广播说:"是'4.22'自己炸毁了百货大楼。"

经过16天的激战,8月1日,广西部队与"联指"一起攻占了百货大楼。此时,这座大楼已成废墟一片,尚存的少数"4.22"派武斗人员从断墙残壁中爬出来,举手投降,做了俘虏。解放路、南伦街、华强路、自强路、上国街、新华街、永宁街、和乐街等只剩下了断壁残垣。

武斗之后的南宁朝阳百货大楼

九、武传斌回广州受到批判，

七二七工宣队开进清华

　　我们再说广东的武传斌，他于7月24日，即中央接见广西代表的"7.25讲话"前一天，离京回广州参加省革委常委会议。

　　而此时，广州中山大学"8.31战斗团"负责人黄意坚，已经从省革委会的宣传车广播中，听到武传斌在7月25日中央领导在北京接见广西代表时被点名的消息，赶紧召开中山大学"8.31战斗团"全团大会，商讨此事。会议期间，武传斌从北京回来，参加了会议。武传斌在全团大会上表示，他没有在北京召开过"北航黑会"，然后说了"反共救国团总团"在广州的事情，让"8.31战斗团"与"8.1战斗兵团""粤海风暴"划清界线，说这两个组织有可能被"反共救国团"渗入。

　　散会后，"8.31战斗团"的勤务组留下讨论。在勤务组会上，武传斌认为他们将面临镇压，要求团里的活跃分子离开广州。

　　会后，武传斌又与黄意坚单独交换意见。

　　黄意坚问他"黑会"是什么回事？武传斌简单介绍了经过，并说：根本就不是什么会，是全国各地到京告状的造反派听说蒯大富那天要到北航见他，以为蒯可通天，希望能通过蒯大富替他们把告状资料转送中央，故不约而同来到了北航，聚在一起，现在要解释，也很难了。

　　7月30日、31日，广东省革委会按照中央领导接见广西代表的"7.25讲话"精神，召开全委会，要求武传斌交代"反共救国团"问题，同时还要他交代与被打倒的中央文革小组成员王力、关锋、戚本禹、林杰的关系问题、"揪军内一小撮"问题、"中南局第二套黑班子"问题、"反革命屠杀团"和"红警司"等问题。

8月4日，广东中山大学《中大战报》刊出中山大学革命造反委员会"卫三红战斗团"整理的《反革命小臭虫武传斌罪行录》。

8月7日至8日，广东省革委会召开第二次全委扩大会议，要求武传斌、莫竟伟、刘继发、高翔、林昌文、丘学科等"旗派"负责人交代错误。

8月12日，广州红代会作出清除武传斌和广医"红旗"负责人，红代会常委兼核心组副组长林凡的决定。

我们再回到北京。根据谢静宜传达的毛泽东的意见，7月25日，北京市工交口和市革委会支左办组织了大联合和三结合做得比较好的61个工厂的工人约3万人准备去清华大学制止武斗。

7月26日，北京工人又在海淀区的大学区游行，并计划在海淀区中关村的一个十字路口召开大会。由于学生的汽车堵塞了街道，大会没有开成。

7月26日，清华大学"4.14"再次向北京市革委会提出派宣传队的要求。

这一天下午17时30分至次日凌晨2时，北京市革委会负责人谢富治、吴德、温玉成、吴忠、杨俊生等，在北京新华印刷厂召开了准备去清华大学宣传《7.3布告》《7.24布告》，制止武斗的工人负责人会议。会议决定：7月27日上午组成以工人为主的宣传队开进清华大学，并决定北京巨山农场的农民代表也参加宣传队。全体人员共分为八个团：

第一团由来自冶金工业的工人组成；

第二团是仪器工人；

第三团是由机械行业工人组成，最为庞大，约有6000多人；

第四团是纺织工人；

第五团是建筑工人；

第六团是化学工业和其他轻工业的工人；

第七团是中央各部直属的工厂和发电厂、木材厂等。

九、武传斌回广州受到批判，七二七工宣队开进清华

第八团是直属团，由新华印刷厂、第一印刷厂和西郊的印刷厂的工人组成。海淀区农代会的人也参加这个团。直属团人数最少，只有2000人。

除了直属团和第三团，其余每个团大约4000至5000人，共派出了30000多人。这个数字只包括那些正式组织在分团里的人，后来在出发时，还有许多工人自发参加进来。

会后成立了指挥小组，总指挥是中央警备团副团长张荣温，宣传队的各级负责人主要由各工厂的军代表担任，北京卫戍区、海军的军代表配合。北京卫戍区政委刘绍文和北京市革委支左办的一些人直接参加了指挥小组。

7月27日凌晨3时，指挥小组留下来开会，对清华大学内具体的楼区地段做了分工，决定八个团的部署，要带的材料和这次行动的策略：

第一团分配到原清华党委所在地，大礼堂西南的工字厅地区；

第二团去校园北部，包括清华附中；

第三团在毛主席塑像和动农馆；

第四团包围大礼堂；

第五团负责主楼地区；

第六团部署在9003大楼；

第七团负责宿舍区；

直属团部分留在指挥部附近，起随时与各处机动联络的作用，其余的去包围清华"井冈山"总部所在地静斋和第一教室楼。

会后，各单位负责人回到各自单位，要求在上午11时以前把队伍带到清华大学。运输问题由各单位自己解决。如车辆不够，市革委会帮助提供。

这天清晨，北京市3万多工人和部分农场职工组成的"工农兵毛泽东思想宣传队"，在解放军驻各厂军代表的带领下，从各自单位出发，浩浩荡荡地向清华大学进发。他们每人只拿着一本《毛主席语录》，带着一天的干粮。其中不少男工人因为天热穿着短裤，有些女工还穿着裙子。

早晨 8 时前，由建筑行业工人组成的宣传队第五团就已经到达清华大学东校门外。这里是清华"4.14"的防区，他们设在东校门的岗哨发现了这支工人队伍，随即向迎面走来的"4.14 文攻武卫总指挥部"代总指挥、自控系 9 字班学生但燊做了汇报。

"4.14 文攻武卫总指挥部"，刚成立时的总指挥是水利系 7 字班学生宿长忠，副总指挥刘万璋、蒋南峰，政委沈如槐，副政委汲鹏、陈楚三。在清华"5.30 武斗"中宿长忠受伤，回东北老家养伤。第二任总指挥是工物系 6 字班学生刘万璋，他在"6.30 武斗"中腰部中了一长矛，此时正被困在科学馆内养伤。据但燊回忆，他是 7 月 3 日被"4.14"一把手沈如槐任命为"4.14 文攻武卫总指挥部"总指挥的，是第三任。因为当时的总指挥还在，所以他是"代总指挥"。"4.14"总部常委、水利系水工 02 班学生张雪梅回忆说，自控系的"4.14"撤退到主楼后，驻守在主楼东区侧楼。沈如槐于 7 月 4 日任命但燊为"4.14 东区司令"。所以，自控系的同学称他"东区司令"。"4.14"内也戏称他是"但司令"。

7 月 27 日那天早上，但燊按照惯例来到学校东门巡视。东门站岗放哨的"4.14"学生过来对他说，校门外来了很多卡车，车上全都站满了人，打着红旗，聚集在清华东校门外。但燊走出东校门，向东望去，只见站满了人的大卡车一辆接一辆地排列在双清路上，一眼望不到头。

但燊惊呆了，走上前去与前面几辆车上的工人打招呼，小心地问他们从哪里来？来清华干什么？工人们一致回答说，他们是"首都工农兵毛泽东思想宣传队"，是上级派来清华宣传毛泽东思想、制止武斗的。

但燊立刻回去向"4.14"一把手、数力系力 03 班的沈如槐报告。

不仅仅是在清华大学的东门。这天早饭后，住在清华大学 10 号楼的贵州"4.11"王云生准备去国家体委。当他们骑着自行车来到西校门时，也发现从清华园西门通向海淀的大路上已停满了汽车。他们又转向南校门，还未下车，就远远看见南校门外红旗招展，也是望不到头的汽车堵满了马路，工人队伍把南校门堵得严严实实、水泄不通。他们向旁边的清华同学打听，谁也不清楚发生了什么事。

上午 9 时多，各单位的工人陆续到达清华大学的南门、西门和东门。此时，北京市革委会负责人谢富治、北京卫戍区负责人吴忠和 8341 部队负责人在离清华大学不远的宾馆院子里，一个人们经常下棋的石头上搭了一个蓬子，作为临时指挥部，并在两边插上红旗，让大家能看到。因为学校的电话总机此时被"团派"控制着，所以，指挥部虽然带了电话机，暂时也只能通过通讯员与工人宣传队的各团联系。各团的负责人是通过通讯员说出的密码证明通讯员是指挥部派来的。

后来有人在照相馆发现了一条可以使用的电话线路，于是指挥部马上从室外下棋的石台上搬到照相馆里。

十、开东门，工宣队与"4.14"主楼签协议

10点钟准时，毛泽东思想宣传队的8个团按事先分工，同时从清华大学的各校门一齐进校。

面对这突如其来，声势浩大的行动，清华大学的"井冈山"和"4.14"的负责人们都没有任何思想准备。

7月27日这天清晨，"4.14"一把手沈如槐做的第一件事是组织部分"4.14"继续去北京市革委会门前静坐示威，施加压力。就在这时，但燊进来报告了东门外的情况。二人简单地交换意见，认为这应该是解救"4.14"目前困境的一个机会，一定要抓住。沈如槐立刻让但燊通知"4.14"各据点：欢迎工人队伍进校，寻找机会，解救科学馆的人。同时通知各据点，要藏匿好武器，以防不测。

随后，但燊立即返回东校门与岗哨一起敞开校门，清除路障，让工人们进来。

从东门涌进清华大学的工人队伍浩浩荡荡来到了"4.14"占据的主楼。本来，从东门到主楼这段路当时是无人敢走的，因为"井冈山"占据的9003楼，枪口正对着东门和主楼这段路。所以，占据主楼的"4.14"要出去买菜、办事，都是从主楼后边经农田到北京林学院前的马路进城。那条马路现在叫清华东路。但是7月27日这天，工人进东门，9003楼的"团派"没有开枪。工人来到中央主楼后，进不去了。因为主楼一楼的大门，此时已全部用桌子堆成的"工事"堵住了。工人们只好站在中央主楼一楼大门的台阶上向楼上喊话。

当时，"4.14"总部在主楼西边的焊接馆，主楼只有负责"4.14"后勤和伤病员的总部常委张雪梅住在这里，她也是"4.14"总部7人核心小组中唯一的女性成员，武斗时因为被"井冈山"说是"十二人反党集团之首"而被迫留在校内。当时"4.14"的伤病员都住在中央

十、开东门，工宣队与"4.14"主楼签协议

主楼三层正中的房间，正对着清华大学的东门。所以，当工人们涌进东校门时，张雪梅看得一清二楚。她不知道一下子进来这么多人涌到主楼下边，这都是些什么人？来干什么？于是，忙带了几位男同学下楼去打听情况。

他们来到中央主楼的大台阶上，只见一位好像是负责的人气势汹汹地对张雪梅他们说："我们是毛泽东思想宣传队，来清华……制止武斗，拆除工事……"

此人是北京第五建筑公司的柳一安，"首都工农兵毛泽东思想宣传队"第五团的负责人。他指着中央主楼正面用铁丝绑在一起的桌子"工事"，让张雪梅都拆了。

张雪梅说："可以，但我们人手不够，你们进来，帮我们一起拆。"

看到这么多工人进校制止武斗，张雪梅也觉得是解救科学馆的好机会，于是她又说："我们在科学馆还有一百多同学、老师，还有死去的同学……你们赶快去把他们救出来。只要你们把他们救出来，我们不在清华待了，马上全部离开！"

原驻清华大学海军毛泽东思想宣传队的海军某部后勤处干部张东昌，此时和柳一安在一起。张东昌在海军毛泽东思想宣传队是分工联系无线电系的负责人，与张雪梅和沈如槐都很熟悉。7月19日，张东昌曾来到焊接馆，让张雪梅他们陪他去"4.14"占领的动农馆看看。因为当时武斗已经死了很多人，此时又是大白天，张雪梅实在不忍心再派其他人去，怕路上遭遇不测，便对张东昌说："我陪你去吧！"

张雪梅旁边的光积昌同学也自告奋勇地要和他们一起去。他们不能走主楼前的东西大道，因为会受到9003大楼的开枪射击，于是三人从设备厂走到动农馆东边的小河边。河里有一条小道，是"4.14"事先修好的"工事"，就是朝旧水利馆方向，他们做了个小土坝，通常都是从这里过河，可以避开9003大楼的射击。但是7月19日这天，张雪梅他们来到小河边时，光积昌不知为什么，突然从河上的小桥上飞奔而过。果然"砰！砰！"几声枪响，把张雪梅吓坏了，以为光积昌这下完了，非死即伤。可结果光积昌竟然毫发无损。

他们进了动农馆的南门，上了楼，张东昌让张雪梅带他去北面的

75

窗户前，朝一教和科学馆方向看了许久。

张东昌7月19日去动农馆做什么？他没有向张雪梅说。7月27日这天，张东昌是负责为宣传队第五团引路。张雪梅看见张东昌，便让工人队伍从西主楼的一楼北口进入主楼，然后和张东昌一起领着柳一安等人去见沈如槐，还在第一时间让"信号组"的人到主楼顶上，用旗语给科学馆发信号："工人来救我们了，准备撤退！"

当时社会上还没有"工宣队"这个词，"4.14"的密码本里当然也不会有"工宣队"这三个字的词汇密码了。

因为很熟识了，张东昌见到沈如槐后，便一把抓住他对柳一安说："这是'4.14'的一把手，我们就找他谈判。"

在西主楼一楼的一间小教室里，沈如槐与"首都工农兵毛泽东思想宣传队"第五团负责人柳一安开始了谈判。柳一安开门见山地说："我们是首都工农兵毛泽东思想宣传队，我们开进清华，宣传落实毛主席批示照办的'7.3''7.24'布告，我们希望你们听毛主席的话，立即停止武斗，上缴武器，拆除工事，撤离据点；并要求你们和我们就这几个问题签署一个协议。"

由于沈如槐从但燊那里对工人入校已经略知一二。虽然他担心"井冈山"反扑，对"宣传队"要求他们交出武器，拆除工事的要求有顾虑，不愿意同时交出武器和拆除工事，但是也不愿意让"宣传队"离开，怕再没有什么力量能遏制住"井冈山"了。经过近一个小时的谈判，权衡利弊，沈如槐等人还是同意了"宣传队"提出的要求。上午10时30分左右，沈如槐和柳一安分别代表"4.14"和"工农兵毛泽东思想宣传队"签署了关于停止武斗、上缴武器、拆除工事、撤离据点的四项协议，并由柳一安和沈如槐分别指派代表将协议立即送至主楼八层东头的"4.14"广播台监督广播。

此时的但燊，正急匆匆地向各防区传达沈如槐早上的决定。他从东西主楼、工物系馆、焊接馆、汽车馆、动农馆转了一圈回来时，沈如槐和柳一安的谈判还没有结束，而集合于东校门外的工人宣传队已经全部顺利地进入清华东门，涌入从主楼到动农馆"4.14"的所有据点，没有遭到"4.14"的任何抵抗。大批车辆停在主楼广场。

张雪梅安排工人进到主楼和"4.14"总部所在的焊接馆,给他们烧水喝。"4.14"的学生们拉着工人的手给他们讲清华的情况,讲科学馆的情况。工人都深表同情,有的女工还落了泪。

张雪梅想,反正只要工人把科学馆的人救出来,他们"4.14"也不在清华待着了。于是下令把所有的大米拿出来,一锅一锅地煮粥给工人喝……

沈如槐和柳一安签署了停止武斗的四项协议后,就再也没有宣传队的负责人与他接触过,只有一位名叫刘德山的北京第五建筑公司工人形影不离地跟着他。他处在工人的严密监视之下。

2021年清华大学校庆时候的主楼

2021年校庆时张雪梅在主楼前的留影

十一、工宣队二校门止步不前，难敌众工人们涌入西门

在西校门外的"首都工农兵毛泽东思想宣传队"没有在7月27日10时进入清华。因为西门是"井冈山"的防区。"井冈山"总部就在离西门不远的静斋，这里是解放前清华唯一的女生宿舍楼，也是文革前清华留学生楼。

当听到西校门外来了很多工人的消息后，"井冈山"总部核心组成员、"文攻武卫指挥部"副总指挥、作战部部长、一个星期前接手鲍长康担任团派武斗总指挥的力003班学生任传仲，外号"任痞子"，立即带着一队人携带长矛紧急赶到西门，阻挡工人进校。工人也没有强行进入西校门。他们一面继续组织宣传，一面等候东门、南门"首都工农兵毛泽东思想宣传队"的消息，更主要的是等待临时指挥部的命令。

"井冈山"总部委员、力003班学生陈育延后来回忆说，当时"团派"自恃是"革命小将"，有中央文革支持，根本没把工人宣传队当回事，以为工人还像前两天那样，喊喊口号就走了。一教"井冈山"的"前哨广播台"广播说：

"欢迎北京市工人来清华制止武斗！"

"我们热烈欢迎你们来宣传《7.3布告》，但请你们停留在校门外面，进入我们校园里来会有危险的！"

工人们喊道："你们落后于形势了！"

"你们要是不执行《7.3布告》和停止武斗，我们就一定要进去！"

拿着长矛守卫西门的学生回答是："回你们的生产岗位上去抓革

十一、工宣队二校门止步不前,难敌众工人们涌入西门

命促生产!我们能够自己解放自己。"

"我们为什么要回去?你们毫无意义的武斗破坏了一切,我们首先要制止你们,制止你们就是促生产!"工人反驳说。

再说东门进来的"首都工农兵毛泽东思想宣传队"在主楼与"4.14"沈如槐达成协议后,并没有立即前往科学馆,而是一直等待上级的指示。直到11时30分后,他们才前往科学馆。沈如槐派但燊带队,带着工人们从主楼出发,穿过西主楼的过街楼,走东西大道,即现在的清华路,经过焊接馆、汽车楼、动农馆,来到二校门【注】,在毛主席塑像下停了下来,长时间地商量。

清华二校门位于清华园的西区,东西两侧颇为对称地分布着几间精致的灰色小平房,东边是邮局,西边是清华大学校保卫队,北面紧挨着清华大学校保卫队的就是第一教学楼,简称"一教"。南面是校园内唯一的一条贯穿东西的主干道,西通西校门,东达主楼区。但燊就是带着工宣队沿着这条路一路西进到毛主席塑像前。

这是当年在二校门毛主席塑像前的合影

但燊带路的东区"首都工农兵毛泽东思想宣传队"当时就是停留在这里。也就在这个时候,住在电机馆的力02班赵菊生和力学系的五六个同学走到二校门,遇到了"首都工农兵毛泽东思想宣传队"的队伍。他们和工人们比较温和地辩论了几句。赵菊生是"井冈山"动态组的,此时正好带着力学系摄影室的照相机,就在现场拍了一卷照片。谁知工人因此将他们几个同学扣下了,对赵菊生说:"你交出相机,就把你们几个人都放了。"

钟声在这一天敲响——记1968年清华大学7.27事件

后排 王大定　谢位珍　邹启光　朱金根　兰崇远　陈慎祥　朱培顺　邵凯胜　陈新生　史复有　曾文龙
　　　李其大　剧大富　鲍长康　刘末庆　张永凯　孟家驹　李世雄　卞有为　吴浩汀　欧阳平凯　王迁生　中排
　　　　　　前排 王松铭　王英民　李玉贵　段德志　李文才　何玮　祁嘉义　刘德辉

这是清华大学化九二班1968年12月毕业前在二校门
毛主席塑像前的合影

这是清华大学××班1968年12月与工宣队一起在二校门
毛主席塑像前的合影留念

十一、工宣队二校门止步不前，难敌众工人们涌入西门

赵菊生交出了相机，连同他随身携带的和土建系学生童悦仲一起照的所有照片大约10卷，都被工人没收了。这些照片中有：段洪水、许恭生追悼会的照片；科学馆大火的照片；消防车灭科学馆大火的照片等。可以说，除了清华5月30日东区浴室武斗的照片没有外，其他武斗中的大事，几乎全有。赵菊生他们再三要求工人的带队领导将这些照片好好保存下来，说以后有用的，这是历史的记录。工人对他们说："这不是你们的事了。"

赵菊生他们都被释放了。力学系那几位同学回了电机馆，赵菊生去了"井冈山"明斋广播台。而在毛主席塑像下的但燊，此时心里十分着急，怕夜长梦多，不断地催促工人继续前行。但是，工人们就是不动，他们的负责人一直在那里商量着什么。

这时，南门的工人也开始进入清华大学。一直在动农馆坚守的无线电系无06班"四派"学生颜慧中，7月26日上午从动农馆出来进城，7月27日早饭后从北京市里返回清华大学。当她从31路公共汽车上下来后，看到清华南门聚集了很多人，都是北京工厂的工人队伍，互相在吵吵嚷嚷地找人。她主动过去询问，工人说他们是来清华制止武斗的，由于时间通知不对，前面队伍受阻，对清华道路又不熟悉，不知道如何到集合地点。

颜慧中问清他们集合地点后，说自己就是清华学生，可以给他们带路到二校门集合地点。工人将他们的领队找来。这位负责人问清颜慧中情况后，就让她当向导，带领这支大约200人的工人队伍从南校门进去，绕照澜院东边小路往北，来到从西校门到主楼的干道上。这时，他们看到二校门前已经集合了许多工人队伍。

而"井冈山"设在新航空馆的总部办公室，这时也打电话到静斋"团派"总部找头头，但是"井冈山"的一、二把手蒯大富、鲍长康此时都不在清华，他们一早去火车站接"井冈山"总部委员陈继芳了，静斋的"井冈山"总部委员只有陈育延在。他们向陈育延报告说，工人要拆一教的工事，问头头怎么办？

恰好任传仲从西门回来了，他对陈育延说，他已在西门布置了几道岗，不准工人进校。

陈育延后来回忆，她还接到"井冈山"办公室副主任刘智从新航空馆打来的电话报告："北京卫戍区副司令员李钟奇来了，到一教去了。"

陈育延给一教打电话，让他们扣住李钟奇，问他工人宣传队是哪里派来的？学生没有看见李钟奇，于是把李钟奇汽车轮胎的气给放了，以为这样李钟奇就走不了了。李钟奇回来后看着无法行驶的汽车，无奈，只好徒步回去了。但是司机不能走呀，要看着车。这样，学生算是扣下了李钟奇的汽车和司机。

负责守卫一教的"井冈山"负责人就是外号"狗熊"的吴慰庭。当工人围住一教时，吴慰庭他们很着急，也很害怕。因为一教白天人不多，武器只有不到10根的水管改成的长矛和不多的瓦块。他们不敢冲出去，只能将一楼的楼梯堵死，把防守的重点放在二楼和三楼。

此时，上午11时左右，"井冈山"总部委员、"文攻武卫指挥部"副总指挥、保卫组组长，外号"崔和尚"的电机系学生崔兆喜正好来到清华西校门。他是在这天早晨，与电机系企9班学生王荣生去北大，这时是从北大返回清华。当他们走到清华西校门时，看到许多人堆在门口，就上前问什么情况？清华大学幼儿园的保育员唐老师等许多人对他说："今天有好几万工人一起到清华把住各个校门，不准出入，好多楼都被占了，我们老团有好多人都被打了。"

崔兆喜问："老四的楼占了没有？"

有人说："可能没占。"

崔兆喜问："都有谁被打了？"

大家说："小肖（膳食科肖德龙）被打了，大耳白（修缮科）被摔昏了，小杜（建9班杜志军）也被打了，枪也缴了……"

大家都劝崔兆喜别进去了，可能会被抓。

崔兆喜说，没关系。他和王荣生从西校门往北绕体院，过电厂，从12号楼北的围墙缺口处钻了进清华校园。一路上遇到好多人问他："这是怎么回事？"

崔兆喜回答："这还不很清楚，是'8.24事件'的重演。'8.24'揪出个王任重，这次还不知揪出个谁呢？"

十一、工宣队二校门止步不前，难敌众工人们涌入西门

崔兆喜这里说的"8.24事件"是指1966年8月24日贺鹏飞组织北京十二所学校的中学红卫兵学生到清华破四旧，推倒二校门的那些事情。

清华百日武斗期间一直没在学校的化92班的李世雄，恰恰在7月27日前夜回到学校，住在西区新斋。7月27日这天，他听明斋广播说有大批工人进校，就从新斋走到西门，看见西门关着，门外有很多的工人。为了打开校门，他看见有工人翻门或翻墙进入校内，就开门与否与校门内的学生争执。很快，进入学校的工人越来越多。

李世雄离开西门，向东朝二校门方向走去，沿清华路来到熙春路口，看到有一二百工人在清华路上，相隔10多米是约20人的"团派"，手持长矛。双方对峙在熙春路口那里，但是没有接触和发生冲突。李世雄停留不长时间，就绕道回宿舍了。

就在"井冈山"与西门的工人纠缠之际，从南门等处进入校园的工人队伍迅速赶到西门，强行打开了西门。由于工人人多势众，两面夹击，"井冈山"数百人学生怎能挡得住数以万计的工人如潮水般地涌入，被冲得七零八落退了下来。所有的工人队伍终于在11时左右全部开进清华校内，并立即按照预定计划，一路高喊着："要文斗，不要武斗！"各自到达事先分配的地点，分片包干，很快完成了对清华两派据点的"分割"和"包围"，然后开始宣传、喊话，念《7.3布告》《7.24布告》，并以演节目、说快板书等文艺形式进行宣传。对路上遇到的武斗人员，则以众多的人数团团围住，进行宣讲。同时，开始拆除工事，清除路障和铁丝网、电网等。

此时，"井冈山"总部静斋也听到许多传言，有人说工人围楼拆工事的时候打学生，说工人要抓头头，说工人支持"4.14"，还说带队的多是卫戍区的解放军。在静斋的陈育延听到这些传言，思想上开始与工人宣传队对立起来，感到很不理解，觉得清华运动应该由清华师生自己来解决，工人为什么要到学校来整学生？于是她打电话到北京市革委会询问：工人宣传队是不是市革委会派来的？市革委会是一名女的接的电话，她说："不是市革派的，不知道是哪里派来的。"

"井冈山"的广播很快就变调了,要求"工人快回原单位抓革命、促生产。不要受杨余傅黑手操纵……"等等。

陈育延后来回忆说:"当时传言宣传队要抓头头,其实不是谣言,是确有其事。在后来团派搜出的工人解放军宣传队小头头的笔记本上,很明确地写了要抓的头头名单。有些是音同字不同,原文是:蒯大富、包长常(鲍长康)、任传中(任传仲)、刘彩堂(刘才堂)、陈一言(陈育延),也有 4.14 的头头沈如槐、张雪梅、陈楚三、刘万璋,但我未记下他们的原字。"

【注】清华大学二校门是一座青砖白柱三拱牌坊式建筑,始建于 1909 年,门额上刻有晚清军机大臣那桐 1911 年题写的"清华园"大字,原为清华大学正门。1933 年,清华大学扩建,园墙外移,修了西校门,这座最早的校门就被称之为"二校门"。

清华大学化 9 学生谢丁川的父亲 1930 年拍摄的清华二校门

1966 年 8 月 24 日下午 18 时,二校门被当时贺鹏飞、刘涛负责的清华大学红卫兵和另外 12 所学校的中学红卫兵以"破四旧"的名义砸毁、推倒。贺鹏飞是当时清华大学校文革临时筹委会的二把手,刘涛是一把手。

1967 年年初,清华大学建筑系美术教研组

这是清华电 02 班 6 名男同学文革前在二校门前留影。文革期间,他们 6 人分成两派。恰好照片中衬衣放在外边的是"团派",衬衣扎在裤子里的是"四派"。

十一、工宣队二校门止步不前,难敌众工人们涌入西门

副主任程国英建议在二校门的原址上树立一尊毛主席塑像。这一建议很快被采纳。3月25日决定修建毛主席塑像。5月4日正式落成。塑像底座上刻有林彪题写的"伟大的导师、伟大的领袖、伟大的统帅、伟大的舵手毛主席万岁!万岁!万万岁!"5月6日,《人民日报》对此事作了报道。1971年"9.13事件"后,林彪手迹被清除。1987年8月29日深夜,清华大学二

这是当时工物系物 8 学生孙维藩用他的照相机拍摄的二校门倒下的镜头

校门的毛主席塑像被移走。1990年1月31日,26个清华大学各地校友会发出《关于赞助重建二校门的倡议》,提议由校友捐款,在二校门原址重建那桐书写"清华园"牌楼。同年,为"二校门"的重建组织了捐助。1991年清华大学80周年校庆前,根据历史照片重新设计的"二校门"在清华大学二校门原址上重新建成。

十二、围静斋，删大富不解

7月27日这天早饭后，动农系汽002班"井冈山"的"洋枪队"队员沈昆见天气好，就出去溜达。闲逛了一阵后，他突然想起射击队的老友，水9班的赵焱生是水利系"团派"防守旧水利馆的负责人之一，现在正在旧水利馆。于是他穿过一教到旧水利馆去找赵焱生。相见之后，赵焱生领沈昆在旧水力馆转了一圈，看了他们的防御工事。沈昆印象最深的是他们搭建了一座木桥，把旧水利馆与土木馆连接起来了，便于互相支援。

武斗发生后，沈昆与赵焱生二人已经很长时间没有见过面，这次老友相会，自然是海阔天空，有聊不尽的话题。

正当他们谈得起劲儿时，突然听到有线广播喇叭在广播什么。一开始还没理会，直到连续广播了几遍，他们才注意到这是一个紧急通知，说是有大量工人进校，已经有学生被工人抓去，要各据点人员立即进入据点，紧闭所有进出口，不要再与工人辩论。他们意识到有大事发生了。赵焱生赶紧去招呼水利系的学生开会。沈昆也立即离开旧水，准备回"洋枪队"驻地强斋。

当沈昆离开旧水利馆，穿过马路，经一教与工字厅前的草坪去强斋时，还没有看见一教、大礼堂、科学馆和二校门附近有工人队伍。他是从广播中陆续了解到，这天上午有大批工人进校，说是来制止武斗的，要学生无条件撤出据点，交出武器。学生与工人辩论，结果有一些学生被工人抓了。当他走过工字厅前草坪和工字厅西南角的新华书店，到达静斋和强斋东侧的大路时，已经看见静斋外面聚集了很多工人，可以听到那里的喧闹声。沈昆加快脚步向强斋走去，一面走一面默念："我们学生可千万不能与工人武斗。"

他进入强斋，径直来到二楼"洋枪队"的住屋，只见几个房间全

十二、围静斋，蒯大富不解

都空无一人。又下到一楼寻找，还是没有看见任何"洋枪队"的伙伴。正当他不知所措时，保卫组的一个同学从外面进来，沈昆赶紧问他"洋枪队"的人哪儿去了？那个同学只告诉他："他们都不在。"具体去了那儿？他也不知道。沈昆又问他："枪支呢？"答："都藏好了。"那个同学的脸上显出万无一失的样子。

沈昆觉得没有必要留在强斋了，决定回 2 号楼宿舍去。

其实，在北京市革委会作出向清华大学派"工农兵毛泽东思想宣传队"的决定后，谢富治就让吴德赶快找蒯大富，让他服从这一决定。

吴德派人去找蒯大富，但在清华大学没有找到。因为蒯大富一早就去北京站接陈继芳了。

11 时 30 分，北京市革委会、北京卫戍区"三支两军"办公室负责人刘丰给清华大学"井冈山"总部打电话，通知蒯大富："首都工人毛泽东思想宣传队要去清华宣传毛泽东思想，宣传《7.3 布告》。请你们大力支持宣传队，并积极与宣传队合作。"

因为蒯大富不在，刘丰让接电话的人转告蒯大富。

再说蒯大富、鲍长康 27 日早上去北京站接冶金系焊 0 班学生、"井冈山"总部委员陈继芳，没有接到。约 10 时许，他们在火车站旁的一个清真饭馆吃了早饭后，就返回清华大学。当他们的汽车开到五道口时，发现路开始拥挤起来。车越开越慢，到清华西南门前时，周围已是浩浩荡荡的游行队伍。队伍中，有人扛着铁锹，有人往蒯大富他们乘坐的汽车里张望。这时，蒯大富和鲍长康已经明白，这浩浩荡荡的游行队伍是冲着清华来的。

鲍长康对蒯大富说："看来是要拆工事呀，不知道校内的情况怎样？要么先回北航问问再说？"

但此时，他们的汽车已经被人流堵住了，进退不得。而从清华西门通向海淀的大路上已经停满了几百辆各式各样的大卡车，每辆车上都站满了人，车上插着小彩旗。车帮子上糊满了大标语。

鲍长康又对蒯大富说："咱们要换下眼镜，要不别人会认出你是老蒯，揪住你就麻烦了。"

他们换了眼镜后,鲍长康又将随身带的匕首藏在汽车座位下,说:"光拆工事还不行,要搞个中间地带,'4.14'放弃科学馆,'团派'放弃……"

他们在路边下车,从西南小门围墙的豁口,踩着砖头翻墙进入清华,绕到西门的那条大路上时,碰到在静斋守卫的一位女工。她见到蒯大富和鲍长康他们就说:"你们怎么还在慢吞吞地走啊?刘才堂刚才被抓了,才放回来。"

这天上午,刘才堂是准备出学校溜达溜达,但走到西校门发现那里已经是人山人海,很多人高呼着口号不断地涌入。他赶紧从假山跑回静斋,并没有被工人抓到。

蒯大富等人回到静斋时,这里已经在开饭了。

刘才堂听说蒯大富回来了,赶紧跑去问蒯大富是怎么回事?蒯大富说他也不知道。刘才堂让蒯大富赶快与上头联系,问明情况。

蒯大富和鲍长康上到静斋的四楼楼顶,看到工人的游行队伍涌向静斋,慢慢地把静斋也团团围住。

蒯大富对鲍长康说,他在游行队伍中看到了北京第二机床厂的市革委会常委鲁文阁,他是支持"天派"的。蒯大富认为不会有什么事。

鲍长康在静斋楼顶上也看到北京"农民毛泽东思想宣传队"的旗子。几天后才知道,那是北京巨山农场的队伍,带队的是金满银。

北京市革命委员会常委、工代会副组长、北京二七机车车辆厂"二七红色造反团"负责人徐凯后来说:"我也是当天早上接到通知跟着队伍去的。到清华我和鲁文阁在老蒯总部楼下,我们在说话,看见老蒯在小楼顶上,我们还笑着跟他打招呼呢。"

蒯大富后来回忆说:"当时我看到北京市第二机床厂的造反派头头鲁文阁在楼下,旁边的女工还穿着裙子,我立刻想到1967年8月在上海王洪文领着多少万工人砸柴联司,毛主席坐在房里看电视转播实况。1968年,当时还没有手机,想找中央也找不到,打电话问值班的也找不到。工宣队把清华围起来我一点不清楚怎么回事。我下死命令不能动。工人如果攻楼,我们就自卫反击。

十二、围静斋，蒯大富不解

工人也没攻楼，学生过去和工人讲理，说：你们回工厂去抓革命促生产吧！

工人得到了指示，凡是出来和他们辩论的学生都拉走了，当场就被拉走一百多人。我们思想上特别敏感，自我感觉特别美好，认为这个工人指挥部里面有人要激化矛盾。"

静斋外边有一圈电网，在铁丝网上挂了牌子"小心触电"。静斋内的"井冈山"不让工人进去，并用扩音器大喊："工人同志们，清华的事情要由我们自己解决，就像工厂的问题由你们解决一样。请你们马上退出清华……"

工人也不让静斋内的人出去，出去的就抓。他们要求"井冈山"交出武器。

蒯大富不停地往"井冈山"的各个据点打电话，均称被包围了。蒯大富想："是否是杨、余、傅黑后台挑动工人斗学生？像上海王洪文砸上海'联司'一样，砸死几十人，硬把'联司'砸垮了。会不会是杨、余、傅黑后台来砸我们清华'井冈山'来了？"他和鲍长康分别给北京市革委会、中共中央办公厅打电话，得到的回答都是："不知道你们那里发生的情况，我们向首长报告"。

十三、工人解救科学馆

在二校门毛主席塑像下停留的东区工人队伍终于开始向大礼堂区、科学馆继续前进了。二校门至科学馆相距咫尺,步行只需三分钟。但燊依然走在工人队伍的第二排,夹在工人中间指路。

从二校门到科学馆,一教是必经之路。这里是团派"前哨广播台"所在地,也是团派在大礼堂区的重要据点,直接封锁了科学馆向南、向西的道路。但是7月27日这天,工人队伍从二校门去科学馆,一路上没有受到"团派"的干扰。"团派"占领的一教也很安静。

当工人队伍走到大礼堂草坪前的分岔路口时,队伍又停了下来,不知该往哪边拐?但燊赶紧告诉他们,走向左边的科学馆。

这是土建系的一个教师拍摄的但燊带着工人队伍前往科学馆的照片。照片的背景大楼就是科学馆。

工人涌入大礼堂前的草坪和左边通往科学馆的道路,来到科学馆东门。但燊兴奋地走上科学馆东门台阶,使劲地、不停地拍打着那对大门。

里面有人喊:"谁呀?"

但燊喊:"我是但燊!"

"你是谁呀？"

"我是但燊，快出来！宣传队进校了。我是但燊，快出来！快出来！"

但燊后来回忆说："我清晰地记得，只有我一个人走上那个台阶，周围没有人。我还记得我的手拍的是铜门，而在这之前，我从来也没有注意到科学馆的大门是铜门。也许就过了一两分钟吧，科学馆的大门就打开了，大队人马陆续走了出来。"

"由于将近一百天的时间没有见到太阳，没有蔬菜、肉食，他们一个个面色苍白、人瘦毛长。这时候大家似乎还不太清楚究竟发生了什么事，一个个脸色凝重，紧张地望着四周。"

在这里"4.14"总部委员、清华大学的工人群众组织"清华大学革命工人造反总部"，简称"革工总"的负责人、文革前清华电厂党支部副书记吴国梁后来回忆说："从科学馆走出来的第一个人是张寿昌（校医院副院长），我是第二个。张寿昌刚走到科学馆前的路上，就被混进来的老团架走了。张寿昌年纪较大，无力反抗。老团还企图抓我及我后面的人，我们年轻，挥舞手中的东西抵抗，因此其他人都未被老团抓走。张寿昌被团派架到'清华学堂'后又挨了一顿揍，并被推下楼。张寿昌因此腰椎受伤，当天就住了北医三院。"

张寿昌抗日战争期间是八路军卫生员，有丰富的战地救护经验。在科学馆被困，医疗条件极其简陋的情况下，里面的所有伤员经张寿昌处理，无一严重感染，这可以说是张寿昌创造的奇迹。吴国梁第二天去北医三院看望了张寿昌。

数力系力03班宋执忠同学回忆说：7.27那天我在科学馆正好轮班到我负责骑着运动车蒸馒头。因当时科学馆没电，因此要用一辆运动自行车带动电机鼓风蒸馒头，那天午饭是做的花卷。大约在十点多钟我和另一位同学两人值班，到科学馆三楼东北的大教室开始轮流蹬自行车。后来就听到窗外很乱，人声喧闹打破了往日的沉静。由于当时窗户被砖头垒死，看不到外面，也不知外面发生了什么事。但当时全体科学馆人员按时开午饭，我们还是认真在蹬车。过了好一会儿，成克强跑上楼急匆匆地叫我快下楼，说工人宣传队来救我们了。

我一开始还说花卷没蒸熟，大家开饭吃什么。克强着急说，能救出去还吃什么饭，快走！我就下来和克强一起跑下楼，我好像是最后几个从科学馆出来到大草坪的。因此我认为我出科学馆时应是中午开饭时间前，应是将近十二点，而不应是一点多钟。

叶志江在《走出文革》（第四版）一书中第177页回忆说：

我们当然不知道外面所发生的一切。但拆除工事所发生的巨大声响使我们意识到一定发生了什么大事。很快，我们便听到牢房外有很多杂乱的脚步声，有一个人在问：

"这房间有人吗？"

"没有人。"看守回答。

听到正在离去的脚步声，我们面面相觑，谁也不敢发出声音。因为万——切照旧，谁发出了声音谁就可能挨打。但机会难得，我不能任那些杂乱的脚步离去而无所作为。急中生智，我用脚将一个搪瓷杯踢到了房间中的硫酸罐上，只听到哐啷一声后，离去的脚步停住了。

"房间里有人，将门打开！"

门开了。一个工人向我们宣布：

"我们是首都工人毛泽东思想宣传队，前来清华制止武斗。"

就像那个时代的电影里经常出现的镜头一样，我和其他俘虏一齐高呼："毛主席万岁！工人阶级万岁！"

科学馆里的大学生，一个个披头散发、脸色惨白，就像从地狱里爬出来一样，摇晃着身子从大楼里走出来，其中几个人一出来便倒在地上。工人们见状，连忙把他们扶了起来。大家来到门口的草坪上，围坐在那里。工人们围在他们的四周，命令他们不得走动。

周围人越围越多。围观群众中也有从一教、大礼堂出来的"井冈山"。这其中有人是来寻找失联已久的亲人，哥哥找妹妹，父亲寻儿子。

水利系水0班学生邱心伟在《清华文革亲历一老照片故事》一

书的 225 页中写道：

"我的团派哥哥，武斗时一直住在二号楼，他虽没参加武斗，也没回家，不时地向我们北京的军队高干姑姑、姑夫报急。工宣队进校，他想到科学馆这儿来，进不来，绕到西校门，从围墙下的河沟里爬了进来，几经周折，终于挤到了科学馆旁边，远远地看见了被围坐在地上一圈人中的我，'一脸菜色'，但总算安然无恙放心了。离开时被工宣队扣起来盘问……"

当时担任"4.14"广播台编辑的数力系学生郁吉仁 2016 年在微信中回忆说：

"7.27 前，我们班团派给我家里写了一封信，说我在学校参加反动派的武斗，很危险，叫我家人来京把我带回去。我父亲急忙从江苏扬州乡下于 7.25 来到北京。傍晚时分在团派帮助下，在大礼堂让我父亲用广播向我喊话：'郁吉仁，我是你父亲，你快出来和我回家'。我父亲的扬州口音我一听就是。接着是团派人员广播说：'郁吉仁，你举着空手出来，我们保证你的安全。'喊了几次，我没有理会也没有出去。主要还是要与战友们共生死。没有想到仅仅两天后，7.27 我们得救，出来被围坐在科学馆前草坪上。我父亲在外圈看到了我，喊我，我也看到了他。我父亲泪流满面，我尚不能离开队伍。我随大队伍转移到主楼，我父亲跟随其后。到了主楼，可自由活动了，我与我父亲在一起，也一起吃了 4.14 提供的一顿美餐。我父亲说收到信后，我母亲眼睛都快哭瞎了。7.28 我陪我父亲游了天安门，7.29 他就急忙一人回家了。"

但桑站在人群外围，心里很着急。因为他觉得待在科学馆草坪上很危险，因为北面是大礼堂，南面有一教、"团派"保卫组，东面隔着草坪的新水利馆、旧电机馆、土建系馆（清华学堂）、旧水利馆等，全都是"团派"封锁科学馆的据点。每个据点里都有枪和手榴弹，草坪上的人员全都在"团派"据点的火力射程内。

但燊无法指挥"4.14"人员向主楼方向撤，此时他也找不到工宣队负责人了。忽然，他看见无线电系无06班的颜慧中也像他一样混杂在工人队伍里，于是跟颜慧中打了个招呼，对她说："你照看着点，我回主楼一趟。"

颜慧中点点头。

十四、工宣队进入大礼堂，占领工字厅

科学馆这边的喧嚣自然影响到了东边与之一路之隔的大礼堂。

大礼堂区是清华园的中心区。大礼堂峨冠博带，坐北面南，居中而列，两边教学楼接踵而列，大草坪绿丝茵茵。站在大礼堂前高高的平台上，沐浴着浩荡的东南风，前面是无尽的蓝天白云。此时，这里是"井冈山"的据点。

唐少杰在《一叶知秋》一文中写道："工宣队抵近礼堂时，团派人员引爆电发地雷。"不过那时清华两派没有电引爆的地雷。

武斗期间从科学馆看到的大礼堂

7月4日凌晨在大礼堂误杀一人的动农系0字班樊思清，外号"黑胖子"，虽然终日惶恐不安，但是想到"井冈山"总部下达的"包围科学馆，不放一个人出来"的指示，没有离开大礼堂。7月27日这天，惶惶不可终日的他看见清华校园里突然来了这么多人，赶紧爬上大礼堂楼顶，向几个方向看了看后，就下楼来到大礼堂东门旁，心里直嘀咕，害怕被抓住挨打，或被绑走。他也想过开门溜走，但觉得自己又黑又胖，目标太明显，也不知道外面都是哪方面的人？所以开始没敢出去。后来，他还是自己开东门出去，在大礼堂东墙和新水利馆之间土台的大柳树下，与那些工人说了会儿话，没待太久，又回到大礼堂。工人也没有跟过来。

工人解救科学馆后，也围住了大礼堂。

在大礼堂守卫的"团派"负责人是动农系热0班的付连池和动农系量9班的牛又奇，分别任一、二把手。此时，他们二人和动农系汽9班的游白然从大礼堂的东北门穿过人群进到大礼堂。

工人在外边向大礼堂喊话，要学生们放下武器。

学生紧闭大礼堂大门。

中午，付连池给静斋打电话告急，说工人要攻礼堂了，他们只有八个人，问接电话的鲍长康"怎么办？"

鲍长康对付连池说："你们把门锁上，不要露出枪支。"

这时，有人向付连池报告，说东北门有几个青年工人抬着一个木桩要撞开大门。付连池在电话里让鲍长康等一下。他赶紧跑向大门那边了解情况，然后回来继续在电话中对鲍长康着急地说："他们马上就要攻礼堂的门了，我们要用石头砸了！我们八个人可守不住呀！礼堂不管了吗？"

大礼堂是"团派最坚固的堡垒"，里面存有两个月的食物、水、燃料、半自动步枪，还有制高点。只要关住了门，不付出巨大代价是很难攻破的。鲍长康不敢回答，觉得自己承担不了这个责任，就让付连池等一下，他去找蒯大富。

这时，静斋"井冈山"的高季洪正拿着《毛主席语录》出去和工人辩论，让工人回去抓革命、促生产。蒯大富后来回忆说："我当时眼睛就红了，拔出手枪，喊道：'他妈的！老子拼了！'"就要往外冲，但被"井冈山"所属的清华大学工人组织"工总司"的刘宗有抱住。这一幕，刚好被下楼找蒯大富的鲍长康看了个满眼。他赶紧来到蒯大富身边，拉了拉蒯大富的手对他说："二楼有你的电话。"蒯大富这才上楼。

鲍长康看到静斋电网外站着一位解放军空军干部，戴着眼镜。

"戴眼镜的解放军？"鲍长康脑子中一闪，因为他就戴眼镜。于是，他叫守卫静斋的清华工人，把那位空军干部拖进了静斋，自己换上那位空军干部的军装，一照镜子，大小合适。于是，鲍长康就趁静斋守楼工人向静斋外边的工人扔石头的机会，走出电网，去了明斋

十四、工宣队进入大礼堂，占领工字厅

"井冈山"广播台。他是想通过广播台进行广播，但是在广播台没有看到人。

鲍长康又向大礼堂走去，一路上没有遇到阻拦。

来到了大礼堂，鲍长康看到大礼堂的东门开着。他仗着自己穿着军装，便往里走，在礼堂大门处被工人拦住，问他是哪个部队的？鲍长康信口胡扯了一个，大概是8341吧。可是，8341部队哪有穿空军服装的？立刻被识破，马上被扣下，带到大礼堂外东北边墙根坐下。

大礼堂的门不是关着的吗？怎么鲍长康来时打开了呢？而且门口还是工人在把守，这是怎么回事？

原来，自从樊思清7月4日开枪打死人的事件发生后，整个大礼堂守卫人员的情绪都比较沉闷。面对7月27日那天的态势，付连池和牛又奇、游白然三人也都认为不能对工人开枪，那就只有通过谈判来避免冲突的发生，同时也等待总部的指示。三个人商量后，开门让工宣队三名代表进大礼堂谈一谈。

大礼堂外边针织总厂的邢云有和另外两个人走进大礼堂。付连池、牛又奇、游白然三人将他们领到二楼的放映室开始进行谈判。

付连池等人表示，清华"井冈山"紧跟毛主席的战略部署，是中央文革的铁拳头等等，驻守大礼堂是为了防"4.14"。

工宣队邢云有边听边点头，没有反驳。

接着，付连池他们起草一个协议，主要意思就是工宣队支持"井冈山"，与"井冈山"共同驻守大礼堂。然后三人签字，随后邢云有三人也代表工宣队签字。于是，学生打开东北门，工人进入大礼堂。此时已是下午14时左右。

工人进入大礼堂后，将付连池三人又请进了放映室，由几个青年工人看住他们，不让他们出去，随后也再没人答理他们了，付连池三人也再没有看到邢云有了。他们只能拿着一纸协议生气，无能为力。

进入大礼堂的工人和解放军将驻守大礼堂的学生隔开，分别询问情况。这时科学馆的人已经看到大礼堂顶部有解放军在拆除大皮弹弓和高音喇叭了。

再说鲍长康的同班同学李世雄从西门回到宿舍后，有人告诉他，

钟声在这一天敲响——记1968年清华大学7.27事件

鲍长康在大礼堂被工人扣了。李世雄想到大礼堂去看看。当他走到礼堂后那条河的北岸时，看到鲍长康坐在大礼堂的东墙北端，但是可以活动。

礼堂后那条河的北岸是图书馆，当时工人没有过河，只见图书馆前和河边草地上，聚集着许多看热闹的人。

鲍长康没有看到李世雄，于是李世雄耍了个小聪明，坐在河边草地上，眼睛看着别处，突然喊了声："鲍长康！"

据鲍长康说，他是听见河里一会儿"扑通"，一会儿又"扑通"的声音，发现有人往河里头扔石子，抬头一看：李世雄！

李世雄用眼镜的余光感觉到鲍长康看到他了，

照片是2017年9月18日游白然与鲍长康谈起7.27的大礼堂经历后，鲍长康作的追记。

同时也发现工人也向他这边指指点点。李世雄自认为工人只是怀疑，但不能确认是他，所以继续若无其事地坐在河边。

突然，他听到鲍长康高喊："李世雄快跑！"

原来，鲍长康看到工人站起来往小河的桥上跑，情急之下，大叫起来。

李世雄听到鲍长康的呼喊后还有些犹疑。当看到工人已经从礼堂东侧的桥跑过来时，他这才站起来跑。按理说追他的人是追不上的，但是当李世雄跑到西区操场东侧时，追他的工人高喊："截住他！"当时在西区操场和明斋的工人也围过来，李世雄无路可走，只能被工人带到大礼堂前面，扣在离鲍长康不远的地方，并只许坐着，不能站立和走动。

听说鲍长康被抓，蒯大富当时下令："严守阵地，不准进攻工人。如果工人攻楼，就还击。"

工人也来到科学馆西边的工字厅。

房9班学生谢德明吃过午饭后，到工字厅内看热闹。大约半小时后，工人进来就不让工字厅里面的清华学生离开了。谢德明一直在工字厅待到了下午。

101中学的学生王卫平午饭前离开2号楼，从西大操场到老校医院、水木清华、工字厅，一路上没有看到工人，但是在工字厅前的草地上与工人遭遇。工人在他的书包里发现手榴弹和土制手枪，于是将他扣下，并且两手一上一下地从背后铐起来，吊在工字厅里教务处一间屋子的暖气管上。

十五、弃旧电守旧水，工人围东区宿舍

4月23日，"井冈山"从"4.14"手中武力夺回旧电机馆后，数力系力02班学生廖凯贤等几十个人奉"井冈山"总部命令就驻守在这里。7月27日上午，他们突然听到外面传来了一阵汽车轰鸣和嘈杂的口号声，只见一大群工人和解放军蜂拥而来，很快便将旧电机馆包围起来。电机馆里的学生非常慌张，不知道发生了什么事情。很快，工人准备从楼梯上来，廖凯贤拿起一块砖头要扔下去，工人们见状四散离开。

与此同时，工人也来到旧电机馆后边"团派"控制的总机房，要进去。总机房值班的一位女生在里面说："这里是总机房，机要重地，一般人不能进来。"

这时，一位解放军过来说："我是解放军，只进去一个人看一看，其他人不进去。"

出于对解放军的信任，那位女生打开了大门。谁曾想，那位解放军立即用身体挡住门，转身对身后的工人说："冲，赶快冲！"于是工人一拥而入，占领了总机房，将那位女生和另一位值班的学生一起押到旧电机馆西边的二院教室。

接着，工人再次准备进入旧电机馆。廖凯贤和其他同学商量后，决定放弃旧电机馆。他把总部配给他们的一枝半自动步枪藏在旧电机馆实验室柜子的后面，然后和大家一起走出旧电机馆，有人也遭到排列在道路两边的工人几下拳脚，接着也被关押在二院的一间教室内后，便无人过问。在二院，有两位同学将一把刀和一支手枪交给了廖凯贤，他将这些武器藏到二院教室的地板缝里。

旧电机馆南边是建筑馆，再南边是旧水利馆，守在旧水利馆的是水利系学生和"井冈山"总部一个专案组的几名学生。7月27日早

十五、弃旧电守旧水，工人围东区宿舍

饭后，动农系汽 002 班沈昆到这里找射击队的老队友，水 9 班的赵焱生聊天时，突然听到喇叭广播工人进校的紧急通知后，沈昆就立即离开旧水利馆回强斋。而作为防守旧水利馆负责人之一的赵焱生，也赶紧去找领导小组的人招呼旧水利馆的学生开会。

武斗中的清华学堂和旧水利馆

本来 7 月 26 日，负责守卫旧水利馆的领导小组已经决定 7 月 27 日上午 9 时召开守卫旧水利馆的全体人员大会，讨论以后究竟怎么办？因为进入 7 月下旬后，大家对清华武斗都有些厌倦了，但又有些骑虎难下，欲罢不能。走，感情上过不去。继续下去，什么时候是个头啊？所以，旧水利馆的领导小组决定开会，大家讨论一下，何去何从？

7 月 27 日这天，来旧水利馆参加会的学生大约有 20 多人，除了住在这里的学生外，还有从 2 号楼过来值班的。这是清华武斗以来旧水利馆人最多的一天，平时这里最多也超不过 10 个人。因为除了值班的，其他人没有事情，都出去玩或者走亲访友了。

就在旧水利馆的学生开会时，工人已经陆续从礼堂草坪南侧汇集到旧水利馆西的土木馆北侧小山前空地。很快，他们就来到旧水利馆西门前，手拿《毛主席语录》，举着落实"七.三""七.二四"布告的标语牌，要求学生交出武器，撤离旧水利馆。

守卫旧水利馆的学生认为：没有"井冈山"总部的命令，他们怎么能离开呢？于是反复跟工人说，让工人去找"井冈山"总部交涉。

工人们当然不听学生的，说：如果学生不交出武器，离开旧水利馆，他们将强行解决。

学生们当然也不听工人的，心想："你们算哪方神圣？"

几经谈判未果。学生见工人人多势众，觉得形势不好，就都退入旧水利馆内，关上大门。接着他们又退上二楼。工人则占领了土木馆。接着，也包围了旧水利馆。工人中，有人手中拿着长矛等武器。他们很快就冲进了旧水利馆一楼，占领了一楼大厅，旋即分多路冲向二楼。

从旧水利馆室外楼梯冲到二楼平台的一路工人，被平台楼梯处的铁门挡住了。学生们用长矛尾部的钢管对着铁门外的工人，让他们离开，并警告说："再不离开，就要用带尖的那头捅了！"

工人无奈，只好退了下去。

还有一路工人是从土木馆与旧水利馆的吊桥上冲过来的。

此时，土木馆屋顶上已经站满了人，不停地往旧水利馆这边投掷石块。同时，十几名工人手持长矛，从吊桥上冲到了旧水利馆。守在吊桥上旧水利馆进口处的一名学生被工人一矛刺到鼻尖，满脸是血。旧水利馆的学生也从旧水利馆三楼不停地往吊桥上扔石块，并且用燃烧瓶点燃了吊桥上铺的木板，大声警告工人说："吊桥上的钢缆就要断了！"

工人赶紧退回土木馆的屋顶。他们看见学生们正在不停地用消防斧砍吊桥的钢缆，还用钢锯锯钢缆。工人没敢再上吊桥。

吊桥钢缆绳终于被锯断

旧水利馆楼顶上的"团派"守楼者

十五、弃旧电守旧水，工人围东区宿舍

了，吊桥垮了下去，学生们大大松了一口气。

旧水利馆内，工人从一楼西北楼梯往二楼冲了两次。由于那里的楼梯状如胡同，工人一露头，学生就往他们前面扔石块，而且工人看到楼梯上边还有一个钢管焊的大铁笼子，知道进攻无望，就放弃了。

旧水利馆大厅东北角还有一个上二楼的楼梯，四周比较开阔，两边都是扶手。清华武斗开始后，为了防止"4.14"进攻，"井冈山"在楼梯上堆满了桌椅。从这里向上冲的工人，这时只能不停地拆除堵在楼梯上的这些桌椅，学生们则不停地往下扔石块，阻止工人拆除桌椅。当守卫这里的学生听到吊桥上的学生被工人刺中鼻尖，血流满面的消息后，一名学生异常愤怒，抓起试验架上的瓶子就扔了下去。玻璃瓶在楼梯的桌椅上摔破了，瓶子里的液体溅到一名工人的身上和脸上。这些工人是北京印染厂的，平时经常和酸碱打交道，很有经验。只见那个工人立即跳到大水池里潜了下去，没有受伤。

当工人包围旧水利馆时，旧水利馆领导小组就对学生规定了"四不准"：一不准使用枪支向工人开枪；二不准向工人扔手榴弹；三不准用长矛捅工人；四不准直接往工人身上扔石头。所以，虽然这里争夺激烈，但是工人没有发生伤亡情况。

清华东区有两排八座、砖混结构、四层学生

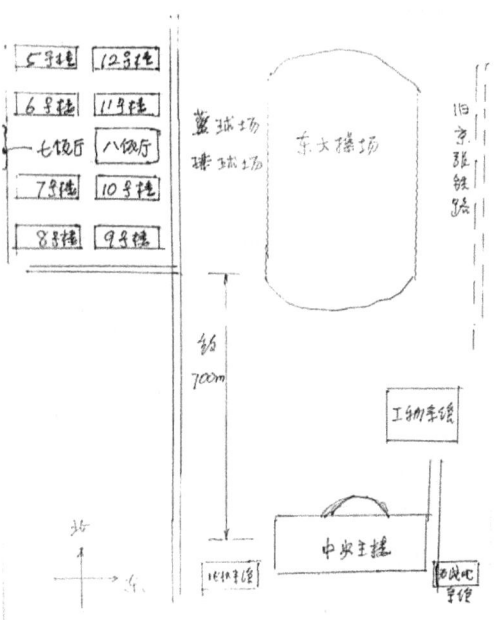

王学文手绘东区平面图

宿舍楼，位于中央主楼北面操场的西侧，编号如上图。

7月27日这一天，工人来到东区宿舍，首先在9号楼受阻。

9号楼住着无线电系"团派"留校学生,当时称为"07部队",负责人是电子64班学生孙炳华,这时因事回老家了。他让曾参加山西一月夺权,在晋颇有影响的邢晓光,也是孙炳华的同班同学,接替他负责"07部队"。

7月27日上午,邢晓光在9号楼接到"井冈山"总部电话,说从东门、南门进来大批工人,目的不明,要他们做好防备。邢晓光遂带上一支手枪,领着十余人,拿着自来水管削成的长矛,来到9号楼东面马路上警戒。

大约上午十点左右,他们看到很多工人,其中少部分人持有"4.14"特制的长铝管焊锋钢尖的长矛,从"4.14"占领的主楼区浩浩荡荡地向北而来。邢晓光以为这些人是帮助"4.14"来攻打"井冈山"的,但是考虑没接到总部的具体命令,所以当工人进至9号楼东的球场时,他下令"07部队"的人全都面朝工人后退进楼,自己断后。

看到学生们后退,工人们"呼啦"一下冲了过来。邢晓光忙高喊着问他们:"你们是干嘛的?"

没人理睬他。

工人从南、东、北三个方向围了过来,这时邢晓光身边只有他同年级的王章练同学。邢晓光对王章练说:"咱们俩快跑!"

王章练说:"等一等,"说着,他从裤腰上解下颗手榴弹,然后平举在眼前,向着三个方向的工人缓缓地展示……

工人们立刻停了下来。但是,邢晓光和王章练往后一退,工人很快又包围过来。王章练手一扬,未拉弦的手榴弹扔了出去,工人"呼啦啦"卧倒了一片。邢晓光和王章练乘机跑回了9号楼,赶紧把铁门锁了起来。

事后邢晓光问王章练当时为什么没有拉弦?王章练说:"我想这么多工人在一起,我扔出去的话伤亡会比较大,所以我就没有拉弦,就是想吓唬他们一下。"

趴在球场上的工人见手榴弹半天没有爆炸,于是又从地上爬起来,慢慢地走向手榴弹,围着手榴弹转了小半圈,然后将手榴弹拿起

十五、弃旧电守旧水，工人围东区宿舍

来，在手上看着，互相传递。

工人越聚越多，开始把东区各楼分割包围，试探要攻进每座楼。9号楼做了工事，两头封闭，窗户也封死了，仅有一楼的东北窗户留着一个进出口。"07部队"不敢出楼，只是守住焊接的铁门，防止工人冲进来。加上9号楼"07部队"的张天海等人在二楼反复喊话，表示没有敌意。在一次喊话时，他们还说9号楼周围"有地雷"，其实并无地雷。张天海嗓子因此喊哑了，失语多日，发不出声音。他们还时不时扔出石头使工人不敢靠近。

工人一窝蜂的去了10号楼。邢晓光听说00班有人与工人在楼外辩论被打，便要求大家一定不要再出楼了。

此时，10号楼住的都是外地人。1967年12月26日，在清华大学第二教学楼二楼大教室召开"贵州4.11代表大会"，宣布成立"贵州4.11总司令部"，"总司令"是贵州新华印刷厂工人袁昌福，政委是邱富伦。由于1968年5月24日，北京大学发生贵州"4.11"杨延昭跳楼身亡事件，当天北京大学校文革驱赶校内的贵州"4.11"。一直帮助贵州"4.11"的清华大学工物系64级学生王学文，于5月27日晚找到9号楼"07部队"的邢晓光，商议解决贵州"4.11"的住处问题。最后达成协议，邢晓光同意贵州"4.11"住进清华大学10号楼。

7月27日这天，10号楼住的都是外地上访的造反派，"广西4.22"和"重庆反到底"的人最多，有五、六十个，贵州"4.11"的比较少，有二十多人。10号楼有东西两个楼口，西边的楼口由"广西4.22"的人守着。参加了7月17日"北航会议"的贵州工学院"4.11"学生曾廉溪和贵阳师范学院的学生姚德仁两人也曾住在这里。他们是按照北京"贵州4.11总司令部"的指示去参加"北航会议"的，姚德仁还在会上发言。不过，会后几天，他们二人已根据"贵州4.11总司令部"安排，离开北京，返回贵阳。此时不在北京。

9号楼的张天海看到住在10号楼的外地人在楼外与工人辩论，接着发生冲突，然后外地人全都撤进10号楼内，并用桌、椅、木床等堆在二楼楼梯处，筑起屏障，阻止工人上楼。

"07部队"负责人邢晓光站在9号楼北窗也目睹了工人冲进10号楼,在占领一楼后继续向上攻击。他听到了10号楼内冲杀声不断,看见10号楼的人手忙脚乱地用木床、桌、椅把楼梯堵住。工人拥在10号楼门口,好像进不去。

10号楼西边7号楼里面的学生也被工人围在楼里。工人要求楼内人员排队出楼。学生开始不同意,后来也没有坚持。他们出楼时,工人一个个审查,外地的全部扣留,清华学生放行。焊0班学生金利华的弟弟是广西"4.22"的,7.27这天,他和哥哥都住在7号楼。由于金利华的弟弟个子高大,排查时,他冒充清华学生,与哥哥一起被放行了。

十六、守明斋，静斋解围

上午，工宣队在包围静斋的同时，另一分团也包围了"井冈山"广播台所在的明斋。包围明斋的工宣队宣传车广播说："我们是首都工人、农民、中国人民解放军毛泽东思想宣传队，现在根据中央文革的指示，所有盘踞在各个大楼里的人员听到广播以后，自动走出所在大楼，交出武斗武器，到各个大楼门口登记。拒不执行者，后果自负！"

明斋广播台向全校"井冈山"广播呼救："工人正在冲击广播台，请同学们到明斋广播台集中，保卫广播台。"

工人以拆除武斗工事的名义进入明斋。"井冈山"广播台设在明斋一楼东部，因为楼道处有铁门封闭，工人进不去，于是上了二楼。但是，在二楼至三楼的楼梯处，受到明斋广播台负责人翁文斌率领广播台学生有组织地阻拦和驱赶。他们对工人喊道："工人同志们，你们再不退，我们就往下冲啦！"

工人见状，从二楼退到一楼，又退到楼外。

这时，静斋的刘才堂，趁任传仲在驱散静斋门口的工人，也从静斋回到他在明斋一楼的办公室。当他回到明斋时，看到楼里还有工人。

明斋紧靠西大操场，地域宽阔。退出明斋的工人，一部分往东，还有一部分退向北边，也没有走远，都坐在新斋东，1号楼西的马路边休息。广播台的学生冲到楼外，也没有再追赶。

转眼到了中午吃饭时候，明斋的学生也不知道该不该出去吃饭。这时，五食堂的师傅把饭送过来了，工人们没有阻拦。也许是这些原因，学生们对坐在宿舍西边马路上的工人们也没有干扰。

崔兆喜和王荣生从12号楼墙缺口钻进学校后，在5号楼处遇到工宣队541厂的工人，不让他们二人通过。两人和工人辩论了一阵，无奈，只好从13号楼那边来到明斋。当他们到明斋时，工人已经撤出明斋了。

崔兆喜走进明斋，听同学们叙述工人进明斋，被驱赶的过程，还看到很多人正围着一个解放军和一个工人师傅在那里骂。自控系工人刘东边哭边说："你们是什么解放军，把毛主席像都打碎了……"

崔兆喜对广播台的人说："你们看好了，别让他们跑了，再专门找人问一下，他们是怎么来的？谁让来的？"

接着，崔兆喜听到李康群在喊："崔兆喜，崔兆喜，你快想法呀，人礼堂被工人占了，礼堂的人都被抓了。老鲍也被抓了。"

崔兆喜下到一楼，给静斋打电话，任传仲在电话里对崔兆喜说："大礼堂、旧电机馆、9003……都被工人占了，老鲍也被抓了。你们明斋怎么样？"

崔兆喜说："明斋没事。"

任传仲说："你想法通知6号楼，马上把工人赶出去，防止老四趁机捣乱。"

崔兆喜立即给6号楼打电话告诉他们："立刻组织人把工人赶出去。"

6号楼的人对他说："6号楼没什么人，只有一点女生。"

崔兆喜说："不用多少人，明斋只有几根长矛，一吓唬就把他们都赶出去了。"

任传仲又来电话找崔兆喜说："你赶快让广播台播一个文攻武卫指挥部紧急命令，就说：有几十名四匪正在动农馆门口集结，准备对我发起进攻，要命令全体文攻武卫战士做好一切准备，运用一切手段坚决打退四匪的任何阴谋行动。"

广播台很快广播了这条命令。

再说动农系汽002班的沈昆从强斋回2号楼，一路上没遇到什么人，只是听到"井冈山"广播台呼叫："工人正在冲击广播台，请同学们到明斋广播台集中，保卫广播台。"

当他走到3号楼西接近2号楼时，发现2号楼西门大开，门口

十六、守明斋，静斋解围

站着的几个陌生人，不像清华的学生。平时守楼的同学此时却毫无踪影。他犹豫不决，不知是否应该继续前行？这时，一名同学从2号楼那边过来，走到他身边时对他说："这几个楼都被工人占了。"

于是，沈昆决定去明斋看个究竟。

其实工人没有进2号楼。上午工人来到1至4号楼宿舍区时，2号楼有人也嚷嚷着要把一楼通二楼的楼梯上武斗时修的铁栅栏关上，但是没有人来作决定，因为2号楼里住着好几个系的学生，没有统一的指挥，群龙无首。后来工人没有进来。学生们担心出去被抓，基本也没有人出去。

正当沈昆回身走近3号楼南面那条通向明斋的路时，看见那条路上有一大群人疾速向东跑去，跑得很快，身后甚至带起了小旋风，把一些落叶和灰尘都卷了起来。紧随其后是20来个手持长矛、木棍的人在追赶。这些追赶的人穿戴不齐，甚至有穿拖鞋的，高矮不一，其中有些人一边追一边还在扔石头。

沈昆觉得这些追赶的人绝非清华学生，更不是武斗队的学生。因为武斗队的同学都统一穿深蓝色工作服。

当沈昆到达明斋时，那里已经没有任何工人了。明斋没人把门，也看不见长矛之类的武器，只是不断有人出出进进，显然广播台已经安然无事。

而在静斋，任传仲为解静斋之围，带人用石块、长矛驱赶静斋后门的工人，许多工人掉进静斋西边的荷花池，即朱自清著名散文《荷塘月色》中的荷塘。接着，任传仲他们又把工人包围起来，将工人往静斋楼里拖，40多名工人、军代表先后被拖进静斋。围在静斋的工人渐渐散去。

蒯大富后来回忆说，这是他有生以来第一次感到了灭顶之灾，于是想跑出去找毛主席。他让大家在清华等他的消息，便和段永基、司机从静斋往学校西北门跑，在那里翻墙出校，避开路上行人，一路小跑到体育学院。因为清华武斗，"井冈山"将清华的小汽车都放在体育学院了。他们在那里找到一辆车，便驶往北京市革委会。

此时，静斋的"井冈山"在任传仲带领下，又跑到甲所、乙所等处，将那里的工人驱散。接着又去了明斋。

下午13时30分左右，崔兆喜见房9班的方雁生带了50人左右的长矛队从南边跑来，说要一个据点、一个据点地把工人赶走。崔兆喜说："赶快组织好。"

同时对聚集在新斋东的工人喊："你们赶快走吧！否则我们要冲了！"

并对身边的学生说："没有武器的捡砖头！"

学生们捡起地上的砖头扔向工人，同时向工人冲过去。工人见状，纷纷起来跑向北边。

这时，崔兆喜看到一个工人师傅正在和学生抢旗帜，跑过去将这个工人摔倒在地。接着又和另外几个人把一个解放军抬到明斋。有人砸了解放军一砖头，崔兆喜赶紧喊："不要砸！"

随后，他又找方雁生赶快集合队伍，准备去冲别的据点。

这时，力8班卜国臣带领一大队人过来对崔兆喜说："这都是13号楼外地的，有80多人，特别能打。我把他们组织起来了，就是没有武器。"

崔兆喜说："你们自己去找找吧。"

上午，清华大学电厂外边也来了很多工人。为了阻止这些工人进入电厂，守卫电厂的"井冈山"开启了电网的电闸。这时，明斋方雁生和卜国臣带的外地人，首先跑向北面的电厂，以解电厂之围。

崔兆喜跟着他们跑了几步，发现自己赤手空拳，又回广播台找了一根铁棍追了过去……

当他们跑到电厂时，那里的工人正被赶走。崔兆喜看到许多工人从电厂西边的墙上往外爬。他和范希明等人来到电厂东边，劝那些工人从电厂前退回去，工人不敢。崔兆喜就回明斋了。

下午14时左右，2号楼的学生听到消息说："老蒯问过了谢富治，说是不知道派工宣队的消息。"还有消息说，东区已经在赶工宣队了。于是，2号楼里一些人就自发出去，对外边的工人说："你们来清华北京市革委会并不知情，你们受了蒙蔽，被人利用了，赶紧回去吧。"

这些工人基本上都是徒手,只有个别人拿着长矛。学生们先是把他们往西赶,赶到五食堂前面,工人不知该往哪里退了?这时有学生提议:"让他们从北门出去!"

于是,学生把工人带到 2 号楼西边往北通向清华附中的路上,一直把他们领到北门出去。工人们也很配合,叫他们怎么走就怎么走,整个过程很平和。

十七、"井冈山"解救大礼堂

午饭后,在北京大学俄文楼里"首都红卫兵代表大会总部办公室"值班的北航革委会主任、首都红代会核心组副组长韩爱晶正睡午觉,突然被北航常驻红代会代表陈良同学急匆匆地叫醒,很激动地对他说:"快、快起来,清华出事啦!多少万人把清华包围了,工人要强行拆除武斗工事!"

韩爱晶一骨碌从床上坐起来,拍手叫道,"那太好了,那太好了!"

陈良问:"怎么好?"

韩爱晶说:"这样不就把武斗问题解决了吗?"

陈良说:"还搞不清怎么回事!"

韩爱晶边下床边说:"走,我们去看看。"

他们从北大急急忙忙地往清华走,只见清华大学围墙外面的路上已经是人声鼎沸,停靠着许多卡车、吉普、大轿车……车上贴着"北京针织总厂""新华印刷厂"等字样。路边、树下、河坡到处是密集的工人,情绪热烈而又秩序井然。

这是韩爱晶这些学生很少见到的情景,他想起谢富治在北京市革委会上曾经对他们几个学生领袖说过:"我可没你们那么大的胆子,一声令下,随便就在北京开十万、二十万人的大会。我开一万人的大会都要请示毛主席。"

韩爱晶对陈良说:"这么大的行动,调动几万人可不是儿戏!这么大的事情发生在北京,谁有这么大的胆量?党中央、毛主席能不知道吗?"

他们走到队伍里,向一些工人师傅打听:"请问,谁派你们来的?"

"不知道。"

"领导组织我们来我们就来,别的我们也搞不清。"

问了几个人,工人们都说是听从厂领导安排来的。

听说清华大学出事了,四面八方赶到清华大学的人摩肩接踵。外面的人往里拥想看明白,里面没看出名堂的人往外走,人流涌动。

清华园里的高音喇叭此时像炸了锅,声嘶力竭地高喊:"工人同志们,工人同志们,你们受骗了,杨余傅及其黑后台,操纵你们镇压红卫兵……"

韩爱晶在迎面过来的人潮里,看到北京市中学红代会的李冬民,正从清华校园里往外走。李冬民是北京市革命委员会常委,韩爱晶赶紧问他:"冬民,到底怎么回事?"

李冬民也说不清。

韩爱晶问不清,看不明,听不懂,心里急,没办法,只好改变方向跟着人群往外奔,决定回北航再想办法。走到四道口,遇到从清华冲出来的"井冈山"人员,他又问到底怎么回事?回答是:"工人来拆除武斗工事,于是跑出来了。"

韩爱晶回到北航,千方百计和蒯大富联系,但是清华大学总机的回答是:"接不通,找不到人。"

给市革委会领导打电话,也是找不到领导。

在电话里问市革

左二韩爱晶,1967年2月北京大专院校红代会成立大会主席台

委会工作人员怎么回事?回答说:搞不清。韩爱晶只好在电话里请他们赶紧把情况向中央汇报并非常严肃地强调:"搞不好要出大事的!"

再说崔兆喜从电厂回明斋后,又和几十人往东走,在 4 号楼东水泥桥上遇到自控系教工黎景泉。他慌慌张张地对崔兆喜说:"你们赶快组织人到东大操场去救我们的人,我们很多人被抓在东操场了,地上有好多血。"

大家一听都很急,就朝东大操场跑去。崔兆喜看到操场上停了很多工人的大卡车,就大声喊道:"会开汽车的马上把汽车开走,开到明斋去,不能开的拆一些零件,让他们不能开了。没事赶快撤,要不老四可以从主楼开枪射击。"

自控系 0 字班学生唐建民和自控系 9 字班学生、校摩托车运动队队员常燕群等会开车的人开走了八辆车,还有 个人从汽车上拔下一根管子。

崔兆喜从东区抢了汽车回来后,想去侦察大礼堂和旧电机馆的情况,于是和王荣生一同骑车经新航空馆到新水利馆北面时,被工人抓住。不过很快就将他们放了。

崔兆喜由此判断大礼堂那边一定有很多人,又回到明斋。可此时明斋的人都不见了。他忙问:"兵都到哪里去了?"

有人告诉他:"去了三院。"

崔兆喜到了三院,那里果然有二三十个武斗队员。但听说要去救大礼堂,大家商量说不能打,礼堂工人太多。

不久,从电厂回来的两支队伍也来到了三院。

此时,被工人带到大礼堂正门处的鲍长康看到天慢慢地阴了,还听到了雷声。接着,雨点滴了下来。鲍长康听到从小桥的方向传来一声爆炸,看到很多工人从图书馆那边跑过来。突然,两名工人用拳头狠狠地打向鲍长康的脸部,接着腰上也被猛击了几下。他还没感到疼痛,就昏厥过去,然后被抬上了一辆卡车,送往医院抢救。

当时,"黑胖子"樊思清正坐在大礼堂观众座椅上回答解放军向他提出的问题,突然听见大礼堂和新水利馆之间的方向"砰"的一声巨响!他想跑出去看,被在场的解放军和工人师傅阻止了。就在这时,外面一个工人师傅进来报告说:"刚才是手榴弹爆炸,有一个女师傅屁股被炸成重伤,还有一个军宣队员腰被炸伤。"

十七、"井冈山"解救大礼堂

后来知道,女师傅是针织总厂的革委会委员,那位军宣队员是针织总厂的军代表。

询问樊思清的解放军严肃地对樊思清说:"我们是毛主席派来的中国人民解放军,你们现在应该做的是马上交出你们手里参加武斗的所有武器。"

樊思清自觉有罪,心虚,经过几番盘问,只好交代说:"我们的枪放在大礼堂的储藏室里面。"

然后,他带着工人师傅找到了大礼堂储藏室的门,让他们进去把武器拿了出来。

把武器抄出来后,工人和解放军就放樊思清走了。

也就在这个时候,放映室门口的青年工人也都撤走了。付连池和游白然、牛又奇出来后下楼一看,大礼堂空了,工人没了,学生也不见了。他们来到大礼堂东北门,看见有"井冈山"的人正从图书馆方向过来。他们这才确信又自由了。

原来,下午16时左右,任传仲身穿雨衣、手持长矛,也带了二三十人的长矛队从西面跑到三院。这时,在三院集结的"井冈山"队伍有四支:

明斋原有的长矛队,大约有二三十人;

"井冈山"西区武斗指挥、土建系房9班学生袁衡阳率领的长矛队,大约有四五十人;

卜国臣组织的外地人队伍;

任传仲带来的长矛队。

他们冲出三院,几步路就来到了大礼堂西北的桥头。任传仲叫喊着要冲,崔兆喜说:"不要冲,人太多,我们先和他们讲一讲。"

任传仲让崔兆喜去三院将人员组织起来。崔兆喜就喊:"拿长矛的都出来站队!"

有一二十人出来了站好队,与任传仲带来的人集合在一起。

崔兆喜站在桥头向大礼堂那边的工人喊道:"工人同志们,你们赶快走吧,你们受蒙蔽了,你们说是来宣传《7.3布告》,可为什么占我们的楼,抓我们的人呢?我们从你们军代表身上搜出黑名单来了。我们很不愿意和工人同志发生冲突，限你们在五分钟内马上撤走，否则我们要采取革命行动了……"

他的话还没说完，下面人就说："不要讲了！"

随后，崔兆喜高喊："同志们冲啊！"

接着，所有长矛队队员一齐大喊："冲啊！"

果然气势如虹，冲向工人。一些没有长矛的散兵也跟在后面往工人中扔砖头和石块。

手无寸铁的工人撤退了。

崔兆喜下桥后就跑进礼堂西门，一看二三十名学生正好好地坐在礼堂台子上，根本没挨打。他很吃惊，因为刚才听说礼堂里的人都被打了。

十八、"4.14"撤离科学馆

再说"4.14"但燊从科学馆回焊接馆找沈如槐。他在熙攘的工人人群里，沿着来的路赶回焊接馆，找到沈如槐，讲了科学馆的情况。

沈如槐一听就着急了，赶紧对但燊说："科学馆的人怎么能坐在大草坪上，那里太危险了！一分钟也不能耽误，你赶紧回去找工宣队，请他们带领队伍撤过来。"

但燊又回到科学馆前，找工宣队的负责人谈，摆明形势的险恶。工人依然没行动，但很快变换了阵形，在科学馆人员周围围了好几层"人墙"，果然再有"团派"零星人员试图往里冲就冲不进来了。

沈如槐派人到科学馆一再催促，但是工人们依然没有动静，因为他们的领导正在与"4.14"科学馆的"卫戍区司令"、清华化00班王永县谈判。王永县坚持要带着死去的战友——"烈士"的遗体一起离开，工人们不同意，承诺会给他们保管好。工人在等待"上级的指示"。

王永县后来回忆说："我撤出科学馆是在最后了。工宣队进科学馆时，是由我与他们打交道。我对他们说这楼里还有两位烈士遗体，还有俘虏陶森、叶志江等。工宣队问在哪里？我领着工宣队去停放烈士棺材的房间。工宣队走到门口就不敢进了，怕有手榴弹。我在前面走，领他们进去看。我说还有俘虏，工宣队说他们会处理。我向工宣队指那是关俘虏的地方。工宣队说人先出去，棺材也交给我们工宣队负责。"

清华设备仪器厂团支部书记李光鸣吊着被"团派"冷枪打伤的胳膊，以科学馆负责人的身份与工宣队交涉，要求迅速转移。

李光鸣是武斗期间科学馆"4.14"独立排的负责人之一。独立排有20多人，负责人是周任劳、李光鸣，杨正华等。7月中旬后，在

"4.14"总部对科学馆实行的各种救援措施都失败的情况下,科学馆独立排负责人周、李、杨等与卫戍司令王永昼不断地谋划自救之计。最后定下了一个声东击西的佯攻突围计划,主要是:不惜牺牲独立排,也要让科学馆被困的其他人员突围出去。具体想法是:独立排大部人员沿大礼堂,西大操场向西北方向佯攻突围,以此吸引"团派"注意力和兵力,小部人员掩护科学馆其余人员乘机往清华学堂,金工实习工厂的方向突围,即向东南方向突围到动农馆、主楼。李光鸣就是为了这个计划到科学馆楼顶上用望远镜观察突围的地形和情况时,被"井冈山"一枪打中举着望远镜的手腕。

这个计划还未实施,7月27日就到了。

此时,工人带着李光鸣一起到工字厅找工宣队领导。工宣队领导也感到了形势严峻,派了两三个工人和李光鸣一起实地考察并最终确定了撤出路线,决定走清华学堂南的那条清华学堂与旧水利馆之间的路,向东过河。

下午15时左右,转移开始。几百名工宣队队员排成两排,让"4.14"人员走在中间,迅即地向东南方向斜穿大草坪,绕开大路,走过邮局旁的小土坡,经动农馆来到万泉河西岸,沿河边向北拐,到清华学堂后面开始过河。

万泉河是清华园的校河,这一段则是一条排污水的河沟,河水脏而臭,河床的污泥也比较厚。由于前一天刚下过大雨,河水也涨了。

当年从科学馆出来的金元、宋执忠、钱民刚等同学回忆说:由于我们过河心切,有的同学提出涉水过河。工宣队师傅说:"不行!不会游泳的在水中站立不住,冲走了怎么办?还有伤员怎么办?"于是他们临时决定跳下河,水面淹过了他们的胸脯,快到肩膀了!工人师傅们用肩膀扛起一块块准备好的木板,在河面上架起了一座"人桥"。当我们从他们肩上过去时,我们的脚离水面已经很近了。

工人跳到河里,试探着,用肩膀扛着木板,让"4.14"困守科学馆的所有人从他们用肩膀扛着的木板上过河,女生先过。很多学生感动得哭了。

沈如槐在《清华大学文革纪事》一书中的第409页写道:

十八、"4.14"撤离科学馆

科学馆战友们的安危始终揪着我的心。我时不时地找到谈判时认识的工人师傅,请他催促工宣队领导快点行动……工人师傅对我说:"你就放心吧,我们工人阶级说得到做得到。"

可能需要详细勘察撤离的路线,可能需要进行周密的准备,在滞留了大约两个多小时后,工宣队终于带着这 100 多人撤离大草坪,沿着土建系即清华学堂南边的路,撤到万泉河边。这条路线正是当初我们为科学馆突围所选择的路线。因为一教、二校门那里冲突不断,形势紧张,为避免遭到团派的袭击,确保撤离人员的安全,工宣队决定跨过万泉河,直接进入 4.14 的防区,而且显然为此做了充分的准备。工人们纷纷跳下万泉河,站在齐腰深的污水里,排成两排,肩膀上搭起木板,架起一座"人桥",100 多人踩着工人师傅的肩膀,进入了 4.14 的防区。整个撤离行动进行得迅速而井然有序。工宣队把 100 多人安全地带到了我们的根据地……我怀着喜悦的心情迎接从科学馆撤出来的 100 多名战友。他们被困多日,脸色铁青,今天死里逃生,见到战友,恍如隔世,有人不禁喜极而泣。

周家琮回忆说:下午三点左右转移至主楼的时间可信,当时我站在汽车楼顶上,目视队伍自西向东。个个脸色惨白,叶鬼(指叶志江)也在老四队伍中,因个头高我又熟悉特别醒目,队伍未抬棺木。

邱心伟回忆说: 过了好大一阵子,他们终于带着我们"撤退"了。工宣队员们手拉着手组成两道人墙,把我们保护在中间,大路不走走小路,小心翼翼地来到了动农馆东的小河。那时,似乎附近的楼宇和道路仍然还被老团占领和封锁着,他们没带我们从大路直接去东区,而是来到桥北侧几十米的地方。一些工宣队员已蹚过了河,健壮的队员更是纷纷跳入了河中间,他们在肩膀上架起几块跳板,就这样将我们一个一个地搀扶着过去……

沈如槐说:"我对工宣队充满了感激之情,因为无论是'人墙'还是'人桥',都充分体现了工人阶级的伟大胸怀和自我牺牲精神。"

邱心伟说:"当工宣队一大群人护着我们绕着路,跳下河沟,站在水里用肩膀扛着木板,前扶后搀着让我们过河,当下激动得掉眼泪了。"

再说主楼负责"4.14"伤员和后勤的张雪梅和焊接馆的同学们中午就做好了饭菜等着科学馆的"4.14"战友,可是左等不来,右等也不来,就这样苦苦等到下午,终于看到他们过来。张雪梅等人在清华路的两侧夹道相迎。

工宣队恪守承诺,围人墙、架人桥,安全解救了科学馆全部被围困人员。这一实际行动感动了"4.14"的头头与群众,他们不再对工宣队藏着掖着,决心坦诚相对。下午16时左右,沈如槐决定:"马上通知各据点,交出所藏匿的武器,一件不留。"

但是,入夜后的工宣队将去哪里?是不是应该各自回家、回单位?一旦工宣队撤离后,手无寸铁的"4.14"怎么面对全副武装的"井冈山"。沈如槐和但燊担心这些情况,通知"4.14"各据点:"原地待命,做好随时撤出清华的准备。工宣队在,我们也在;工宣队走,我们也走。"决定的内容不仅有"4.14向工宣队交出全部武器,一件不留",同时还有"4.14 全体人员随时准备与工宣队一起撤出清华园"。

在主楼负责后勤的总部委员张雪梅回忆说:"当时只想工宣队的人救出科学馆的人后,我们就一起离开清华了,还有什么条件可谈?但是蒋南峰负责造的30支半成品枪交不交还是有点顾虑。后来想,他们全占领了,没处藏的,也只能全交了。"

下午16时30分,沈如槐又发布了"4.14 文攻武卫总指挥部"的"七项命令"。这是沈如槐作为"4.14"一把手所签署的最后一份命令。只是为了向工宣队表明"4.14"无条件欢迎工宣队、执行两个布告的政治立场而已。

沈如槐在《清华大学文革纪事》一书中第410页写道:

"我也一身轻松,仿佛以局外人的姿态注视着清华局势,注视着工宣队与团派之间激烈的较量,等待着这场较量的结果,我将根据这

十八、"4.14"撤离科学馆

场较量的结果来决定 4.14 下一步的行动。"

当晚六七点钟时，但燊对沈如槐说："科学馆的人已经救出来了，我已经完成了我的使命，我太累了，想离开清华，出去休息。"沈如槐同意了。

随后，但燊与"4.14"总部委员、"4.14"《井冈山报》总编辑、宣传组负责人之一、《三七战团》实际负责人、水利系 9 字班学生高季章结伴从清华西南门附近的一个围墙缺口出了清华园。但燊后来回忆说："那时夜色渐浓，天空乌云密布，雷声隆隆。当我与高季章在兰旗营踏上 31 路公共汽车的那一瞬间，一道闪电划过，车门刚一关上，倾盆大雨从天而注。"

十九、"井冈山"驱赶工人

大礼堂的工人被"井冈山"驱赶后,任传仲和崔兆喜在大礼堂前分兵。任传仲带着他的长矛队沿着大礼堂西路经阶梯教室、科学馆、二教、一教一路往南追赶工人。而崔兆喜听说新水利馆关了许多"井冈山"的人,就领着在场的十几个散兵游勇奔赴新水利馆了。

我们先说任传仲这一路。雨后,守卫在一教二楼的学生看到工人潮水般退往照澜院方向,后面是一些拿长矛穿"团派"武斗服的人,这是任传仲带人冲过来,赶走了围在一教外边的工人。一教的学生知道自己获救了。

退往照澜院方向的工人越过二校门前的桥后,就停在了桥南头。任传仲带着他的人也没有继续追,只是在桥北与工人对峙了一段时间,就撤回静斋。他们从一教回静斋的途中路过工字厅。这时工字厅的工人见外面的形势发生了变化,也没有坚持,随即撤了。当任传仲带着几个人拿着长矛进到工字厅内,看到谢德明,就喊他出去。谢德明出去了,被关在工字厅的学生也都自由了。两手被一上一下从背后铐起来吊在暖气管上几个小时的王卫平也被放下来,此时他两只胳臂都不能动了。

大约天黑时分,任传仲他们又去袭击了丙所。

我们再说崔兆喜这一路。他从礼堂出来后,听说新水利馆关了许多"井冈山"的人,就领着在场的十几个人直奔新水利馆,冲进去后,将学生们放出,还抓了一名解放军,派两人送往明斋审问。

从新水利馆出来后,崔兆喜他们又扑向旧电机馆。那里的工人害怕,也有三四个人捡起长矛。崔兆喜跑到两群人当中喊:"不要打!"

但学生还是冲进了旧电机馆,又抓了几名工人,崔兆喜也挨了一砖头。

十九、"井冈山"驱赶工人

旧电机馆学生被关进二院的教室后，就一直无人过问，既没有水也没有饭，更没有人告诉他们发生了什么事情，就这样一直被关到下午，崔兆喜带着人冲进来后才把他们放出去。

这些学生回到旧电机馆，廖凯贤赶紧找到上午隐藏的步枪交给崔兆喜带来的人，那人拿起步枪走到旧电机馆大门边，用力向院子里一挥，那些坐在地上的工人就像海水退潮般的跑开了，留下一地的鞋子和报纸。

工人们走了，约100多名学生集结在旧电机馆门口。崔兆喜对他们说："今天的事件肯定是黑手操纵来镇压我们的，我们已经有确凿的证据，我们从他们的军代表身上搜出了黑名单，上面写着要抓他们的坏头头蒯大富、鲍长康……他们来清华之前已做了各种准备，连剪高压线的大钳子都带来，他们抓了我们那么多人，肯定不是什么宣传《7.3布告》。现在除9003以外，各据点都收复了。现在我们先排队到静斋去休息，商量好以后一起到9003去。"

崔兆喜他们去了静斋。旧电机馆的学生回到楼上。廖凯贤发现他一件八成新的大衣，还有几十元生活费和食堂的饭票都没有了。最可惜的是，他在外贸部工作的大伯为他考上清华送给他的博士牌金笔也不见了。旅行包上划了一长条口子。其他同学的贵重物品也都不见了，大家一边骂着一边整理行李。

我们再说旧电机馆南边的旧水利馆。这里的工人经过几个小时的不断冲锋进攻，始终没攻上旧水利馆二楼。后来下起了大雨，雨后学生就看不见工人的踪影了。学生派人去总部询问，才知道工人已经撤退了。一天水米没沾牙的学生，这才感到又饥又渴。天黑后，给他们送来了馒头、开水和黄瓜。大家吃完饭，又开始修复损坏的工事和电话线，准备继续坚守。

此时"井冈山"普遍认为这次工人进清华是有"黑手"指使。为了追查"黑手"的目的，被学生抓到的工人陆续送到明斋"审问"调查。其中也有解放军，一般都被摘去领章、帽徽。这些押来的工人和解放军被分别带进各个房间加以"审问"调查。一开始是两个学生审问一人，后来押来的人多了，只能一人审一个。

沈昆后来回忆，他参加讯问的前两个都是针织厂的年轻女工，她们讲的情况基本一样。都说早上一进厂，就被召唤上车，说是要去宣传《7.3布告》，其中一位女工还是孩子妈妈，她赶紧把孩子送到托儿所，回来就上了车。她们几乎是异口同声，说上车时只知道是去宣传《7.3布告》，去哪儿，怎么宣传，都不知道。直到车把他们拉到清华，才知道是来清华。她们还表示，要是知道会与学生发生冲突，说什么也不会来。那个孩子妈妈则非常忧虑，说是原以为很快就会完事回厂的，也没有交代给孩子喂奶的事情，现在一耽误就是多半天了，孩子还不知道会怎么样？

学生对她们两人都很同情，感觉她们说的应该是实情，她们完全是被"运动"来的。因此，问她们能否找到校外的公共汽车站？她们说"可以"后，就让她们走了。

走廊里参与讯问的学生也互相交流讯问的情况，讯问军人的同学说，一般部队的军人也和工人差不多，只说上面让来宣传《7.3布告》就来了，究竟是谁派的就不知道了；但是8341部队的不同，他们不管怎么问，都一口咬定是毛主席派来的。

正当他们谈论之间，又有工人和几名军人被送到明斋。学生们人手不够了，只能一人负责一个。

沈昆带了一个50多岁的老工人进了一间小屋。这位老师傅满脸沮丧忧虑的样子。他对沈昆说，他是印染厂的司机，给厂领导开小车的。这天早上一上班就接到车队派车，让拉厂子的头儿们去北大清华宣传《7.3布告》。沈昆多方提示他，问他是否在车上听到厂头儿们说什么？比如说是谁让来的？谁下的指示？等等。几经询问之后，老工人对沈昆说，好像是军代表接到的指示，别的就不知道了。然后，他对沈昆说，他家里有四个孩子，小的还很小，他出来快一整天了，家里人也不知道信儿，回去太晚了，老婆、孩子都得着急。他说话时，一脸焦虑的样子。沈昆对他说："你快一天没吃东西了，我给你找点儿吃的，吃完就让你走。"

当时走廊里有食堂刚送来不久的馒头和菜，沈昆给那位老师傅打了碗菜，拿了两个馒头，让他吃了。然后送他出明斋给他指路。这

十九、"井冈山"驱赶工人

时,沈昆发现那位老师傅颇有些犹疑,而且又下起了小雨,沈昆回去拿了把伞,决定送老师傅去西南门上公共汽车。

这时候明斋附近,包括他们经强斋直到静斋这条路上都很安静,工人全都消失了。当他们撑着伞走到强斋附近时,忽然听到大礼堂前的草坪方向传来一阵呼啸声,紧接着从二教与一教之间的空隙处看见一大群工人一瞬间跑了过去,后面紧跟着手持长矛叫喊着追赶的一群人,有的还扔着石头,当中还夹杂着几个十来岁的小孩,很有点清华园"同仇敌忾"的意思。

沈昆一直把印染厂这位老师傅送到西南门外的汽车站后才回明斋。

这时,明斋的学生中流传着各种传言。有的说,空军在西单贴出大标语,"镇压学生的人绝没有好下场";还有的说,这次工人来清华,就是来抓"团派"的头头的,他们确实是带了名单来的;还有的说,北京城里已经传开了,清华学生打死打伤了成百上千的工人;最严重的说法是,工人决定报复,要调动首钢的十万民兵血洗清华。

当大家仍然寄希望于总部能与中央联系上时,广播台的人却告诉大家,老蒯上午很早就进城去了市革委,找不到谢富治,其他人则不知其事,其他渠道又都不灵了。大家的焦虑不安可想而知。

正在这时候,广播台的人向大家传达,说是总部根据当前的危急情况,决定所有"井冈山"人员撤出清华,避免流血。并且已经分派多人向各据点和正在驱赶工人的学生队伍传达撤出清华的命令。

二十、火攻十号楼，东区死人了

上午 10 时左右，清华"井冈山"工物系物 0 班的王学文到东区宿舍 10 号楼找电 00 班的颜家庆。颜家庆的中学同学、重庆大学学生刘汉碧来北京找颜家庆，此时就住在 10 号楼西边二楼。王学文和他们一起聊了武斗和贵州"4.11"的一些事情，中午就在二楼房间里一起吃午饭。

这时，陆续有工人来到 10 号楼前，宣传"要文斗，不要武斗"。10 号楼门口有人在与工人辩论，也有工人进到 10 号楼里看有没有武斗工事。

大约 13 时多，王学文等人忽然听得外面人声嘈杂。王学文出门一看，只见楼道人员穿梭，气氛紧张。他问怎么回事？有人说外面有人把楼围了，要攻楼。

王学文走到楼梯处，看见下面已经堆满了桌、椅、床板、棉被等杂物。能看到下面有人试图向上攀爬，但是堆物密密麻麻，上来很困难。

王学文走进朝北的一间宿舍，打开窗户，只见楼下站满了人。王学文问他们："你们是哪个单位的？为什么要围楼？"

下面你一言我一语，有说是二机床的，还有的说是五四一厂、医疗器械厂等。

王学文的兄弟姐妹和亲属中就有二机床和医疗器械厂的，顿时增加了亲切感，就问他们来干什么？谁派来的？

下面的人说，是厂革委会让他们来的，到这里来制止武斗，拆除工事。王学文自报是清华学生后，对楼下的工人说，这里没工事，也没有武斗。

下面的人叫王学文下去谈，王学文准备下去，但是周围的人不让他下去，说刚才有人下去被打了。

其实王学文也下不去了，因为楼内东、西两边的楼梯都已经被桌椅杂物堵得严严实实。

原来，上午来到东区的工人进不去9号楼，就一窝蜂地涌向了10号楼，在10号楼外边与住在10号楼的外地人辩论起来。后来，10号楼的外地人听到校内一些地方的工人和学生打起来的消息后，开始在周围搜集石块、砖块，准备应对。他们还拆除一些桌椅、木床，准备作为武器，防备工人攻楼。很快，工人与外地人发生冲突。由于工人人多势众，外地人赶紧撤进了10号楼内。

工人冲进10号楼，占领了一楼，并继续向上冲。这时外地人手忙脚乱地用木床、桌椅等物，把楼梯堵住。

中午时分，住在10号楼三楼的贵州"4.11"也听到一楼很凶的吵闹声，听说一楼的外地人被抓走了，还挨了打。一些"4.11"男生也立即用桌椅等物帮助堵在二楼的楼梯处。

二楼与楼下形成对峙。楼下有几个小伙子试图顺着楼梯向上攀，二楼有几个人就用木棍等东西向下捅，不让他们上来。

王学文这时急得团团转，没有任何办法，只得回房间，和颜家庆、刘汉碧一起听天由命。

此时，有人交代住在三楼的贵阳花溪中学高一学生、该校"4.11战斗团"的李青和与她住在一个房间的贵阳十七中学学生魏凤英，待在屋里别乱动，说有人冲楼了。她们俩不放心，还是到走廊上去观察情况。虽然看不到冲楼的人，但是能听到楼下在齐声高喊："下定决心，不怕牺牲……"

李青和魏凤英回到房间，发现窗外扔进来很多砖头石块，窗户玻璃基本被打碎了。二人小心翼翼地蹲在地上，把砖头石块拣到脸盆里再交给隐蔽在窗边的男生。守在楼道的清镇县一中美术教师田世信，边扔石头边喊："他妈的，你们从哪个监狱来的，回到哪个监狱去！"

正在二楼房间内的王学文等人，突然发现门缝处有烟进入。推门出去，只见楼道内烟雾弥漫，隔几米见不到人。大家都惊慌地奔走，楼梯下面可见火苗。

王学文感到喘不过气,头昏脑胀,逃生的本能使他不顾一切地随着大家往三楼跑。三楼同样浓烟弥漫,又随人跑到四楼,听到有人喊"上楼顶!"他又随着众人从四楼西边天窗的铁梯爬到楼顶,看见身边有七八个人,东边的屋顶上也站着一些人。大家在"人"字形的屋顶上站不稳,但是都很气愤,纷纷揭下屋顶的瓦片往楼下砸。

住在三楼的李青和魏凤英,这时赶紧一个个房间寻找毛巾,浸湿后分发给大家捂住口鼻,并从水房端水到楼梯口泼水灭火。李青在楼道里看到慌乱中的王学文,他惊悚的眼神令她至今难忘。

王学文后来回忆说:"当时我所在的颜家庆的房间,正对着楼梯起火冒烟处,烟雾浓度最大。从烟雾窜入房间,我推门出屋看见楼道浓烟开始,到我跑上楼顶,这段时间虽然不长,但几乎窒息的感觉,使我当时几乎是处于无思维状态,看不到任何人,只听到一片嘈杂声……"

四楼,隶属"贵州4.11"的"贵医2.26"学生戴碧玉,也感到浓烟刺鼻,但没用湿毛巾还能挺住。她劝大家尽量少说话,这样可以减少废气吸入和氧气消耗,以便更长时间地维持基础代谢。贵州橡胶制品厂工人郭平和贵州花灯剧团演员莫伏麟也没有用湿毛巾,只是手持梭镖表情镇定。

一直在9号楼关注10号楼情况的邢晓光,这时看见10号楼冒起了烟。邢晓光想,可能是工人把堆在楼梯的木器家具点着了。邢晓光只见10号楼浓烟滚滚,有人匆匆从二楼窗户跳下,不久就听到10号楼内"嘣"的一声响,接着大批工人从楼内跑出,聚在东大操场上。10号楼内的外地人也随之追出楼外,但大部分只是站到楼外,没有追到东大操场。

邢晓光见状便召集9号楼内无线电系留守同学,手拿长矛,出楼站在9号楼东面马路上,与东大操场的工人对峙,双方没有交手。

下午,电话全都断了,9号楼与总部联系不上。他们发现9号楼周围的工人开始乱跑,向东和向南,也就是向着主楼方向。没两分钟,突然从西边"哗"的一下,黑压压一大批人跑过来了,沿着9号楼南面的马路从西面向东面跑,估计有几百上千人,像潮水般跑过

二十、火攻十号楼，东区死人了

去，后面有人拿着长矛在追赶。当时在9号楼的张天海后来回忆说，他从来没有见过如此壮观场面。

张天海和王章练来到9号楼东大门外，看见大批工人从11、12号楼蜂拥向南跑去，最后全部撤回到主楼区。

住在10号楼四楼东侧房间的贵阳六中高二学生温思源，在室内被窗外扔进的一块石头砸伤了右手手背。他气愤地来到房间左侧的楼梯口，看见有人顶着一块门板，正从三楼往四楼冲。当他们到楼梯拐弯处时，温思源双手举起一块石块向门板砸去。门板被打翻。门板下是两个穿军装的人，他们跌跌撞撞地退回了三楼。没有人再往上冲了。

有人提议：派个人从东边走道头的窗户吊下去，下到三楼窗户，再从那里冲进去，有可能将楼道里的工人们赶走。

匆匆决定后，贵阳七中初三学生陈孝洪在袁昌福等四人的帮助下，用绳子捆在身上，准备从四楼上缒下三楼。此时，他突然听见下面大声喧闹。从窗户看出去，只见外边很多穿工作服的工人被手持长矛的学生追赶，正向10号楼这边跑来。陈孝洪迅速缒下，用长矛捅开三楼堵在窗口的床，举起了手榴弹，用贵州普通话喊道："老子们'井冈山'人不是好惹的！"

说着就将手榴弹扔进了楼道，并趁势冲了进去。堵在楼口的工人纷纷跑下楼去。同时，楼上的人也冲了下来。有几个来不及跑掉和受伤的工人被抓。据陈孝洪说，手榴弹他未拉弦。

温思源随着众人冲下楼后，与几个手执长矛的学生一起在操场上与对面百余名工人互相对扔石块。温思源看到工人没有什么武器，就对手执长矛的几名学生建议说："我们冲吧，他们没有武器。"

大家同意，于是10来个人一起喊着"冲啊！"就向对面冲去。对面的工人一哄而散。

17时30分左右，二机床厂36岁的副科长王松林，在10号楼一楼楼道西头，为保护身边的其他工人，扑向一颗手榴弹。手榴弹在他身下爆炸，王松林身亡。那天他的妻子就要临产，同事们都劝他不要去清华。但他还是坚持参加了这次行动。在他死后的几个小时，他的孩子诞生了。

10号楼楼顶上的人也看到北面西区的工人潮水般向东退去，后边有20多人手执长矛从7号楼北冲向10号楼北，10号楼前的工人一下子都跑没了。王学文赶紧从屋顶爬了下来，跑出10号楼，也随人潮往东追去，周围没有看见熟人，只见旁边一个一米五左右的小个子，两只手分别握着两颗手榴弹，也在追。王学文边跑边对那个小个子说，"给我一个"，小个子没给。

7.27后王学文回到学校，和班里班外十几位同学谈到这件事时说："当时对点火攻楼的人愤怒到极点。如果那个小孩把手榴弹给了我，我可能会扔出去。"

7月27日18时左右，工人被追赶到东大操场东的一条水沟，也就是京张铁路线下边的水沟。这时下起雨来，从10号楼撤至东大操场南端的北京541厂工人张旭涛死在10号楼到东大操场的路上，有说是长矛扎死的，也有说是用手榴弹炸死的。

与此同时，撤至12号楼西北面场地的工人中，北京市供电局工人潘志洪想把学生扔进人群的手榴弹捡起投到无人的地方，未果，被炸死。

正在焊接馆的无06班学生颜慧中突然看到从9号楼东边往主楼方向涌出很多人，有人高喊："死人了！"她赶紧出来，沿着西主楼通往东区宿舍的马路向北走，看到9号楼前不远处有人躺在地上，而且受了伤。她在接近土建基地时，看见两三个工人正架着一个受伤的工人艰难地向主楼方向跑。颜慧中赶紧迎上前去，只见那个工人的肠子已经脱在肚子外面了。架着伤者的工人很惊慌，颜慧中让他们暂时在路边停一下，然后她蹲下来，壮着胆子将伤者的肠子塞回到他的肚子里，然后和他们一起奔到主楼前，立即用汽车把伤者送去医院了。下雨了，颜慧中浑身都淋湿了，一直忙到了天黑。

学生们纷纷回返。很快，雨过天晴。

王学文走到6号楼和7号楼之间的小花园时，看到两个人扭送一个女工过来。女工大约20多岁，身高一米七以上，满脸血迹，昂头挺胸，不停地轻声喊着："毛主席万岁！毛主席万岁！……"

那大义凛然的神情,就像即将就义的江姐。

王学文问她是哪个厂的?女工回答说:"二机床的。"

旁边有一名穿白大褂的女医生,王学文让她给这位受伤的女工包扎伤口。那名女医生一边为这位女工擦拭着血迹,一边不大情愿地说:"谁叫她来学校捣乱?"

沿着一米高的圆形树丛地上,蹲坐着20名左右被抓的工人,看上去有三四十岁的样子。大概是因为奔跑、淋雨和躲藏,他们衣着不整、神态沮丧、惊恐、疲惫……

王学文凑过去与他们交谈。他们一再对王学文表示:"对不起你们,我们是受蒙蔽的,我们是受蒙蔽的……"

王学文后来知道,自己的大姐、大姐夫、大哥、外甥四个人也是工宣队队员。

东面的马路上,工人遗留下大量的车辆和香肠、面包等食品,学生们纷纷搬进八饭厅。

王学文看见有人抬来一大簸箩面包,就让他们也发给这些工人。那名女医生说:"来学校打我们,干坏事,不给他们吃!。"

王学文说:"解放军优待俘虏。"

女医生没再说啥。

接到面包的工人们连声说:"谢谢!""谢谢!"

傍晚时分,有人喊住正在10号楼下的贵州"4.11"的李青和魏凤英,让她们带着一个围攻10号楼的女工跟着走。路上,清华的女学生严肃交代已经愤怒不已的魏凤英不要对女工动手。

到了指定地点,李青和魏凤英看到地上坐着被抓获押送到这里的冲10号楼的工人。一些清华学生和解放军、工人,或站在那里,或坐在凳子上。满脸是血的贵州"4.11"周师傅正站在那里与他们说话。只听那名解放军说:"我们是来调查情况的……"

工人说:"我们是来宣传毛泽东思想的……"

这时,一位女学生指着受伤的周师傅说:"这就是你们打的,这事是李钟奇指挥的吧?"

李青和魏凤英回到自己住的寝室,心情很难平静,无眠。

二十一、紧张的临时指挥部，蒯大富与迟群谈判

谢静宜在《毛泽东身边工作琐忆》一书中第 179 页中写道：

没想到，搞武斗的人不但不听工宣队的劝告，反而用武力对付手无寸铁的工人、农民宣传队。下午 3 点钟多一点，他们开始打枪，但不集中，稀稀拉拉，这里一枪、那里一枪地放。4 点钟的时候下起了大雨，"团派"出动了武斗队，用长矛向工人队伍刺来，与此同时，"二教"（注：应为"一教"）屋顶上的人揭砖、掀瓦向楼下的宣传队砸来，其中 9003 楼（即精密仪器系）打得最凶，一时伤了不少同志。

到了傍晚，天快要黑的时候……工宣队来时乘坐的汽车不断向离校较近的北医三院运送伤员……

韩丁在《百日战争》一书中写道：

下午 18 时，指挥部里一片混乱。各种冲突和武斗的消息不断由通讯员送来，激动万分的人们，上气不接下气地从校园各处跑来，眼里含着泪花，身上沾满了泥土、墨水和鲜血，指着他们受伤的伤口，要求援助，要人，要救护车，还要求进行报复，"那么多工人在那里流血牺牲，我们能就那么让他们骂我们，攻击我们，让他们再用长矛刺伤我们吗？"

工宣队临时指挥部听取各方面的汇报，韩丁在《百日战争》中是这样写的：

先是礼堂前的，然后是第一教室楼的，最后是 10 号宿舍楼的。

指挥部里的卫戍区负责人，应该是政委刘绍文后来对韩丁回忆

二十一、紧张的临时指挥部,蒯大富与迟群谈判

说:"你们可以想象当时的形势,一些急躁的人要求还击,我自己也是非常愤怒,当又有更多的人受伤和死亡的消息传来时,我气得咒骂着把拳头猛击在桌子上。但最后我还是冷静下来了,因为我们是来宣传的,不是来打架的。如果我们领导人自己也慌乱莽撞,那整个形势就将更加不可收拾了。我们必须保持冷静,一句错话就将可能使更多的人丧失生命,一句错话就可能招致灾难性的后果。我们周围到处是流血事件,但我们必须坚持一个原则:要文斗,不要武斗。

"我们有些人在战争年代指挥过战斗,但从来没见过这样的战斗,从来没有这样恼火过。张宛表现得极好,我清楚地记得他,胖胖的,使劲地擦着汗,狼吞虎咽地吃饭。他非常镇静,坐在那里反复重申着'要文斗不要武斗'。

这里说的张宛用的是化名,应该是中央警卫团副团长张荣温。

"我们直到下午三点钟还没吃上饭,我们已经两天没有睡觉了。在我们拥挤的指挥部里是又热又闷。到处都没有秩序,原来是由通讯员依次进来汇报的,但现在他们一下子都挤进来了,带来的消息一个比一个严重——更多的人受伤了,又有人牺牲了,真是可以搅乱任何人的头脑。

"我实在太疲乏了,我就靠着墙,半闭着眼睛,在人家还没有说完话,我就打断他说:'不要武斗,要文斗,做好你们的宣传工作。'

"我们真正依靠的是工人们对毛主席的赤胆忠心,他们深刻地领会了毛主席的战略部署。三万人的一个整体,觉悟不高就无法进行领导,而且工人们还经常与指挥部失去联络。无论他们遇到什么样的挑衅都仍然坚持执行命令。基本上,这可怕的整整一天一夜,他们都没有还击,他们没有反攻,这是因为我们做了大量的教育工作,我们在一起反复学习解放军的'五不'政策。

"在这一天一夜中,我们继续做教育工作,我们讲得口干舌燥,但这是宣传毛泽东思想,我们还是坚持讲。为此,我们召集了各分队负责人的紧急会议,重申我们的政策,让他们回去还要提醒每一个人。我们反复强调,学生是受骗上当,误入歧途的,必须使他们觉悟。工人自己也曾经历过派性斗争,明白不能责怪学生,尽管他们端着长

矛冲向自己。

"在我们队伍中,只有一个严重的漏洞。当战斗第一次开始,就有一群愤怒的工人回到自己的工厂去,用钢管制做长矛,他们找到了头盔、棍棒。7月28日凌晨,坐着卡车回来了。当他们到西门的时候,其他工人看见后报告了我们,我们理解他们的心情,他们是非常气愤,他们也有一点极左思想,很多人是骄傲自大和鲁莽蛮干,他们不顾一切地要去进行报复。

"于是我们采取了紧急措施,我们把他们的负责人叫到指挥部来,派干部去给群众讲话。起初他们听不进去这些道理,还是说:'我们的同志受了伤,我们的同志牺牲了!'我们一直跟他们讲了几个小时,最后他们自己回去了,他们回去后没有用武器,而是用我们的办法来帮助解决问题。

"当然,我不能说工人没有破坏纪律的,有一些知识分子抓了几个学生,打了他们一顿,这是极个别的现象,因为所有在旁边的人看见了都会加以制止并指出这是不对的。"

受伤的工人首先都被送到原"4.14"的防区,"4.14"和工宣队在焊接馆内建立了一个临时医务室。张雪梅回忆说:"工宣队的伤员迅速地多起来了,我们西主楼的医疗室就交给工宣队接管。下午他们的医生来了,都是年长、有经验的外科大夫。"

被困于科学馆的"4.14"100多人已经安全转移到主楼区,"4.14"对工宣队心存好感,心怀感激,纷纷自动地帮助工宣队护理伤员。

重伤员要用车立即送北医三院抢救。各种车辆在北医三院和焊接馆之间川流不息、往返不停!

刚开始时,在主楼三区208教室里有几个女工还很诚恳地给"4.14"的人讲,你们为什么不向蒯大富宣传不要武斗呢?你们拿着《毛主席语录》去宣传,蒯大富是毛主席的好学生,他一定会听毛主席的话的。到了那天下午,当一批又一批的伤员送到主楼后,这几个女工一边流着泪,一边咬牙切齿地说:"真想不到蒯大富原来真是这么坏!一点人性也没有!"

二十一、紧张的临时指挥部，蒯大富与迟群谈判

从前线下来的工人们无论是受伤的还是没有受伤的，无不破口大骂蒯大富太坏了。一旁帮助护理的"4.14"也"不怀好意"地说："老蒯本来就是这么坏，这下你们也领教了吧！"

有几名青年工人找到李光鸣说："老四，你不要给我们打埋伏了，把所有的长矛盔甲统统交出来，我们替你打老团去！"

李光鸣说："我们比较熟悉，我们和你们一起去打。"

工人说："你们不要去。你们去就是继续武斗，我们去就是制止武斗。"

下午，正在北京积水潭医院看病的清华大学化91班学生张存和，忽然见到救护车送伤员来到急诊处。他走到跟前看，原来是从清华送来的受伤工人，多是身体不同部位被长矛刺的伤口，深浅不一。救护车先后来了几次，张存和见到的伤员不下30人，他们的表情不仅痛苦不堪，还有惊恐和愤怒。张存和的第一反应是赶紧摘下清华大学的校徽，然后再过去细看，见到了工人的伤口，听他讲述着各自的经历，十分震惊，心想："这些人可真下得了手啊！"由于积水潭医院医护人员忙不过来了，后来的几辆救护车见状，就把伤员拉到别的医院去了。

有些工人的午饭被学生抢了，一直饿着肚子，"4.14"就帮着食堂大师傅赶紧给他们做饭。有的干部、教师、职工还自发地从家里拿来许多黄瓜、西红柿慰劳工人。

工宣队有"不拿群众一针一线"的纪律，还有一条"不支持任何一方"的原则，根据这条纪律和这条原则，他们一开始连"4.14"给他们煮的饭也不肯吃，怕吃了"4.14"的嘴软。"4.14"的人对他们说："嗨！工人老大哥，吃顿饭怕什么的，吃饱了才能制止武斗！"

于是有人带头吃了，大家也就吃了。

7月27日那天从上午开始，张雪梅就安排主楼里的炊事人员大锅不停火，给工宣队烧水，煮粥。

吴国梁回忆说："科学馆的人到达主楼后，在主楼西区外面的马路上坐了很长时间，后来在西主楼三区208工宣队把我们移交给了4.14总部。再后来我们到焊接馆吃饭，我记得那天吃的是青椒炒肉

片。当时护送我们撤离草坪的有北京开关厂的工人师傅，他们带的饭被老团抢走了，一直没有吃饭。当我们知道了这一情况后，就马上给他们做饭，开关厂的师傅不肯吃。我说：吃饭怕什么呢？你们饿了，我们就应该做饭。做不做饭是我们的事，吃不吃是你们的事。我们坚持做饭。最后开关厂的工人也吃了。后来在大联委学习班，又有开关厂的工人师傅负责静斋的工作，我和他们也比较熟悉了。有的老工人对我说，在7.27早晨进清华前，领导上曾经向我们交代，我们去清华制止武斗，可能4.14会反对宣传队，要我们提高警惕。我们也没想到4.14会欢迎宣传队，而团派反对宣传队。"

我们再说蒯大富去北京市革委会的情况。他们的车离开体育学院时，外面已经开始下雨。他们的车绕了一大圈，下午17时左右，到达北京市革委会。段永基他们在外面等，蒯大富一人上楼去找谢富治。

此时谢富治正在清华大学指挥工宣队，蒯大富当然找不到，但是看见了吴德的秘书，就对他说："我想见吴德。"说着径直走进吴德的办公室，冲着屋里的吴德喊道："是谁派的工人？为什么要把我们学校包围起来，一进校就抓人打人，把我们学校打得一塌糊涂！我和你们说，我们不是好惹的，我们要决一死战，一定要揪出黑手！"

吴德说："工人宣传制止武斗有什么错？"

蒯大富警告说："你们不要把我们清华'井冈山'当成上海'柴联司'来砸，我们可不是那么好欺侮的。"

吴德说："蒯大富，你要是得罪北京一百万产业工人，你在北京就没有立足之地。"

蒯大富当然不服，大声喊道："我们不是好欺侮的。谁如果把我们清华'井冈山'当成上柴'联司'来打，我们就以死一拼！"

吴德警告说："你们如果跟工人打起来，你要负责！"

蒯大富说："现在没办法，一点招呼也不打，你让我负责我不负责！"

吴德说："我把毛泽东思想宣传队叫来谈。"

蒯大富说："谈就谈，我们听毛主席的话。"

二十一、紧张的临时指挥部，蒯大富与迟群谈判

吴德让蒯大富待在屋里，他去找工人宣传队的指挥。大约过了一个小时，吴德回来了，对蒯大富说："你们清华塌天了，打起来了，工人死了。"

蒯大富一下子愣住了，他没有想到会死人。

19时多，谢富治和8341部队的迟群、谢静宜来到北京市革委会，由谢富治、吴德主持，在市革委会会议室，迟群、谢静宜及工人宣传队的代表和蒯大富开始谈判。迟群要蒯大富立即停止武斗，拆除工事，交出凶手。

面对迟群等人的指责，气得直打哆嗦的蒯大富对迟群说："这里没有你们的事。这是大学，工人没理由，也不可能解决我们红卫兵之间的事情。"

迟群理直气壮地回答："我们是毛主席派来的，是来这里宣传毛泽东思想。谁阻拦，谁就是反对毛主席，反对中央文革！"

对迟群他们提出的制止武斗，撤出工事，蒯大富同意。当迟群提出要交出杀人凶手时，蒯大富急了，质问："什么杀人凶手？"

迟群："你们打死我们人了。"

蒯大富连珠炮似的大声说道："怎么打死的？谁打死的？还不知道怎么回事呢，这条我接受不了！"

谢富治命令蒯大富：停止武斗、撤除工事，上缴武器，撤出武斗据点。并指示蒯大富与工人宣传队代表一起，立即回清华大学实施上述命令。

蒯大富回忆说："后来迟群、谢静宜来到市委大楼，跟我们面对面谈判。迟群、谢静宜旁边还有很多工人代表，是那些工厂的负责人。我们这边就是我和段永基。他们提出拆除工事、停止武斗、上交武器、交出凶手。迟群和我们从8点一直谈到9点。迟群要我签字，别的我都签了，只有交出凶手这条我没签。"

晚饭后，迟群等人与蒯大富、段永基一起回到清华。迟群先将蒯大富带到清华大学南门外的清华园中学一间教室内，对他说："工人都气炸了，非要交出杀人凶手。"

蒯大富说："凶手肯定没法交。今天制止武斗、交出武器、撤出

工事，这肯定没有问题，我到现场就肯定能解决。交出凶手，我办不到。"

22 时 45 分，经过与蒯大富的激烈争吵，迟群也不坚持了，依然还是达成在市革委会谢富治提出的四条：停止武斗，拆除工事，上缴武器，撤出武斗据点。双方在这四条协议上签字后，蒯大富与五名工人代表、一名军代表前往明斋"井冈山"广播台落实广播上述协议。

蒯大富在《岁月流沙》一书中回忆说：

"这样，我们就一起回清华了。迟群这个家伙坏得很，又生枝节，说工人怎么气炸了，非要交出杀人凶手。回到清华后，他又要谈判，清华园门口有个中学，叫清华园中学。当时就找个教室，谈判就在那举行。谈判就为了交不交凶手的问题。我说，凶手肯定没法交，我说今天制止武斗、交出武器、撤出工事，这肯定没有问题，我说我到现场就肯定能解决。后来迟群不坚持了，我们就达成协议。"

二十二、又死人，枪响9003

就在蒯大富与迟群在清华园签订协议后时间不长，清华大学校园内，在9003大楼外枪声响起，工人一死两伤。

9003大楼是精密仪器及机械制造系，简称"精仪系"或"机械系"的新系馆，位于中央主楼的西南方向，离主楼区有400米左右。"4.14"在与工宣队签订协议后，就竭力劝说工宣队先去拆除"团派"工事，收缴"团派"武器，其实工宣队是在同时拆除两派的工事，收缴两派的武器。当"4.14"看到工宣队冒险把围困于科学馆近百日的"4.14"队伍救出并带至主楼后，"四派"上上下下的心情才好过一些。"4.14"头头不断催促工宣队"拿下"对主楼"四派"据点威胁最大的9003大楼。

约13时，工宣队包围了9003大楼。接着，开始拆除楼外工事、障碍，并破开门障，进入楼内。9003大楼内的"团派"30多人逐一楼层阻止工人的进入。在打伤10多名工人后，最终还是被迫退至楼顶。工人也抓住没有退到楼顶的"团派"学生，将他们关在一楼。

"井冈山"总部委员王良生从学校广播台后面的五饭厅吃完午饭后来到明斋广播台，看到一群人正在议论"9003"被工人占领的情况。他们说："9003正在为越南战场生产高射炮校正仪，这是周总理布置的任务，工人怎么能随便进去呢？这是违规的。"

大家看到王良生过来，就对他说："你是总部委员，应该管管这事。"

王良生听了大家的议论，说："我去看看。"

机械系0字班一名同学表示要和他一起去。于是二人一路避开工人多的地方，直奔9003大楼。他们在9003大门口被拦住，不让进去。

王良生说:"我是'井冈山'总部委员,要找你们负责人。"

不一会儿,一名解放军带着几个人出来了。这位军人自我介绍说是进9003的军工宣队负责人。王良生也通报了自己的姓名和身份。那位军人听后说:"你是总部委员,正好我要找你们。"他让身边的人记下王良生的姓名和身份。

王良生说:"这儿有周总理布置的军事生产任务,任何人没有特殊证件都不能进。"

那位军人说:"你们可以进来,为什么我们中央派来的军工宣队不能进?正好你自己找上门来。你不要走了,你们两人都留下来。"

接着他让人把王良生二人一起带到四楼的一个办公室。

王良生进到办公室,只见地上坐满了人,有工人,也有几位解放军。大家都没有说话,就这样待到了天黑,有人送来晚饭。这时,屋里的人让王良生二人跟他们一起站起来,面对墙上挂着的毛主席像。

王良生不知要做什么?接着他看到大家都拿出《毛主席语录》,用右手举着,面对墙上的毛主席像。只听一人高声喊道:"敬祝伟大领袖毛主席……"

接着大家齐声说:"万寿无疆!万寿无疆!!"

王良生二人后来才知道,这是在做"晚汇报"。他们二人这是第一次经历这样的事,吃饭前要先向毛主席像作请示和汇报,这就是当时盛行的"早请示""晚汇报"。

晚饭后熄灯,大家睡觉,有的躺在地上,有的靠墙坐在地上睡,屋里人挤得满满的。

18时左右,数力系一学生来静斋找任传仲批手榴弹。当时"井冈山"在化学馆自己制造手榴弹,由任传仲负责。所以,要领取手榴弹,需要经任传仲批条才行。此时任传仲不在静斋,那位同学找到陈育延,说天快黑时,有一卡车卫戍区的武装士兵在招待所下车,学生们怕晚上受到袭击,要几个手榴弹自卫。任传仲不在,让陈育延批个条。陈育延因为很久未管事了,怕批条不管用。那位同学说:"试试看吧。"陈育延批了条子。

当蒯大富与迟群正在清华园中学谈判时,清华大学"井冈山"几

二十二、又死人，枪响9003

个头头也正在清华园静斋开会。

会议是在晚上19时左右开始的，由任传仲召集所有在静斋的总部头头和分部头头陈育延、崔兆喜、邢晓光、刘才堂、周大卫等，任传仲主持，先让大家讲一下情况。

陈育延讲了打电话询问市革委的情况，说："市革委值班的女同志讲：不知道工宣队是哪里派来的。"

邢晓光说了工人占领了机械系的教学大楼——9003大楼，"有30多名井冈山战士被抓，有人被打，至今还未放出。"

是否去9003解救被抓的"井冈山"同学？邢晓光认为，既然是"战友"，哪有不救之理？到会的人都同意。最后，任传仲决定，由谢德明、邢晓光和电机系的一个头头带人去救，救完就回化学馆。任传仲对他们说："我在那等你们。"

陈育延在《清华大学武斗的结束》一文中是这样写的：

晚7点在静斋，任传仲召集所有在静斋的总部头头和分部头头开会。会上，无线电系的头头邢晓光说：工人占领了9003大楼（机械系的教学楼是团派的据点，我因此当时以为他是机械系头头。），有30多名井冈山战士被抓，有人被打，至今还未放出，要组织人去救他们，到会的人都同意了。任传仲作了部署，又派了几十人去。因此9003大楼是7.27当天抵抗最厉害的据点之一。

当时传言宣传队要抓头头，其实不是谣言，是确有其事。在后来团派搜出的工人解放军宣传队小头头的笔记本上，很明确地写了要抓的头头名单。有些是音同字不同，原文是：蒯大富、包长常（鲍长康）、任传中（任传仲）、刘彩堂（刘才堂）、陈一言（陈育延），也有4.14的头头沈如槐、张雪梅、陈楚三、刘万璋，但我未记下他们的原字。

后来我和刘才堂"审问"军宣队战士，也都是为了知道工宣队的来历和"背景"。当得不到答案时，就会怀疑是有"杨、余、傅黑手"操纵，企图搞垮清华井冈山，破坏文化大革命。

崔兆喜1968年10月23日交代材料中写道：

约晚9：00~10：00在静斋开了一个会，任传仲主持，到会的有刘才堂、周大卫、邢晓光、庄来佑（电8）、张士杰等十几人。会上任传仲详细分析了形势，主要从下面几种情况分析：

（1）7.27工人是如何组织到清华来的

（2）所谓抓我们的人

（3）军代表身上的笔记抄出好几本，内容差不多

（4）联系到7.27前一些迹象，认为有黑手操纵，现在是井岗山生死存亡的时候决定要马上组织好"洋枪队"（有真枪的人）走在最前面去攻9003。

约晚12：00邢晓光领100多人去了。我没去，在静斋正好抓了三个工人同志，我用手打了其中的一个人。有人说"别打"，我说："以后不打了，对他们好好的，给他们办学习班，让他们听听罗文李饶录音，他们就知道受蒙蔽了。"

谢德明没有参加这次静斋的会，当他从工字厅赶到静斋北面时，静斋的会已经开完了。于是谢德明他们就按照会上任传仲的安排，和邢晓光一起向9003进发。他们先向南，再向东，最后绕到9003南面，看到楼前只有少数工人走来走去，不像严防死守的样子。邢晓光遂与大家商量了几个原则：这次来只为救人，尽量不与工人打斗。为避免黑暗中伤了工人，都把钢管矛倒过来尖朝后。进楼后尽量虚张声势，吓跑工人即可。

晚上，聚集在乙所的工物系和电机系100多人也接到"井冈山"总部的紧急任务，夺回9003。这100多人的长矛队从乙所出发，沿通往清华附小的林间小道，蜿蜒蛇行，来到9003前50米的铁丝网下。

二十二、又死人，枪响9003

9003在东区校园以外，四周围有铁丝网，楼前50米开阔地带停着工宣队几十辆车，楼前的大台阶直达二楼，总共楼高四层。当时商定战术，不可纠缠恋战，直冲上四楼，然后逐层往下赶人，以夺回大楼为目的。

动农系汽9班的游白然带了十来人，与土建系、水利系的一些人来到9003南面的小树林里集结时，这里已经聚集了一些人，一共大约有百十来人。这时有人过来传话，说以灯灭为信号，大楼的灯一灭就往里冲。

大楼的灯灭了，学生们大声呐喊着蜂拥冲上了9003的大台阶，没遇到抵抗。工物系9字班的顾耀文后来回忆说："那情景与电影《列宁在一九一八》进攻冬宫无异。"

他们很快就冲上了四楼，周围一片漆黑，悄然无声，房门紧闭。他们撞开房门，发现里面有一二十人聚成一团。学生们高喊："请大家出来！出去就不会伤害你们。"

于是，屋里的人成群手挽手簇拥着走了出来，有的还高唱《国际歌》，大义凛然。顾耀文感觉像是在看电影。

第一食品厂革命委员会委员韩忠现当时正在二楼一个房间跟同事谈话。几个同学冲了进来，抓住了他们两个人。接着，一支长矛刺在韩忠现的胸膛上，刺破了动脉。他按住伤口，刚走到门口就晕过去了。他的同伴背起他，还没走到楼梯那儿，韩忠现就已经咽气。他的衣服和同伴的衣服上都浸透了鲜血。后经查明，用长矛捅死韩忠现的学生是冶金系0字班的廖光黔。

9003外面的大台阶是直通二层的，而底层的机械工厂要从二层下去。当时灯都灭了，看不见路不行。为了解救关在9003底层机械工厂里的人，学生们从楼外砸破一楼窗户跳了进去。动农系汽9班的来可伟在跳窗户时，由于黑洞洞的看不清，左肘被碎玻璃划了一个大口子，当时太紧张了，没发现。很快灯亮了，来可伟这才发现自己流了不少血，两名女同学过来为他包扎止血。

底层机械工厂的人救出来了。来可伟看到有他们系汽7班的胡家柱。他说，上午他和系里的几个同学正在这里的车床上加工手榴弹零件，工人进来二话没说就把他们双手向后反捆上了。他们感到很委屈，所以见到同学们来救他们，激动得不得了，就像是见到了救星。

学生们将工人往外赶，大部分工人自己离开了，有些人不肯走，于是就几个学生拖一个拖出去。

9003有几个楼梯。谢德明走的楼梯也没有遇到工人抵抗。他们一直走到四楼，然后就让工人往外撤。相互间没有冲突。

邢晓光冲进9003后，从一楼、二楼的一些房间里解救了若干学生，又带着几个人顺中央楼梯往四楼走，边走便喊："工人兄弟们，我们不是来抓你们的，只要求你们放了我们的同学！"

为了让工人放心，邢晓光让跟着他的几个学生不拿长矛，停在三楼楼梯口。邢晓光也摘下柳条帽，摊开双手，一边喊着话，一边慢慢往上走。楼上这时鸦雀无声，静得令人可怕。邢晓光犹豫了，停下脚步，考虑还往不往上走？他又迈了几步，忽然听到一人大声命令："打!!!"随即四楼栏杆后便砸下大量车刀、手轮、螺栓等。邢晓光只觉得头顶上被一个东西砸中，事后知道是一把车刀。他当即站立不稳，踉踉跄跄往下跑。用手一摸，满手是血，被同学扶到一个房间，然后脱下自己的背心，从头顶到下巴紧紧系了一个圈，算是止血。这时他神志有点昏迷。

被扣在9003大楼四楼的王良生在睡梦中被枪声惊醒，看到大家都很紧张，不敢开灯。这时，听到屋子墙外落水管有人爬动的声音。

不一会儿，军宣队那名负责人走进来，对王良生说："你们的人正在攻楼，你不得离开我们。"

王良生说："好的"。

过了一阵，有人冲进屋子，看到王良生二人后很惊讶，忙问："你们是什么时候进来的？怎样进来的？"

原来冲进来的是"井冈山洋枪队"的人。王良生说："下午我俩自己进来的，找军工宣队商量事情。"

"洋枪队"的人没再往下问，扭头就走了。

又过了一些时间，他们又听到了枪声。军宣队那位负责人小声对王良生二人说，不要说出他是负责人，并要王良生带他们从9003走

二十二、又死人，枪响9003

出去，并严厉地低声说："你要保证我们安全离开，如果出了事我就要你负责。"

于是，王良生找到"洋枪队"负责人，对他说："他们要撤离9003，你们要保证他们安全。"

洋枪队负责人说："没问题。"

就这样，王良生带着工人和解放军在混乱中走出9003。外面下着零星小雨，天也渐渐亮了，只见外边到处都是黑压压的人群。

学生们冲上四楼，楼顶上坚守的学生也顺势下来，战友们胜利会师，兴奋之情不可言状。他们顾不上拥抱，顾不上庆祝，首要的任务是清楼。接着，一部分人端着长矛守在楼前，另一部分人在楼门口赶紧重筑工事，把楼梯都用家具堵死。

工宣队在9003留下成箱的面包、点心、水果、香烟，够吃上一星期的。顾耀文后来回忆说："就在那晚，我试着抽了第一支烟。"

大约个把小时后，考虑到9003有国防军工任务，邢晓光他们和9003的人商量后，决定9003的人仍然留下保护设备，而邢晓光等人则按原计划向化学馆撤退。

他们出楼后发现工人已经不见踪影，更没有他们担心的"埋伏、夹击"。大约凌晨，顺利回到化学馆，与一直在那里等待他们的任传仲会合。

顾耀文在回忆录《明日黄花》第91页中写道：

工宣队没有撤，在楼外把大楼包围起来。与一小时前比，双方仅交换了场地。半夜下起一场不小的雨，不禁有些可怜雨里的人。楼里和外面的消息全断了，电话不通，只能听"井冈山广播台"的广播，而许多学生那晚逃离了清华园，谁也不知将会发生什么。

是的，从楼内撤下来的工宣队及原在楼外的工人队伍又重新包围了9003大楼。

工宣队的外围还有外围，那就是"井冈山"的武斗队伍。但他们没有足够的人数形成反包围，只能在树林里和玉米地里偷窥着。

不论是在 9003 楼顶上，还是在大楼里某几个窗口，或在树林或玉米地里的"井冈山"学生中，都隐藏着枪手。

约 23 时 20 分，枪声响起，在玉米地边上站岗的北京橡胶四厂工人李文元应声倒地，一粒子弹射中了他的胃部的动脉。当他被抬到海淀医院时，已经来不及抢救了。李文元 36 岁，共产党员，民兵，橡胶厂的模范工人。

枪声响了不止一次，还打伤了两个工人，是北京光华木材厂工人邓广志和刘孝林。后经查明，开枪的是精仪系 002 班学生孙镇井。

1973 年 5 月，刺死韩忠现的廖光黔和开枪打死李文元的孙镇井同时被判刑 15 年。

7.27 事件夜半的枪声再次震惊了那些工宣队负责人，他们想不到"井冈山"在晚上开枪了。

黑暗中，既不知枪手在何方？也不知有多少枪？枪一响，人倒地，非死即伤。枪手在暗处，工人在明处，包围 9003 的数千工人在路灯下成为任人宰杀的目标，这太恐怖了！

工宣队不敢再蛮攻，"井冈山"也没有再开枪。在没有月光的苍茫夜色中，9003 大楼的攻守之势维持了暂时的平衡。

邢晓光到化学馆后没有找到医生。这时，一位外系的女同学自告奋勇，说曾向一位牙医业余学过一点，找来简单的器具和急救包，为邢晓光把头顶伤口进行了消毒、缝合。随后，邢晓光他们根据团总部的指令，先向北撤到体院，后再分散潜回到北航。第二天，邢晓光到校医院把伤口缝合上，医生说头骨严重变形。直到现在头顶上还能摸到有一条约 30mm 长 10mm 宽的凹陷。自此他的记忆力严重受损，以致工作学习受很大影响。一直待在 9003 的动农系 9 班的来可伟他们也听到了撤退的指示，说明天工人还会卷土重来，叫大家赶紧撤到北航去。还说学校里"老团"都已经撤走了，攻打 9003 的这些人是最后走的。还说现在各校门都封锁了，只有西南门还能出去。不行就翻墙出去。去的时候别走大路，从五道口北航后门进去后，到礼堂集中。

二十二、又死人,枪响9003

于是,来可伟等人慌慌张张地回了2号楼,通知了还在楼里的所有人赶紧走。然后简单收拾了一下,在书包里装上换洗衣服,吃饭的饭盆,还有为数不多的钱也带上,大约五六个人结伴离开了2号楼。虽说在清华五年,但他们并不知道西南校门在哪里,从来也没有去过那一片。最后总算摸到了。出去以后去北航沿途也很顺利。

二十三、"井冈山"清华大撤离

再说蒯大富与迟群经过激烈争吵,最终还是在清华园中学达成停止武斗、拆除工事、上缴武器、撤出武斗据点这四条协议。双方签字后,蒯大富与五名工人代表、一名军代表前往清华大学明斋"井冈山"广播台落实广播上述协议。

来到明斋后,蒯大富看到"井冈山"好多头头都在这里,于是把同来的工人和解放军代表晾在一边,抓住机会跑到另一房间,对正在明斋的"井冈山"几个头头说:"马上召集所有在校的总部委员和分部委员在明斋开会。"

7.27事件这天深夜的清华园,一片荒凉,不见人烟,使人感到空荡和寂静得可怕。来到明斋开会的"井冈山"头头有20多人,大部分是各武斗队的头头。蒯大富主持会议,先讲了在市革委会谈判的结果,签订的四条协议。又让大家谈了学校的情况。

蒯大富说:"我今天跑出去以后,到市革委会见到吴德,其他人没有见到。吴德同工人站在一起。吴德告诉我,说我们打死了工人,打伤的工人也特别多,北京大医院已经住不下了。"

他一改白天下令抵抗的态度,说:"现在不得了了,我们肯定把工人打死了。不打死人还好办,一打死人,我们向中央没法交代。现在,工人对我们恨极了,要和我们拼命。十万工人已经把我们清华围得像铁桶似的,出不去了。明天我们可能就是灭顶之灾,会有更多的工人把清华包围起来。摆在我们面前的只有两条路:一条是留在清华继续和工人打,另一条是退出清华。今天晚上把武器全部埋起来,或者扔了,然后人呢,全部撤空。清华我们不要了,跑到外面去,跑到大街上去。"

讲到这里,多数人反对逃跑,表示要留下来继续打。蒯大富说:

"如果我们留下来,也有两条路:一条路是明天我们用我们的全部武器、弹药再和工人打一次,那工人的死伤就更不得了;另一条是我们打输了,我们就可能被几万工人打得全军覆没,和'上柴联司'下场一样。这两条路都是死路。唯一的活路,三十六计,走为上计!"

会上吵成一锅粥。有人喊着"要拼了,一拼到底!"

蒯大富说:"只要我们在北京,在毛主席身边,这么大的事件,中央马上就知道。只要中央知道了,一切就好办了,中央肯定会救我们。请大家相信,有人在,就有清华'井冈山'在。留得青山在,不怕没柴烧。全打死了,你占楼还有什么用?""我们跑出去,我们就是弱者,这样,在中央面前,我们就好说话。"

经过两个小时左右的激烈争吵,在蒯大富的竭力说服下,尽管有人提出拉队伍去京郊山区打游击,但多数人还是同意了蒯大富撤离清华大学的意见,决定在7月28日凌晨2时30分前,"团派"全部人员携带武器撤离清华。

任传仲坚决不同意撤退,认为是右倾逃跑主义。于是只好兵分两路:任传仲等不同意撤退的少数人去9003大楼支援那里的"井冈山",与他们一起"战斗到底"。而赞成撤退的,全部撤离清华园,撤往北航和清华大学昌平200号原子基地。

蒯大富后来回忆说:"这时已经凌晨两点多了,听说谢富治已到清华,我们撤退了。那场面非常悲壮,半夜里黑压压的一片,北门没有工人,我们至少有上千人,从北门逃出。有的是参加武斗的,也有没参加武斗的,各自逃难,大部分人都去了北航。"

28日凌晨2时多的清华大学,东门、南门、西门都有工人,只有北边有一个通往北京体育学院的小北门,工人不知道,无人把守。"井冈山"人员像逃难一样,都从北边、体院那边跑了出去,大部分到了北航。当时清华参加武斗的约有1000人,加上逍遥派,约有2000人,都跑了。在那浓浓的夜色里,蠕动着黑压压的一簇一簇的人群。

蒯大富没有立刻走,他与总部委员陈育延、蒯大富的秘书段永基,"井冈山"总部第三动态组组长、精仪系光7班学生张树有在明斋一起继续打电话联系中央,没有结果。然后在新斋楼外的空地上与任传仲、崔兆喜、周大卫等人就"撤不撤"的问题又发生了争论。最后，蒯大富才叫上司机，和陈育延、段永基、张树有五人狼狈不堪，又无比辛酸地开着吉普车从小北门离开了清华园。

崔兆喜1968年10月23日交代材料中写道：

我就和另外一个人（是谁记不住了）从革战团工人那儿借了两颗手榴弹，想去9003看看怎么样了。刚出静斋往南走到停车场就遇到三个人从对面走来（可能是周大卫），我问他们从哪儿来？他们说："我们是任传仲派去侦察的，想到9003过不去。在招待所那儿有好多解放军站岗，都带半自动步枪，上着刺刀，我们就回来了。"我听后也不想去了，就拐到一教前哨台去了。在前哨台正碰上自7舒梦陶和水9刘冠美正在和一个抓来的解放军谈话，舒梦陶把一个从外的解放军身上搜出的笔记本给他看，上面写着："道路不让过也要过，到校后就断水、断电、断电话等。"我问那个解放军："这是宣传7.3布告吗？你知道不知道？"他说："不知道。"我说："你是连长还不知道，别装傻。"说着就用脚踢了他一脚。刘冠美等人把我推出去了。【这是犯罪！！！】

后来我就在一教睡觉，至7.28凌晨1：30左右，听说要全部撤退，我大吃一惊，就去找老蒯，在新斋西边正碰上蒯大富，我问为什么撤？他说已经开总部扩大会决定了。我大叫："你们真混蛋，老蒯你根本没到一线去，你知道什么情况，工人根本不能和我们打。今天他们几万人，我们只有这么少人就把全校据点都收复了，明天再来几万也不过是这样。我们据点太多可以压缩，压缩在两、三个或三、四个有水、有粮便于联络的据点里，肯定可以坚守住。他们要包围也没关系，一冲就可以出去，不信你让领五十个人（或一百个人）试试。今天北面几个据点都是我领着打的，他们没有武器一冲就垮了。我们坚守用不了几天，无产阶级司令部就要表态，我们就胜利了。杨余付黑后台的目的就是要用暴力来压垮我们,如果我们现在一撤,正好让他们的目的完全、彻底地实现了,井岗山就完了。像哈军工红色造反团一样,就吃这个亏。你们现在决定撤就是右倾逃跑主义。"

在场任传仲、周大卫、段永基等人被我说动了。蒯大富也犹豫不决,就说:"反正已经定下来了,你有什么想法跟任传仲商量吧!我有事。"说完就走了。

蒯在和我谈话中曾经说:"明天还要调更多的人来打我们,我们受不了,要避其锋芒。我估计无产阶级司令部不在北京。"

后来,我和任传仲、周大卫等商量,问了开会的情况。任、周说:"蒯1:00从城里回来,哪个首长也没找到,谢副总理都找不到,只见到吴德、丁国钰。吴德说,我们打死工人是反革命行为,要立即交出凶手。"我听后大吃一惊,想不到一向对我们很好的吴德竟表这样的态,我也感到问题严重,就不坚持坚守据点了,也同意撤。

我就到静斋收拾东西。约3:00任传仲和周大卫两个人从静斋门口到9003去了,不知以后如何。我和保卫组攸光等收拾好东西就骑自行车走了。临走用一把锁把十几个被抓的人锁在静斋里。

我们是从北门绕圆明园经颐和园逃跑的。

沈如槐在《清华大学文革纪事》一书第416页中写道:

"晚上一辆一辆的军车满载着全副武装的解放军战士开进了清华园,停在主楼前广场。解放军战士头戴钢盔,手握钢枪,枪上的刺刀在探照灯下闪闪发光。他们下车后把9003大楼围了个水泄不通。工宣队中的一位解放军告诉我说:蒯大富再不投降,我们就像消灭土匪一样把他们消灭掉!"

谢静宜在《毛泽东身边工作琐忆》一书第180页写道:

"北京卫戍区为了给工人助威,2号早晨,组织战士乘车,一辆一辆地从清华大学外围转了几圈开走了。"

"4.14"守动农馆地区的负责人之一许瑞洪回忆说："7.27晚约8点，天刚黑，我看见至少有三辆大卡车上面站着解放军战士，都背着枪，枪上着刺刀。大卡车经过西主楼的过街楼缓慢地驶向9号楼方向，当时我就站在西主楼和焊接馆之间的路上，在车辆从东向北的拐弯处。"

数力系力02班的廖凯贤等人接到总部的通知，要他们今晚撤出清华园。大家从北门电厂离开清华园，在路上遇到一个青年农民盯着他们看。一个同学害怕了，要把手榴弹扔出去，被廖凯贤再三制止，赶紧通过。第二天他们到了北航。

半夜时分，旧水利馆也接到总部电话，让他们放弃旧水，退出清华，自找安身之处。

往哪里逃？南、东、西三面据说都有工宣队堵截。去体院，又能投奔谁呢？再说，听说体院外面也有工宣队。这时，赵焱生说："圆明园里面的路我比较熟。我领大家从附中往西穿过圆明园走昆明湖南路吧。"

于是他们一行20多人就跟着赵焱生从化学馆东北小门出校，在清华附中对面进入圆明园，穿过远瀛观遗址，经福缘门大队往西走中央党校门口，来到颐和园东门，然后直奔玉泉河。

到了玉泉河边，天已大亮，也未看到有工人堵截，大家这才松了口气，决定就在此地解散，各奔西东。经过一天一夜的战斗和奔波，学生们又累又饿又渴，好几名同学就手捧浑浊的玉泉河水喝了起来。因为刚下过雨，玉泉河水涨了，有股鱼腥味，后来被戏称为"玉泉河喝鱼汤"。又休息了一会，公共汽车也来了，大家互道珍重，就君向潇湘我向秦，各自逃难去了。

"贵州4.11"从10号楼冲出来后，开始在清华校园转悠。后来接到"贵州4.11"负责保卫的人员通知，回10号楼商量修工事和加强保卫事宜。28日凌晨1时左右，他们接到"井冈山总部"撤离通知，于2时多，随清华"井冈山"从清华北校门撤离。

二十三、"井冈山"清华大撤离

穿过清华附中,便是一片纵横交错的稻田。刚下过雨,高低不平的田埂地泥泞难行,不时听到有人掉进稻田的呼喊。贵阳医学院学生戴碧玉后来回忆说:幸亏田世信老师一直牵着她,否则很难想象能否坚持走下来。

大家行至清河,天色破晓,队伍解散,各奔西东。戴碧玉在这里陆续碰到贵阳师范学院学生王明媛,贵阳医学院学生李仁福、习更生,贵阳五中初中学生杨道明等人。他们结伴直奔长城。两天后,他们几人又冒充刚从家乡返校的清华学生,在一间教师宿舍住了十几天。

李青有公交月票,就在清河等到头班车运行时乘上了公交。售票员问她去哪里,她随口说去航校。售票员说:"航校不是在苇子坑吗?干嘛走这个方向?"

李青说:"先去亲戚家。"

售票员自言自语道:"今天真奇怪,这一路各个站都上了那么多拿着东西的人……"

撤至北航的温思源,由于在撤退时右手被砸伤的伤口受到感染,发高烧至41度,右手掌肿得像馒头一样,多亏李青守护他看病,才逐渐好转,但还是留下疤痕。

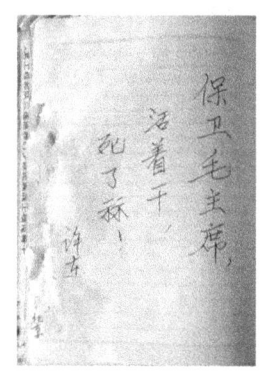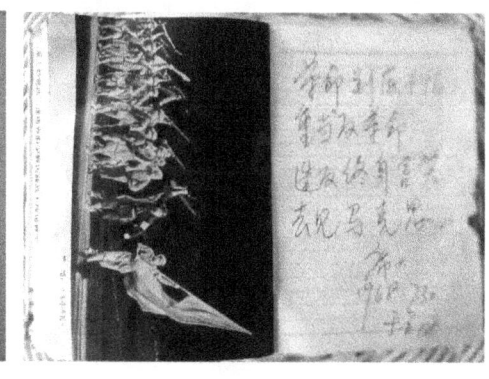

这是贵州"4.11"在京成员1968年7月27日分手时的留字纪念。
　　许东,原名许定科,贵州省聋哑学校教师。
　　席大,原名席力龙,贵阳师院附中高一学生。

28日凌晨4时左右,乘车撤往昌平县清华200号原子基地的"井冈山"数十人,行至沙河附近时,因司机数日未眠,驾车睡着,汽车翻入路旁稻田。车上李康群为防备外人截车,带了三颗手榴弹,都开了盖。车翻时,手榴弹被引爆,炸死2人,伤5人。

韩丁在《百日战争》一书中写道:"'小狗熊',她的腿炸断了,颅骨也受了伤,现在她的颅骨里还有一块塑料板。但是她后来和工人言归于好,现在在第一机床厂开车床。"

文革期间的熊琍

"小狗熊",名熊琍,后来改名为熊莉,冶金系金0班。

唐少杰在《清华文革"7.27事件"》中写道:

"1968年7月27日,不是团派与四派的大武斗之日,而是团派向工宣队挞伐的血战之日。在这一天的12

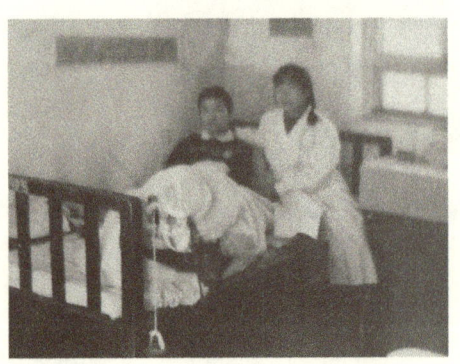

熊琍(左)与她妹妹在病房

个小时(从正午到子夜)里,工宣队有5人牺牲;有731人受伤,其中重伤149人(工人139人,军代表10人),轻伤者582人(工人552人,军代表30人),被抓者143人(工人109人,军代表34人)。工宣队扣留了100余名团派人员。百日大武斗以工宣队控制了清华局势、团派撤离清华、四派认可工宣队而暂告结束。"

二十四、聂元梓北京大学议对策，

毛泽东急召见"五大领袖"

7月27日晚上，北京大学的聂元梓、孙蓬一也紧急召开各系文革主任、"新北大公社"战斗团的联席会议，针对清华大学的情况，商量如何对付强行进入高校的工人、解放军。最后决定：

1、拒之门外，让进校者派代表与校文革协商；

2、抵挡不住，则退入楼内，各自为战，做到人在楼在；

3、最后不行，聂元梓就带领人们到北大荒去，等等。

清华大学学生打死进校工人的消息震动了中央。7月28日凌晨2时多，就在蒯大富组织清华"井冈山"撤离清华的时候，周恩来打电话给毛泽东，告知清华发生了流血事件。

毛泽东立即通知中央政治局以及中央文革小组的有关成员和工农宣传队的代表到人民大会堂118厅，他仔细倾听了情况汇报，然后决定召见北京红卫兵的"五大学生领袖"聂元梓、蒯大富、韩爱晶、谭厚兰、王大宾。这是毛泽东第一次召见红卫兵领袖谈话，也是最后一次。

凌晨两点多钟，急促的电话铃声将正在熟睡的韩爱晶唤醒。他拿起电话，是北京卫戍区军代表刘丰打来的。他问："韩爱晶吗？"

得到肯定的答复后，刘丰说："今天夜里中央首长在人民大会堂接见，要我通知你来开会。"

韩爱晶问："可以派别人代替我去吗？"

刘丰说："中央首长要你自己来，到人民大会堂西侧南门口。"

韩爱晶驱车赶到人民大会堂西侧南门口。令他感到不解的是，这次等待中央首长接见与以往都不同。以前凡是重大活动有正式入场券，一般从东侧正门进大会堂，有时还在主席台就座。如果平时中央领导接见，他们一般从南门进，汪东兴经常站在门外迎接。可是7月28日凌晨，他来到人民大会堂西侧南门，只允许进到过道门里坐下来等。韩爱晶似乎有一种受到冷落的感觉。

接着，聂元梓、谭厚兰、王大宾也先后来到，他们都坐在过道门里等待，很自然地谈起白天清华园发生的事情。

王大宾严肃地说："清华学生开枪，打死了工人……"

聂元梓说，这么多工人包围清华，她白天已打电报向中央反映这一情况。

等了大约20分钟左右，凌晨3时多，谢富治出来问，"都来了吗？"

大家说，蒯大富还没来。谢富治说："不等了，进去吧。"

四人跟着谢富治向里走。韩爱晶走得快，挨在谢富治身边。到楼道中间要向右拐时，谢富治突然停住脚步看看韩爱晶，问道："身上有小刀没有？"

大家都站住了。韩爱晶说："没有。"

谢富治弯下身子，用手把韩爱晶卷起来的裤腿抹下来。因为天热，韩爱晶白天都把裤腿卷到膝盖上。谢富治站起身说："快进去，毛主席在里面等你们好一会儿了。"

他这句意想不到的话表达的内容与他刚才在外面平淡的表情跨度太大了，大家简直不敢相信，觉得好像一下飞腾到云雾之中，顿时有迷离为梦的感觉，但也来不及想什么，只是快步跟着谢富治往里边一个门走去。

他们走到门口时，看见吴德和北京卫戍区政委黄作珍已在门口。吴、黄二人看到谢富治和四位学生领袖走过来，迎了几步后，随着他们一起走了进去。

进了大门，突然看到毛泽东和他身后的林彪、周恩来、陈伯达、康生、江青、姚文元、叶群、汪东兴、谢富治、黄永胜、吴法宪、温玉成等中央领导已经站在门口迎接他们了。走在最前面的韩爱晶激动得如坠五里云烟，赶紧三步并作两步赶上前去。毛泽东也往前走了

二十四、聂元梓北京大学议对策，毛泽东急召见"五大领袖"

一下，并向他们伸出手来。四位年轻人非常激动地跟毛泽东握手，嘴里不停地说："毛主席，您好！"

毛泽东边握手边说："都是一些年轻人。"

聂元梓他们又依次与其他中央领导——握手。

毛泽东在和最后面的黄作珍握手时说："你叫黄作珍？我不认识，你没被打死！"

说完，毛泽东要大家坐下。

众人在沙发上坐了下来。只见一个一个沙发围成大半个圆形，沙发旁边有茶几，茶几脚旁有白色搪瓷痰盂。可以看得出来，毛泽东和中央领导们已经在这里议论了一段时间。

大会堂女服务员给大家分别倒了茶水。

江青说："好久不见，你们又不贴大字标语。"

毛泽东说："都知道，都认识。还不是在天安门上见过，又没谈话，不行嘛！你们是无事不登三宝殿啦，不过你们的小报我都看过，你们的情况我都了解。"

毛泽东脸上泛着红褐色的光泽，微黑，如同古柏，显出超人的神圣。他没有看见蒯大富，便问："蒯大富没有来？是出来不了，还是不愿来？"

谢富治回答："恐怕是不肯来。"

韩爱晶觉得谢富治说得太不合情理，就急忙替蒯大富解释说："不会的，这个时候他要是知道中央领导接见不会不来，他要是见不着毛主席，他会哭的，肯定是出不来。"

毛泽东说："蒯大富要抓黑手，这么多工人去'镇压''压迫'红卫兵，黑手是什么？现在又抓不出来，黑手就是我嘛！他又不来，抓我就好，来抓嘛。本来新华印刷厂、针织总厂、中央警卫团是我派去的。我说你们去做做工作看，结果去了三万人。你们看，怎么办？大学武斗怎么解决？其实他们恨北大，不恨清华。"

他一边说着，一边抽一根雪茄，偶尔咳嗽，声如钟磬，清脆顺畅。

说着，毛泽东转向聂元梓问道："工人和学生这样搞，几万人游行。听说你们那里招待还好，是你们还是'井冈山兵团'？"

北京卫戍区司令温玉成和政委黄作珍说:"不是他们,北大和那个单位冲突了。"

聂元梓说:"是和农科院。我们还在门口摆了茶水。他们骂我们二月逆流派,老保,还骂我破鞋。"

韩爱晶阻止说:"不要在主席面前说这个。"

毛泽东:"那不知道,你们没跟他们打?"

聂元梓:"互相打了。"

毛泽东:"北大抓黑手,这个黑手不是我,是谢富治,我也没有这么大的野心。我说你们去那么一点人跟他商量商量,蒯大富说去了十几万。"

谢富治:"不到三万人。"

毛泽东用商量的口吻说:"你们看,大学武斗怎么办?一个办法是统统撤出去,学生也不要管,谁想打就打。过去北京市委、卫戍区对武斗的态度是不怕乱、不管、不急、不压。这看来还是对的。另一个方法是帮助解决一下,这个问题深得工人的赞成,深得农民的赞成,深受学生大多数欢迎。大专院校五十几个,打得凶的,也就大概五六个,试试你们的能力。至于如何解决呢?你们提出意见。我看天下大势,合久必分,分久必合。你们北京大学要那么大干啥?如果解决不了,不一定住在一个城市,一个住在南方,一个住在北方,都叫新北大,在一个城市打一个括弧'井',在一个城市打一个括弧'公社'。就像苏联共产党打一个括弧'布',另一个苏联共产党打个括弧'孟'。"

大家听得都笑了。毛泽东又接着说:"如果你们不能解决这些问题,第三个办法,那么军管。请林彪同志挂帅,还有黄永胜,问题总要解决嘛!你们搞了两年了,斗、批、改。一不斗,二不批,三不改。斗是斗,是搞武斗。你们也不斗,也不批,也不改,人民不高兴,工人不高兴,农民不高兴,居民不高兴,部队不高兴,多数学校学生也不高兴,就连拥护你的那一派也有人不高兴,就这样一统天下?你新北大老佛爷,你是多数,是哲学家,'新北大公社'、校文革里就没有反对你的人哪?我才不信呢!当面不说,背后还是说怪话。"

二十四、聂元梓北京大学议对策，毛泽东急召见"五大领袖"

他把脸转向地院王大宾问："王大宾，你的事情好办一些吧？"

王大宾说："那几个反对谢副总理的、反我们的人都跑了。"

谢富治说："他的二把手聂树人要夺权，说他右了。"

毛泽东说："他就那么左？马克思？"

王大宾说："那是他们挑拨关系。聂树人是一个好同志，出身又好，苦大仇深。这个人很正直，革命性强，就是急一些，不大会团结人，工作方法生硬一些。"

毛泽东说："你能团结他吗？一个左，一个右，很好团结嘛！你坐那么远，你坐过来些，到我这里来。"

林彪说："来嘛。"

谢富治也对王大宾说："去，去。"

王大宾起身坐到毛泽东旁边。

毛泽东招呼他说："坐下，坐下。事情都要留点余地，都是学生，你们也没搞黑帮，最近有些学校斗了些黑帮，画了像，新北大搞了十几个，就那么点黑帮？我看不止那一点，就是因为关键两派忙于武斗。这个斗批改不行，或者斗批走，学生不讲了嘛：斗批走，斗批散。现在的逍遥派那么多。现在社会上说聂元梓、蒯大富的坏话的多起来了。聂元梓炮灰不多，蒯大富的炮灰也不多，真的打起来，有时候三百，有时候一百五，哪里有林彪，黄永胜的那么多，这回我一出就出三万多。"

林彪说："哪有黄永胜那么多。"

毛泽东说："天下大势，合久必分，分久必合。把武斗工事统统拆掉，什么热武器、核武器，要刀枪入库。聂元梓，他们叫你老佛爷，叫你佛爷老巢。难道你认为'新北大公社''校文革'就没有人反对你？我不信。当面不说，背后还是有人说你坏话的。还有你这个谭厚兰同志，你还是个小辫子嘛，你就要下放？在学校读了十几年书，大家赞成你下去，我怕你走不开，你走了谁来代替你呢？"

谭厚兰说："都安排好了。"

毛泽东说："你们这五大将我们都是护你们的，包括抓黑手的蒯大富，我也是偏向你们这一边。你们回去一讲，我们有偏向，'井冈山''4.14兵团'就会对我有意见。我不怕别人打倒。清华'4.14'说：'4.14思潮必胜'，我就不高兴。说打江山的人不能坐江山，无产阶级打天下不能坐天下？坐天下的就是'4.14'？'4.14'有个理论家叫周泉缨。理论家何必抓呢？人家是一派的理论家嘛。人家写文章，你抓人家干什么？应该放出来。人家有意见让他再写嘛！不然不是没有言论自由了吗？"

毛泽东这里说的"井冈山''4.14兵团'就会对我有意见。"指的是北京大学的"井冈山"和清华大学的"4.14"。

温玉成立即起身打电话叫卫戍区释放周泉缨。

毛泽东接着说："我说你老佛爷也大方点。北大'井冈山'有几千人，那一河水放出来，大水冲了龙王庙，你受得了受不了？你这个老佛爷，不然就实行军管。第三个方法就按照辩证法，而且不要住在一个城市里，就一分为二，一个南一个北，或者你搬到南方，或者'井冈山'搬到南方，根本不见面，打不起来，各人自己清理自己的内部，一统天下，不然你也害怕，把你那老佛爷老巢一捅就睡不着觉。你怕，他也怕，稍微留一手是必要的，你们大概还是留一手的，……留一手也是必要的，何必那么紧张呢，怕人家打，你不留点后手，人家一冲怎么得了啊。……什么？听说不是一个凶手戳你吗？知道了凶手是谁也不一定要抓，算了，明明知道是他也不要说了。不过你以后要注意一点，不要一个人到处乱跑。"

江青说："她有人保镖。"

聂元梓说："没有。"

聂元梓说："地质学院支持他们，半夜里抄我的家，到北大游行，把破鞋挂在树上。"大家沉默片刻，相对无言。

毛泽东说："人家说你哥哥也不好，姐姐也不好，你这个聂家就是不好。哥哥不好是哥哥，姐姐不好是姐姐，为什么一定要牵连妹妹呢？"

这时有人进来报告说："还是找不到蒯大富。"

谢富治说："广播了，点名说中央文革要找，要请华蒯大富来开会，他就是不肯来。"

二十四、聂元梓北京大学议对策，毛泽东急召见"五大领袖"

江青问："是他自己不愿意来，还是出不来？"

谢富治回答："我估计有人控制他，有人控制他也不紧。"

姚文元说："有可能。"

毛泽东说："蒯大富这个人我看是好人，出面多。操纵他的人是坏人，蒯大富以及出面的人是好人，这个经验很多。王大宾，你那里没有打架？"

王大宾说："我那里没有，就是1966年9月23日和保守派夺电台干了一下，是伯达同志派人救援我们，以后我们就没打过。"

毛泽东："那就好。以后一个你，一个韩爱晶，不要打架。"

他又风趣地说："韩爱晶，很会出主意啊，是个谋士啊，是不是韩信的后代？"

韩爱晶说："我们学校工农子弟多，比较朴实，有不同意见，但没有分裂为两派。"

康生说："听说这次武斗蒯大富是司令，韩爱晶是政委。"

韩爱晶说："这件事与我没有关系。我批评蒯大富，他回去以后，别人就左右他了。我们学校是一派，很团结。"

康生说："韩爱晶，不是你说的那样吧？"

姚文元说："我才不信呢。你们那里就没有不同意见，纯之又纯？"

毛泽东："你们不要把韩爱晶说得那么坏，人家很难受。"

韩爱晶："蒯大富周围有一批人，里面比较杂。运动初期靠写大字报起家的人，权少了，搞武斗的人，权多了。要求改组总部。蒯大富控制不了。"

毛泽东说："谭厚兰，文化革命两年了，你那个一二百人的'兵团'也没解决得了。弄得你睡不着觉，你暂时还不能走，你是女皇啊！今天四个，两个女的，真了不起，我看你暂时还不能走，给他们恢复粮食，出出进进。那些人也够惨的，'造反兵团'是个湖南'省无联'式的大杂烩，因为他夺权嘛！别的有些学校都参加了。"他指着韩爱晶说："你、蒯大富都有份。"

韩爱晶说："我也参加了。我错了。"

江青说:"那是韩爱晶想颠覆人家谭厚兰。"

毛泽东说:"你也有份,我们的蒯司令也有份。青年人就是做些好事,也会做些坏事"。

他又说:"你们说中央没打招呼,林彪同志、周恩来在三月二十四号,二十七号讲了话,又开了十万人大会。这次黄作珍同志、温玉成同志讲了话,可是下面还打,好像专门和我们作对。我们这么一个道理,第一条要文斗,不要武斗。如果你们要打,就打,也可以,越大越好。两方面都有土炮,你们算什么打嘛,你们的打法算不了什么打,把卡宾枪、大炮都使出来,像四川一样,把高射炮对天上打。"

江青说:"败家子。"

二十五、似漫谈海阔天空说文革

毛泽东边抽雪茄边说话，有时还用火柴重新点燃雪茄。他对聂元梓说："你这个老佛爷，那么大的神通，调起兵来只调两、三百，你的兵跑哪去了嘛。还得靠工人、复员军人为主力，没有那个你还是不行。护兵，林彪同志多呐！给你几千、几万，可以把'井冈山'统统灭掉嘛！这个问题也不要在这里答复。商量商量也可以，开些会讨论，但是首先还是要联合。"

林彪说："首先还是要联合，主席讲的四个方案：第一，军管；第二，一分为二；第三，斗、批、走；第四，要打就大打。"

毛泽东说："一分为二，就是因为结了仇，双方紧张得很，双方都睡不着觉。搬家可是个问题，找地点，在北京就会争起来。我看这个大会堂很空的，中南海地方很大，可容四、五万红卫兵，办个学校还不行？或者聂元梓来，或者侯汉清来。你们不是叫'杀牛宰猴炖羊肉'嘛？牛是牛辉林、猴是侯汉清、羊是杨克明，这三个人我知道杨克明。杨克明也是个青年人嘛！到过十一中全会。那张大字报杨克明帮了忙。你们这张大字报分成了两家，这种社会现象是不以人的意志为转移的，谁会料到会打起来呢？原来打算停课半年，登了报，后来不行，延长一年，又不行，两年，不行再延长一年、两年、三年。我说，三年就三年嘛！不行要多少时候就给多少时候，反正人是在长的，你一年级现在就是三年级了。再搞两年、四年、八年，你还不是在那里过一天长大一天？斗、批、走也是一个办法，谭厚兰不就是想走了嘛。走光，扫地出门，大学还要不要办呢？要不要招新生呢？不招新生也不行。我那个讲话是留有余地的，这个大学还要办，讲了理工科，并没有说文科都不办。但旧的制度、旧的办法不行，学制要缩短，教育要革命。我看现在高中比大学的课程还多，上六年、十年顶多了。搞不出名堂就拉倒。我看高中、高小、初中基础课跟大学差不多，这专业课先生都不大懂专业，哲学家讲不出哲学。你聂元梓不是哲学家吗？"

聂元梓说："我不是哲学家。"

江青打趣说："她是老佛爷。"

毛泽东说："这个哲学有什么学头呢？这个哲学是能够在大学里学来的吗？没有做过工人、农民就去学哲学，那个哲学叫什么哲学？"

林彪说："越学越窄，是窄学。"

毛泽东："如何学文学呢？就不要搞文学史，但要写小说，每周给我写篇稿，写不出来就到工厂当学徒，当学徒就写当学徒的过程。现在学文学的写不出小说、诗歌。上海的胡万春原来还是写了很多东西，以后就没有看见什么了。"

周恩来说："还有高玉宝都进了大学，后来头脑都僵化了。"

毛泽东说："我跟你们讲讲马、恩、列、斯，除了马克思，列宁大学读完了。其他人都没读完。列宁读法律读了一年。恩格斯只上了半年，中学还没有读完，父亲叫他到工厂当会计，后来工厂搬到英国，在工厂里接触了工人。恩格斯的自然科学是怎么学的呢？是在伦敦图书馆里学的，在那里待了八年，根本没有进大学。斯大林没有进过大学，他是教会中学毕业的。高尔基只读了两年小学，比江青还差。江青是高小毕业，读了六年。高尔基只读了两年。"

叶群说："江青同志自学很刻苦。"

毛泽东说："你不要又吹她。学问才不是靠在学校里学来的，以前我在学校里很不规矩的，我只是以不开除为原则。考试嘛，六十分以上，八十分以下，七十分左右。好几门学科我都不搞的，要搞有时没办法。有的考试，我有时交白卷。考几何我就画了一个鸡蛋，这不是几何嘛！因为一笔交卷最快。"

林彪说："我读中学，读四年，没毕业就走了，自动退学，又没有中学文凭，去当小学教员，喜欢自学。"

毛泽东："现在办军事学校害死人。黄埔军校你们知道多长，三个月，六个月。"

林彪说："一、二、三期只有三个月，到了四期加长了。"

毛泽东说："就是训练一下，改变一下观点。至于有什么学问呢？不太多，实际学一些军事教练。"

林彪说："有一点，学了就忘了。学几个礼拜的东西，到军队里几天一目了然。读书结合不起来，百闻不如一见。"

毛泽东说："我就是没上过什么军事学校，我就没读过什么兵法。人家说我打仗靠《三国演义》，我说《孙子兵法》我没有看过，《三国演义》我是看过的。"

林彪说："那时候你叫我给你找，我没给你找到。"

毛泽东说："遵义会议的时候，我跟谁辩论……"他记不起那个人的名字，看向周恩来。

周恩来说："是何克全。"

毛泽东接着说："他问我，《孙子兵法》你看过没有？我问他，《孙子兵法》有多少篇？他不知道。我问他第一篇叫什么？他还是不知道。后来我写什么战略问题才把《孙子兵法》粗粗望过一遍。

什么叫兵法，谁学英语，阿特密尔就是兵法，阿达密尔孙子就是《孙子兵法》。还是学英语好，我半路出家外文吃了亏。学外文要赶快，年轻时学好。谭厚兰你学什么？"

谭厚兰说："我学俄文。"

毛泽东又问韩爱晶和王大宾，他们也都回答了。

这时，韩爱晶说："主席，文化革命搞完以后让我当兵去吧。"

毛泽东回答道："当半年兵就够了。当那么长时间兵干什么？当半年兵一切就范，再当一年农民、两年工人，那就是真正的大学校啊！真正的大学是工厂、农村。你说林彪同志不算个知识分子，上过中学。黄永胜，温玉成还不是丘八！"

毛泽东问黄永胜："黄永胜，你念过几年书？"

黄永胜马上站起来，把军帽放在茶几上，毕恭毕敬答道："一年半。"

毛泽东又问："你家什么成分呢？"

黄永胜回答："下中农。"

毛泽东转向温玉成："温玉成，你念过几年书呢？"

黄永胜坐下，温玉成又站起来毕恭毕敬地回答说："三年。"

毛泽东问："你家什么成份呢？"

温玉成说："贫农。"

毛泽东说："都是土包子，就这么点学问。黄永胜就学这么点，他当总参谋长，你信不信？黄永胜这个人我原来也不认识，到北京来谈了两次就认识了。"

毛泽东说："所以，斗、批、走也是个办法。走谭厚兰的道路，谭厚兰不是想走吗？

我并没有说文科都不要办，但要改变办法，学文的要写小说、诗歌，学哲学的要写论文，论述中国现在革命斗争的过程。至于法律恐怕是不太要学为好。你们说，根据法律……听说'天派'反谢富治，不了了之，'天派'又不反了。砸烂公检法，砸烂谢富治，实际上砸烂公检法是谢富治第一个提出来的。北京公安局三万人，弄出九百几十个地富反坏右。因此提出砸烂公检法，三万人只剩百把十人，其余进学习班。你们也提口号。谢富治是中央的人，可你们一定要打倒。于是匆匆忙忙抓人，'人大三红'总部不出面，只让个小战斗队提打倒谢富治。只是一个战斗队，追究责任，他说只是一个战斗队，我们总部没有打倒谢富治。他们提出打倒反革命赵桂林。赵桂林我不认识，但怎么是反革命呢？你们那些材料我都看过。聂元梓，侯汉清你们还没有提他们是反革命嘛。"

聂元梓说："侯汉清在社会上搞了一个反动集团，恶毒攻击主席、林副主席。"

毛泽东说："我们这些人受到一些诬蔑不要紧。牛辉林纲上得不好，又不是什么大的政治问题……法律也不一定要否定。政法学院，一个'政法公社'、一个'政法兵团'，他们听了要不高兴的。要把时间减少，挑工农子弟。鞍钢一个审讯侦察的案子，有群众参加消息灵通，多少年没有查出来的案子搞出来了。在这之前，公安局预审没有别的办法，只是打人，现在由群众来审，又不打人。用侦察得来的材料不确切,军管会还不是丘八。温玉成,黄永胜,这些人又不认识人,就根据几个侦察能行吗?我们说:向群众学习,他们……我说一不要杀,二不判重刑,判他们二三年算了。军队过去关禁闭现在还有没有?逃兵你们还抓吗?"

温玉成说:"禁闭早就取消了。"

毛泽东说:"人家还想逃,你抓回来干啥呢?斗、批、走,如果他想走,就让他们走,为什么人家要走呢?还不是斗了他,批了他,打了他,不舒服。或者家里有家事,或者军队太苦了,他受不了。逃兵不捉,不关禁闭,逃兵比过去反而少了。我们是人民解放军。现在学校捉了人要做俘虏,要供,不供,就打,打死了,打伤了,知识分子最不文明了。你说什么知识分子最文明,我看最不文明。我看老粗最文明,黄永胜、温玉成也不抓逃兵了,也不关禁闭了。你们发明了个喷气式,这个罪魁祸首是我。我在《湖南农民运动考察报告》里讲戴高帽子游乡,我可没讲坐飞机。我是罪魁祸首,罪责难逃啊!今天怎么样?以为要抓你们来坐禁闭吗?'井冈山'他们这个做法不好,我说这蒯司令的'井冈山'打死四个人,打伤针织总厂五十个,就是如果不考虑这个社会影响,我也不是看一个人,实际损失最小、最小。"

林彪说:"值得,损失最小。"

周恩来说:"林副主席说得好,损失最小最小,成绩最大最大。"

毛泽东说:"如果以后有工人到你们那里去,应采取欢迎的态度。你们呀,不要采取蒯大富这个办法。"

周恩来说:"在一九六六年下半年,你们去工厂串联,工人欢迎你们,没有打你们嘛。"

毛泽东说:"让他们去宣传嘛!不要开枪,是工人么,是中央派出的么!不是工人是领导阶级吗?我们不是说过工人阶级专政么!专你们学校极少数坏人的政。你们都是主要人物,知名人士,包括蒯司令。现在搞个串联会,又在清华开会,又在北航开会,还在和平里开会,又是广西的'4.22',河南分出来的'二七公社',四川的'反到底',锦州的'糟派',辽宁的'8.31'一部分,黑龙江的'炮轰派'，广东的'旗派'……这些都不该搞。"

韩爱晶说："有的我也不知道。"

姚文元说："你们侯玉山不是作了报告吗？"

林彪笑了，说："我们没有开九大，他们就开了。"

周恩来说："也没有开十二中全会。"

毛泽东说："又说是中央开十二中全会，中央闹得乱七八糟，斗争很激烈，什么社会斗争是中央斗争的反映。不是社会斗争反映中央，应当是中央斗争是社会斗争的反映。"

周恩来说："北航要开什么国防科委系统的会议，开了没有？"

韩爱晶说："我听到下面有这样的建议，一吓，没敢开。"

周恩来说："这就对了，你是知道的嘛，国防机密嘛。"

毛泽东说："我为什么不找你们的反对派呢？找你们几个人来讲讲这件事，使你们有个准备。我历来不搞录音，今天录了。不然你们回去各取所需。如果你们各取所需，我就放我这个东西，你们先去讨论讨论。这么一放，搞得许多人都被动，搞了这么多天不算数，开了这么多会。开始，黄作珍讲话不算数，找蒯大富也不算数，一定要中央直接表态，我对你们的事，除了运动一开始，管了一下，以后因为太忙，也就管不上了。北京有谢富治来管嘛。过去召集你们开会，我也不到，林彪同志也不到的，当官僚了。这次怕你们把我开除党籍，官僚主义就开除，我又是黑手，镇压红卫兵。"

林彪说："昨天我开车了，我说去看看大字报吧。我问'怎么没有北大、清华的大字报？'人家说：'他们武斗'。我说你们脱离群众，群众要求制止武斗的呼声很高。"

毛泽东说："群众就不要打内战。"

林彪说："你们把自己孤立到工农兵之外。"

毛泽东说："有人讲，广西的布告只适用于广西，在我们这里不适用。陕西的布告只适用陕西。那现在，再发一个全国的布告，如果谁继续违反，打解放军，抢劫军用物资，破坏交通，杀人放火，就是犯罪。如果有少数人不听劝阻，就是土匪，就是国民党，就要包围起来，就要打围剿，继续顽抗，就要实行歼灭。"

二十五、似漫谈海阔天空说文革

林彪说："现在有的是真正的造反派，有的是土匪、国民党分子，他们打着我们的旗号造反。"

毛泽东说："报告上要写清楚，给学生讲清楚，如果坚持不改，抓起来。抓起来，这是轻的，重的实行围剿。"

林彪说："广西烧了一千多间房子，还不让救火。"

毛泽东说："国民党还不是这样？这是阶级敌人的一种垂死挣扎，烧房子要犯大错误的。"

林彪说："我们长征过广西时，和白崇禧打仗。他也用此计，先放火，冒充共产党。现在是旧计重用。"

毛泽东说："韩爱晶，你是蒯大富的朋友，你要帮助他，做政治上的朋友。"

韩爱晶说："蒯大富是骑虎难下，下不来，他有难处。"

康生说："情况不是像你说的那样。"

毛泽东说："如果他不能从虎背上下来，那么我们就要杀掉老虎。你们把广西'4.22'的人藏起来了？广西学生住在北航？"

周恩来说："从广西来的人住在你北航，你们怎么召集那些人来参加这个会的呢？你们还把'4.22'藏起来，广西来的学生就在北航。"

康生说："他们想控制全国运动。"

韩爱晶说："那个会不是我们召集的，中央可以调查。当时，我生病在北京体育学院休息。学校里打来电话，说从广东来两个省革委会常委。一个是工人邱学科，一个是中山大学的武传斌。他们是找黄永胜总参谋长。他们说黄永胜支持他们。我说自己没有体力接待。北航的学生说，现在外面都说你韩爱晶骄傲自满，老大作风，自以为'上有天堂，下有北航'。五四国防科委学代会，外省来了很多领导和群众组织负责人，可是你根本不见人家。邱学科、武传斌是广东省革委会常委，你应该接待人家，要不人家说你是富农，不革命了。于是我在体育学院接待了邱学科、武传斌。送行时，他们提出要开一个全国形势串联会。我说北京不比外地，北京不能随便开会，一开会，中央就会批评是黑会。北京还有'天派''地派'，很复杂。我只同意，在'天派''地派'都参加的情况下,找几个可靠的造反派头头,革命委员会负责人聊聊,只搞情况,不谈办法。蒯大富,王大宾都参加才行,后来我住了医院。开会的那天,学校的同学打电话说,大家感到不对头,地质学院只参加筹备会就不参加了。蒯大富来听一会儿就吓跑了,井岗山也跑了。我说,那你们赶快写报告,把这件事报告中央,谁知道报告还没有写好,中央批评已经下来了,说是黑会。"

接着,康生、姚文元都批评韩爱晶……

毛泽东说:"你们把韩爱晶讲的太多了,他才二十二岁。"

二十六、蒯大富见主席嚎啕大哭

江青说:"运动初期,北航也好、北大也好,外地人来上访,你们把他们藏起来,你们做了很多工作。事实上,我们当时有委托,现在变了,要认识了,现在再搞这个不行了,因为他们反对的是各省的革委会和解放军。谭厚兰,'9.7'谁去给你稳定局面的?"

谭厚兰说:"是毛主席,中央文革。"

谢富治说:"那时江青同志知道了,是江青同志给你稳住了。"

江青说:"对'兵团'我也不一定有多大好感。这么热天,断水、断电、断粮。三伏天,三个月不见阳光,亏你做得出?我听了都流泪了,他几百个人,几十个人也是群众嘛。还有蒯大富,最听韩爱晶的话,我们的话不听,你们想推翻谭厚兰。开头是韩爱晶不对,他想推翻你。"

韩爱晶说:"我有错。"

毛泽东说:"那是无政府主义,相当有点无政府主义。"

林彪说:"没政府的极端就是有政府。主席说,世界上无政府和有政府是相对的,只要有政府,无政府主义就不能消灭,过去说的奴隶主义、驯服工具走向反面,就是对中央右倾机会主义的惩罚。"

江青说:"据说'兵团'反对我们的,我们为什么要替他们讲话呢?无产阶级要讲无产阶级的人道主义。你最好把他们放了。有几十个反革命分子,他们想绞死我,不管怎么样是年轻人嘛,老佛爷也是这样,你也绝对的。什么油炸我啦,绞死我啦,我不怕别人油炸。我听说,北大'井冈山'想油炸江青。"

聂元梓说:"北大'井冈山兵团'有人要油炸江青同志。"

姚文元说:"油炸只是一种说法。"

毛泽东说:"油炸,主要在小房里说说。那是希望,什么绞死蒯大富啦。"

谢富治说:"牛辉林不好。"

江青说:"牛辉林可能有点问题,也可以教育嘛。聂元梓,我还有没有点发言权?我躲着你们难过,你们现在都是群众斗群众,坏人藏起来了。我说过'4.14'必胜吗?'4.14'专门反对中央文革,也反对总理、康老,可他是个群众组织,蒯司令就要搞掉他。"

毛泽东说:"'4.14',几千人,你搞又搞不掉。北大'井冈山'几千人,坏人自己会被端出来。"

江青情绪激动起来,说:"我住的地方,你们都知道,要油炸就油炸,要绞死就绞死。我们都是一块共过患难的,就不能容人家,将来还要治国同天下呢!你看你们不学习主席著作,不学习主席作风,主席向来是团结反对他的人。"

毛泽东说:"可以不提了,'宰牛杀猴断羊腰',牛可以耕田嘛,宰了它干吗?我们为什么要杀猴呢?你们举例的罪状无非是攻击江青,攻击总理、林彪和我。统统一笔勾销。人家在小屋子里讲的嘛,又没有在外面贴大字报。"

江青说:"贴大字报我也不怕。"

毛泽东问:"前年什么山反对林彪同志?"

周恩来、叶群说:"是伊林、涤西。"

毛泽东说:"此外,北京外语学院'6.16'的领袖刘令凯反对总理,总理一直保护着他。有人讲,总理宽大无边,我就同意总理这样做。'联动'这些人开始就不应该抓,许多人被抓了,我点了头。"

谢富治说:"这与主席无关,是我抓的。"

毛泽东说:"你不要袒护我,给我掩盖。抓,我也是同意抓的;放,也是我同意放的。"

谢富治说:"没叫我抓那么多。"

毛泽东说:"放了,就是八宝山、天安门骑着自行车,搞了一两个月,他也没意思了。有些人耍流氓,无非弄几个钱,路上弄一个女人……彭小蒙不是那么反动吧?我看彭小蒙这个人还是不错的。"

姚文元说:"他的父母很坏,跟伍修权搞在一起。"

二十六、蒯大富见主席嚎啕大哭

毛泽东问:"彭小蒙父母是干什么的?"

姚文元答:"红十字会秘书长。"

江青说:"在政治上,我们对你们都是有政治责任的,帮助你们不够,你们自己去搞,各抓各的,抓出黑手,搞联合。"

聂元梓说:"'井冈山',下山一千多,正在办学习班。"

毛泽东说:"下山的靠不住。你那里'井冈山',大多数人身在曹营心在汉,身在你老佛爷,心在'井冈山'。不要关牛辉林,让他们回山去,有自由,不勉强,不要侮辱人家。尤其不要打,不要搞逼、供、信。我们过去是犯错误的。你们初犯错误,也怪不得你们。"

江青问:"樊立勤怎么样?"

聂元梓说:"没有搞他,他和彭珮云反革命集团搞成一块。"

毛泽东问:"牛辉林,把他看起来了吗?"

聂元梓说:"他内部看的,一部分同意,一部分不同意。"

毛泽东问:"侯汉清是学生,还是教员?"

聂元梓说:"是研究生。他父亲63年搞投机倒把。"

江青说:"最坏的不是他们。他们是几个组织联合起来的,背后有黑后台的,里边有坏人,有外国特务,他们还搞什么单线联系。"

聂元梓说:"他们是'井冈山''红旗飘''零'等联合起来的。"

毛泽东说:"这个作风不好,飘、零、井、红,应该变成团、零、飘、红,他小,可是他厉害。你们今天,两个'天派',两个'地派',两个支持清华'4.14',两个支持北大'井冈山',两个'天派'同意蒯司令。我不很清楚'天派'和'地派'的事,有那么多的学校,简言之,我们和五大将打交道很多,我们是有经验的。一个叫聂元梓,一个叫谭厚兰,女将,一个叫蒯大富,一个叫韩爱晶,一个叫王大宾。其他各个学校都有领袖,著名的就这么五个。你们也做了很多工作。不管运动中有多少缺点,我们都是护你们的。你们在工作中也要面对很多问题,我也没有经历过文化大革命,你们也没有。大多数学校没有搞武斗,只有他们其中一小部分人搞武斗,一打就不可开交。现在五十九个学校,打得厉害的也就几个,清华、北大、人大、石油、轻工、电力。电力为什么那么多逍遥派?他们影响了工人、解放军和内部团结。为什么有那么多没有参加武斗呢？为什么炮灰那么少呢？你们想过了没有？"

韩爱晶一边听，一边记录，钢笔没水了。他低声问进来换茶水的女服务员："请问有没有墨水？"

女服务员说："没有。"随后递来几根铅笔。韩爱晶开始用铅笔记录。后来，每过半小时左右女服务员就递来一把削好的铅笔，换走他写秃的铅笔，直到这次召见结束。

在谈话过程中，毛泽东几次看手表，从深夜3点半开始接见，时间已经很长了。文革中，毛泽东会见外国元首一般也才40分钟左右。

谢富治说："主席爱护你们，是红卫兵小将，林副主席、总理、中央文革，特别是江青同志很关心你们。这个事情说起来责任在我，帮助你们不够，我可以向你们检讨。"

毛泽东说："首都大专院校学习班又不向中央报告，引起聂元梓他们不满。你又开学习班，又不让串联，人家就开大串联会。不准串联，不对，不过你打倒谢富治也不对。"

谢富治说："对我帮助很大。"

毛泽东说："北京有个习惯，今天打倒这个，明天打倒那个。"

林彪说："一场大雨就把打倒吹了，现在外面的大标语字越写越大。"

毛泽东说："小孩子揭大字报当废纸卖，几分钱一斤。"

谢富治说："七分钱一斤，小孩子发大财。"

毛泽东说："我才不相信那一套呢！中国人有一个好处，有意见他要讲出来。讲不让串联是对的，但一点也不让串联也不好，人家还在串联。砸三旧派在串联，反砸三旧派也在串联，串联一下为什么不行？'天派''地派'串联一下为什么不行，我讲串联一下可以，实际在串联，你不让好人串联，坏人在串联，你不让多数人串联，多数人是好人，百分之九十以上是好人，坏人是极少数。"

江青说："通过串联把观点统一起来，把坏人揪出来。"

这时，黄作珍过来报告说："蒯大富来了。"

这么重要的接见，蒯大富怎么会姗姗来迟？原来，他们几个人跑

二十六、蒯大富见主席嚎啕大哭

出清华园后，就准备向中央反映清华"井冈山"当时的处境。他们先到体院，找到体院革委会主任刘长信，从那里换了一台轿车，然后直奔六部口的北京电报局电报大楼。此时已是凌晨 5 时左右，电报大楼还没有上班。张树有和段永基等人使劲地敲门，将电报大楼的工作人员叫了起来。工作人员听说是"蒯司令"要给毛主席发电报，破例在下班时间上了班。蒯大富一下子就给毛泽东、林彪、周恩来、陈伯达和康生、江青及中共中央、中央文革小组、中央军委各发了一封内容相同的电报：

7 月 27 日在黑手昼夜策划下，假借宣传 7.3 布告，挑动 11 万不明真相的工人，携带凶器，突然包围、洗劫清华园。我井冈山战士数百人遭毒打，数千人被捕未救。为避免跟工人再发生冲突，我井冈山战士全部撤出清华，衣食无着，生命安全无保证，清华井冈山生命垂危，形势万分危急。向中央呼救，向毛主席呼救，恳求中央马上接见。

据胡鹏池在《清华 7.27 事件》一书中说，这份电报的草稿是蒯大富亲笔写在带格子的电报纸上。原件保存在清华档案馆。

电报就这样发出去了，花了 50 元钱。

这时，蒯大富又掏出口袋里仅有的零钱给沈阳的陈继芳发了一份电报："暂勿回校，详情见信！"

在沈阳的陈继芳果然准备在 7 月 28 日返校，上午她买好了火车票。傍晚时分，她提着包，拿着火车票和母亲告别。就在走出家门的时候，蒯大富的电报到了。看完电报，母亲拽下了女儿的行李包，陈继芳只好退了火车票。

再说北京的蒯大富等人发完电报，去哪里呢？蒯大富后来回忆说："发了电报我也没地方去啊，先想到天津。后来一想，还是到北航去看看吧。"于是，蒯大富说："还是去北航吧。"

就这样，他们又从市内回到北京航空学院。随后，疲惫不堪的蒯大富，一头扎进"北航红旗"保卫部长戴维堤的办公室里，倒头大睡……

人民大会堂这边到处找不到蒯大富，急坏了北京市革委会和中央办公厅的工作人员。百般无奈之下，北京市革委会下令全市各单位高音喇叭反复广播："蒯大富同志，请你立即到人民大会堂，中央首长找你开会！"

北航广播站也接到了通知，全院立即响起了寻找蒯大富的广播声。

戴维堤当时正在大字报区看大字报，听到广播后，立即跑回保卫部所在的"红旗院"，叫醒了蒯大富。

"什么事？什么事？"蒯大富揉着双眼问。

"快去人民大会堂，中央首长找你开会，找了你半天了，全市都在广播找你，快快快！走人民大会堂西门。" 戴维堤一边告诉他，一边派北航的车，赶紧送蒯大富去人民大会堂。

当蒯大富匆匆来到人民大会堂西门时，已近清晨 7 时。他跑出清华时，带了一把手枪。这时，他先把手枪拿出来，放在汽车座的底下，然后下车走上人民大会堂的台阶，走进人民大会堂的大门。

大会堂的警卫问他："你是谁？"

"我是蒯大富。"

"干什么？"警卫问。

"中央首长找，接见。"蒯大富答。

一名警卫说："你等会儿，我进去通报一下。"

另一位问："带武器没有？"

"没有。"

那位警卫在蒯大富的身上摸了几下，就带他进去了。

当时外边正下着小雨，蒯大富就穿一件衣服，裤脚卷起来，光着脚丫子，穿个塑料鞋，非常狼狈。

一会儿，谢富治出来了。蒯大富一看见谢富治，"哇"的一声嚎啕大哭，就像孩子在外面挨打后，看见父亲那么一种心情。

谢富治赶紧劝他说："别哭，别哭，跟我走，跟我走。"

他帮蒯大富把裤脚放下来，又亲自搜查了蒯大富，然后带他往里走。

二十六、蒯大富见主席嚎啕大哭

蒯大富边走边抽泣，眼泪直流，委屈异常。

谢富治带着浑身泥水的蒯大富走进会场。蒯大富进门一看，一屋子人，几乎都穿白衬衫，白花花的一片。进门后，在他的右边是韩爱晶，他对蒯大富说："老蒯，主席在呢！"

这时，蒯大富才看见坐在沙发上身着白衬衣的毛泽东。百感交集的蒯大富，顿时又嚎啕大哭起来，江青一看笑了。

毛泽东赶紧站了起来，在座的也都站了起来。毛泽东向前走两步，大家都站在他周围。蒯大富握住毛泽东的双手，脑袋靠在毛泽东胸前，说了一句："主席救我……"就说不出话来了。

毛泽东哭了，江青也哭了，在场的好多人都被这种气氛感染。江青赶紧说："蒯大富，安静点，安静点，别激动。"

服务员拿来一个痰盂，一把铅笔，还有一沓纸。

江青对蒯大富说："你说说怎么回事？"

蒯大富一边哭，一边告状说："主席，今天早上，肯定是杨余傅黑手干的，调几万工人突然把清华包围。我们跟工人讲理，他们也不讲。我们学生一出去，他们就把学生抓到卡车上拉走。我们打不过工人，我们的人现在都在大街上……"

毛泽东就把双手平伸出来，上下翻了一下说："你要抓黑手，黑手就是我。工人是我派去的。"

韩爱晶紧挨着站在旁边，他一边流泪一边对蒯大富说："不要胡说！工人、解放军是毛主席派去的。"

蒯大富看到毛泽东就像孙子见到爷爷一样，根本不发怵。他不相信，说："主席，那不可能！您平时派解放军制止武斗的时候就是把双方隔开，都是不带枪、不开枪、不打人、不骂人、不动气，'五不'嘛，这我都记得。可他们进学校就分割包围，一包围就抓人，就打人！"

毛泽东对着谢富治、温玉成问道："唉，谁叫你们抓人啦？谁叫你们打人啊？谁被抓走了？"

蒯大富说："我们二把手鲍长康也被抓了。"

毛泽东又对谢富治说："统统放了，把所有的人都放了，一个都不能留！把鲍长康放到人民大会堂门口，让蒯大富看见。"

谢富治赶快到旁边去打电话。

蒯大富如在梦中，无知的悲痛感染着气氛，蒯大富"呜呜"地哭。他还完全认为自己是无辜遭劫，其言、其声、其情、其态，悲恸至极点，见到毛泽东如同在外面挨打的小孩回到家里一样，只顾告状。整个气氛被蒯大富的情绪所影响。

江青重复着说："蒯大富，安静点，不要激动。蒯大富，你不要激动。你坐下来。"

蒯大富晕头转向，不知怎么回事。

大家又坐下。

毛泽东关切地向蒯大富问起"团派"总部委员鲍长康、刘才堂的名字和情况。他说："'井冈山'小将一个不能抓，一个不能打。""抓了七个总部委员，一律放掉。"

毛泽东问蒯大富："你们'井冈山'的人现在怎么样？"

蒯大富答道："一部分在北航，一部分跑到城里散了。"

毛泽东对韩爱晶说："你们不是亲密战友吗？要好好招待他们。"

毛泽东还向蒯大富问起"团派"小报《井冈山》为什么近来看不到了？蒯大富说是因为近来出版、发行渠道不畅，等等。

毛泽东又问黄作珍："你叫黄作珍，哪里人？"

黄作珍说："江西宁都人。"

毛泽东说："老表嘛！久闻大名。黄作珍同志讲话不算数，谢富治讲话不算数，市委开会也不算数，不晓得我们中央开会算不算数，我变成了黑手。蒯大富，你要抓黑手，黑手就是我，你来抓呀！把我抓到卫戍区去吧！"

谢富治说："伸出红手！宣传毛主席思想，我们都紧跟！"

聂元梓说："领导也找不到。工人包围清华之后，我们到处找中央，我就给中央打电报。"

二十七、批评几位学生头

毛泽东说:"聂元梓打给中央的电报我们也收到了。不是说派三万人吗,怎么说 10 万人?"

他接着说:"四个办法,是什么呢?"

因为蒯大富刚来,所以话题转回到武斗问题,谈话内容又重复了。

姚文元说:"如果必要的话,军管;一分为二;斗、批、走;大打。"

毛泽东说:"第一个是军管,第二个是一分为二,第三个斗、批、走,头一点,你没有斗;其次,你们没有批;第三,你们没有搞大联合,你们打了几个月了。"

周恩来说:"从去年开始。"

毛泽东说:"第四个办法是大打,打他一万人,撤回工人,把枪还给你们,大打一场,像四川一样。"

江青说:"败家子。"

毛泽东说:"我才不怕打呢,一听打仗我才高兴。北京算什么打,无非是冷兵器,开了几枪。四川才算打,双方都有几万人,有枪有炮,听说还有无线电。"

"以后布告出来要广泛宣传,如果谁不遵照执行,个别抓起来,个别的包围消灭,反革命嘛!"

江青说:"广西围了快两个月了。"

周恩来:"你们不想想,广西布告为什么是主席的战略部署,说关心国家大事,你们五个人也不发表联合声明,表个态度什么,做做工作。"

毛泽东:"他们忙啊!"

周恩来:"这就是国家大事嘛!"

毛泽东:"不要分派了。"

江青说:"希望你们团结起来,不要分天派,地派。什么张家派,李家派,都是毛泽东思想派。"

毛泽东说:"不要搞成两派,搞成一派算了,搞什么两派?困难是有的。"

陈伯达说:"教育革命,教改搞不上去。"

毛泽东说:"教育革命搞不上去,甚至我们也搞不下去,更别说你们了。这是旧制度害了他们,为什么搞不上去呢?……我们的陈伯达同志在中央会议上着急,我说不要着急,过几年人家走了就算了么?我看无非这么几条,搞什么教育革命,搞不成了,还不就散了,这是学生讲的,我还不是从逍遥派那里得点消息?恩格斯还不是中学没毕业,马克思搞经济,变成搞哲学,什么《资本论》,研究他的一本什么书,他的《资本论》,第一卷为什么不能出版,因为他身体不好。你说创建党就这么容易?马克思、恩格斯创建的党就那么纯?第一国际至少分三派,一个马克思主义,一个蒲鲁东主义,一个布朗基主义、拉萨尔主义,布朗基的所谓报告……只不过是根本无政府,为什么搞不下去呢?第一国际还不是四分五裂?我给你们讲了四条,最后一条就是大打,打上十年八年,地球照样转动。现在我们来管些事情,我看不公道,老佛爷,这个'天派''地派',我也搞不清,学校那么多……"

姚文元说:"我倾向于学校斗、批、走,斗、批、散或者在一些学校里采用斗、批、走方式。"

毛泽东说:"地球一转一年,十转十年。两派这样下去,我看不走也得走,要打就让他们大打,空出地盘来,让人家写小说的去自修。学文学的你要写诗,写剧本;学哲学的,你给我搞家史,写历史革命的过程;学政治经济学不能学北大的教育,北大有没有什么出名的教授?这些东西不要先生教,先生教这是个害人的办法。"

姚文元插话:"少慢差费。"

毛泽东接着说:"组织个小组自己读书,自修大学等等,来来去去，半年一年，不要考试，考试不是办法。一本书考十题，一本书一百个观点，不只是十分之一吗？就考对了么？对其他百分之九十怎么办呢？谁考马克思？谁考恩格斯？谁考斯大林？谁考林彪同志？谁考黄作珍同志？群众需要，蒋介石当教员，我们都是这样，中学要教师，小学要教师，教材要删繁就简。"

姚文元说："办好几个图书馆。"

毛泽东说："让工农兵都有时间去，到图书馆读书是个好办法。我在湖南图书馆读了半年书，自己选择图书，谁教啊！我只上了一门新闻学，新闻班我算一个，那个哲学研究会，办哲学研究会的没有诚意。胡适签的名，还有谭平山、陈公博。大学办得那么死，应该比较自由一些。"

江青说："现在是搞武斗。"

毛泽东说："武斗有两个好处，第一打了仗有作战经验，第二战争要暴露坏人。这个事要分析，这种社会现象是不以人们的意志为转移的。不以中央为转移，不以我为转移，不以你聂元梓为转移，也不以牛辉林的意志为转移。现在工人去干涉，如果不行，把工人撤出来，再斗十年，地球照样转动，天也不会掉下来。"

江青说："我们真痛心你们，瞎说什么不要大学生啦，我们是要你们的。你们有的有时还听我们一些，有的听，有的当面一套，背后一套。你们后头的东西我们也搞不清。"

毛泽东说："背后不听，我们这里有个办法，工人伸出黑手，用工人来干涉，无产阶级去干涉。"

聂元梓说："我要求派解放军到北大来。"

毛泽东说："你要合你胃口的，一定要六十三军，别的你又不要。三十八军可以不可以？如果'井冈山'三十八军真支持，我就给你派六十三军。你应该去做三十八军的工作。"

江青说："聂元梓应该去作三十八军的工作，你们欢迎三十八军行不行？"

毛泽东说："去一半三十八军，去一半六十三军。三十八军不像你们讲得那么坏，根子在杨成武和北京军区。北京军区开了两个会，第一个会不太好，第二个就比较好了，郑维山作了检讨。谭厚兰，其实你的炮位一直在聂元梓身上。你谭厚兰这位女将轰了一炮，郑维山够紧张。郑维山正好不在北京，到保定、山西去解决问题去了。我们不是没有见他吗？各军都不知道这个军长是好的还是坏的，把将军们都吓坏了。"他问谭厚兰："他找你的麻烦没有？"

谭厚兰说："没有。同学对他有意见。"

毛泽东说："过去是有历史原因的，有点历史，这些事情不是偶然的，不是突如其来的。"

陈伯达说："紧跟毛主席教导，坚决照办。"

毛泽东说："不要讲什么教导。"

姚文元说："今天毛主席的话意味深长。"

陈伯达说："六六年下半年是比较好的，北京大专院校在全国煽风点火，搞革命风暴是对的。后来脑子膨胀了，以为不得了。蒯大富和韩爱晶手到处伸，救世主一样，他们想控制全国，就要一统天下了，又没有什么知识和学问。"

毛泽东说："二十几岁，周瑜嘛！周瑜原来是个骑兵，他当吴国宰相时才十六岁。不能轻视他们年轻人，你们不要摆老资格。"

江青说："我们十几岁参加革命。"

毛泽东说："不要膨胀起来，全身浮肿，害浮肿病。"

陈伯达说："韩爱晶对毛主席的思想和中央意见没有很好的思索、考虑。凭小道消息开秘密会议，个人第一，要走到危险道路上去。"

毛泽东说："第一条是我官僚主义，一次没见你们，人家不要抓我们黑手，我还不见你们，让蒯大富猛醒过来！"

陈伯达说："蒯大富，你应该猛醒，悬崖勒马。你正站在危险的道路上。"

林彪说："悬崖勒马。承认错误。"

毛泽东说："不要叫错误了。"

陈伯达说："蒯大富不尊重工人群众，如果仍然不听我们的，就是不尊重中央，不尊重毛主席。这是危险的道路。"

毛泽东说:"是相当危险,现在是轮到小将犯错误的时候了。"

周恩来说:"主席早就讲了,现在是轮到小将犯错误的时候了。"

林彪说:"蒯大富,我们的态度是通过卫戍区和市革委会。你说不了解中央的态度,今天是毛主席亲自关心你们,作了最重要、最正确、最及时的教导,这次还置若罔闻,要犯很大错误。你们红卫兵在伟大的文化大革命初期在全国起了很大作用,现在全国很多学校实现大联合,超过北大、清华。"

毛泽东说:"湖南、天津、青岛、沈阳,包括广西……大学我们要管,都是市委管。"

林彪说:"响应毛主席号召。大联合走到后面去了,要赶上去。你们要看到运动的需要,看到各个阶段我们应该干什么?"

毛泽东说:"谭厚兰那里对立面只有二百多人,一年也不能解决问题,二百人都不能征服,快一年了。其他学校对立面更大的,你怎么能征服呢?曹操征服孙权,赤壁打了败仗。刘备征服孙权也打了败仗,结果失了街亭。孔明想征服司马懿也不行,头一仗打得很长,张郃只剩下一匹马。司马懿征服诸葛亮、碰上个空城计也打了败仗。"

林彪说:"打走资派和文艺界的牛鬼蛇神,现在不是,相反,学生打学生、群众打群众,都是工农子弟,被坏人利用。有的是反革命,有的人主观上是想革命的,但是客观上、行动上是相反的;有一小撮人,主观、客观上都是反革命、是双料反革命;有的开始是革命的,后来革命性差了;有的是走向反面、革命精神消失了。这个发展下去就会走向反面,你们脱离群众。"

毛泽东说:"工农兵占全国人口百分之九十几,你们学校百分之九十以上是较好的,打内战的比较少,北京只有六所。"

谢富治:"清华有两万学生,参加武斗的不到五千。"

林彪说:"那些不参战的人就是不同意。"

毛泽东说:"他们也是上了老虎背,想下也没有个好办法。蒯大富可以下来嘛,下来照样当官做老百姓。蒯大富应该欢迎工人。"

谢富治说:"工人们手无寸铁,他们只有三件武器,《毛主席语录》《毛主席最新指示》《7.3布告》。"

康生说:"听人家说,清华的枪是北航给的,支持清华两汽车枪。蒯大富是司令,韩爱晶是政委。"

韩爱晶申辩说:"没那回事,根本没有那回事。卫戍区到我们那检查了好几次,枪一条也不少。"

谢富治说:"你就都是正确,又全是你对,我批评了你几次,你也都不接受,你根本没有自我批评态度。"

陈伯达说:"是不是把他们枪给收回来。"

韩爱晶向毛泽东表示:"主席,我有个请求,给我派个解放军监督我,很多事情不是那么一回事,我是很爱护蒯大富的。我也知道,跟他好,许多事情要受牵连,但我觉得在努力保护他,不让他倒台,他的命运和全国红卫兵的命运是有联系的。给我派个解放军,这样什么事情就清楚了。"

陈伯达说:"没有自我批评精神。"

江青说:"我有错误,宠了你。谢富治,你比我还宠,宠坏了。现在下点毛毛雨,还是主席这个方法好。"

毛泽东说:"不要老是批评!我是觉得……杨成武搞多中心,国防科委搞多中心论,这个杨成武一个中心,全国可以搞,搞几千个,几万个中心,都是中心,就是无中心。还是他是中心。各人皆以为天下第一,真是!那还有什么中心?一个单位只能有一个中心,一个工厂、一个学校只能有一个中心。"

江青说:"韩爱晶,我批评了你们好几次,你们就没一次很好地给我表个态。"

毛泽东说:"不要总说他!你们专门责备人家,不责备自己,不在自己,总在人家。"

江青说:"我是说他太没有自我批评的精神了。"

毛泽东说:"年轻人听不得批评,他有些像我年轻的时候。孩子们就是主观主义些,只能批评别人。我们年轻的时候也这么主观,武断得厉害。"

二十七、批评几位学生头

江青看看蒯大富说:"蒯大富有点笑容了,轻松一下,别那么紧张了。蒯大富说陈育延被工人抓了,陈育延出来没有?告诉宣传队,陈育延是个女孩子,对女学生要保护。"

蒯大富说:"陈育延在北航睡觉呢。"

毛泽东说:"你们在抓黑手,黑手就是我。对于你们毫无办法,你们打下去没有出路,要消灭'4.14'也不行。我还是倾向你们这派,因为'4.14'必胜那个思想,我不能接受。但是对'4.14'要争取群众,包括领袖中一些人。周泉缨的文章,我已经看了,主要口号,打江山的不能坐江山,说蒯大富只能夺权交给'4.14'。我们叫工人去做宣传,你们拒绝。布告明明宣传好多天了。你们清楚地知道他们会做怎么样的宣传,黄作珍同志向谢富治解释过这件事,工人是没有武装的,所以毫无办法,你们打到哪一年去?你们应该欢迎嘛!工人又徒手。你们反对工人,还打枪,打死五个工人,打伤工人。等于北大一样,我们比较偏向聂元梓派,并不偏向'井冈山'。我们偏向于你们五个。今天我们放了录音。今天我们开了好几个钟点的会了。谭厚兰学校主要偏向谭厚兰,就是你们五个领袖。"

江青说:"就是……"

二十八、红卫兵"钟"声响起

毛泽东说:"你们想想,几万人去,什么事情,没有中央的命令,他们敢?你们完全被动,'4.14'反而欢迎,'井冈山'反而不欢迎,你们搞得不对头,今天没有邀请'4.14'和北大'井冈山'的人来。他们一听就要骂我了,骂我就是有道理,你那个'4.14'思想必胜是不对的嘛!你那个团、零、飘、红四个组织就是坏人比较多,聂元梓一派好人比较多一些。"

聂元梓说:"王、关、戚插了一手。"

毛泽东说:"你们反王、关、戚好嘛,你们要串联,我也禁止不了。学习班也是对的嘛!韩爱晶、蒯大富你们不是好朋友吗?你们两个以后还要做好朋友。韩爱晶以后要帮助他,政策上做得好一些,现在'4.14'高兴了,'井冈山'垮台了?我就不信,我看'井冈山'还是'井冈山'。我就上过井冈山,我不是说你的老佛爷的'井冈山'。"

姚文元、谢富治:"是真正的井冈山,革命的摇篮。"

江青说:"不要搞得我们爱莫能助……"

毛泽东说:"有很多打工人的,不是你们,听说是外地来的。"

周恩来:"你们那里还有没有人呢?"

蒯大富说:"有。"

毛泽东:"今天晚上睡觉。你们还没有睡觉呢。蒯大富,你没有地方睡觉,到韩爱晶那里去睡,韩爱晶好好招待。韩爱晶,你要好好招待他。你们把'井冈山'总部几个找到一起,都到韩爱晶那里去,休息一下,然后开个会。"

周恩来:"韩爱晶,你得帮他想个办法。"

毛泽东:"蒯大富,你真蠢哪,我们搭梯子让你下来,你不下来。

你们这样和中央的政策对抗，黄作珍讲话不听，谢富治讲话不听，市委开会不算数，只好伸出'黑手'，调动工人制止武斗。武斗这么多天，工人敲锣打鼓来，你们又不理，你们脱离群众，脱离工农兵，脱离绝大部分学生，甚至脱离自己领导下的部分群众。你领导下的学生，说你的坏话的不少。没有打招呼，是我的错误，间接打了招呼。"

吴德说："昨天我约蒯大富谈了，他不听我的。"

毛泽东说："'4.14'欢迎工人，你们'井冈山'很蠢，我才不高兴那个'4.14'。那个'4.14'是反对我们的。"

江青说："'4.14'是反对我的。"

谢富治说："'4.14'也是反对我的。"

毛泽东说："他搞抬尸游行，他搞砸电线。在这个时候，'4.14'也没有通知，为什么他们欢迎？这一次你们很蠢，让'4.14'欢迎工人。"

江青说："甚至'4.14'的群众都说蒯大富是左倾，沈如槐是右倾。清华要搞大联合，但没有蒯大富不行。"

毛泽东说："还是要联合，还是要蒯大富，没有蒯大富不行的。蒯大富是偏左的。'井冈山'出两个，'4.14'出一个。"

毛泽东问："蒯大富，你能当清华的校长吗？"

蒯大富说："我不行。"

毛泽东说："蒯大富当校长，沈如槐当副校长。"

江青说："现在你们五个人先做起来，反正先不要打了。"

毛泽东说："第一条，军管；第二条，一分为二，'4.14'分一个，你蒯大富分一个；第三条，斗、批、走，这都是学生提出来的，他们不愿干了，你们一不斗，二不批，三不改，集中精力打内战。把枪都给你们，无非是大打，要打就大打，文科要不要办呢？文科还是要办的。至于如何办法，研究出另外一个办法。过去的办法培养是修正主义的。"

谭厚兰问："师范大学要不要办？"

毛泽东答："不办，谁教高中，谁教中专？外语学院不办怎么行？一风吹不行，吹那么几年，也可以，天塌不下来。欧洲大战一打几年，不仅大学没办，其实中学、小学也都没办，但我们办了西南联大。办了一下，但也办得可怜。困难时候没能办好，鸡飞狗跳，我们可能犯错误。"

江青说："那是个艰苦的工作，你们屁股坐不下来。"

毛泽东："学文不是在学校里学出来的，林彪刚才不讲了吗？他们学文，哪里学来的，难道是黄埔大学学来的？黄永胜学了一年半，温玉成你是幸运的，你上了三年了，你是黄冈的？也就认识几个字，社会是个最大的大学嘛，坐在那个楼里怎么能行？整个社会是个最大的大学。列宁大学读了一年半，恩格斯中学没读完。我们两个比高尔基高明得多，高尔基只上过两年学。华罗庚数学家就是个中学生，自学的。苏联卫星上天，祖宗是中学教员。发明蒸汽机的人是工人，不是什么大学教师，是工人。我看我们的一些孩子，读书十几年把人毁了，睡不着觉。一个孩子读历史，不懂阶级斗争。历史就是阶级斗争的历史，可是读了好几年，就是不懂阶级斗争。"

江青说："读那些什么厚本，几十种，而马、恩、列、斯和你的书都是参考资料，只有给你们老师造的书才是正规的教科书。"

毛泽东说："小学六年太长，中学六年太长，荒废无度，又要考试，考试干什么呢？一样不考那才好呢！谁考马、恩、列、斯？谁考林彪同志？谁考我？以后特别是反杜林论，杜林活了八十八岁，到了二十世纪三十年代还活着。谢富治同志把他们统统召回来，统统回学校。可能有些生了气，不勉强，把'4.14'留在学校里，'井冈山'统统到大会堂来。对'4.14'的头头，要有所区别，分别对待。"

韩爱晶突然问道："毛主席，我想请教您一个问题，再过五十年、一百年，如果中国出现了分裂，你也说自己是毛泽东思想，他也说自己是毛泽东思想，出现了割据混战局面，那我们怎么办？"这是他鼓足勇气说出来的。

他的话音一落，在座的人神情都变得很严肃。

毛泽东答道："这个问题问得好！韩爱晶你还小，不过你问我，我可以告诉你，出了也没啥大事嘛。一百多年来，中国清末民初二十年，出了段祺瑞，军阀搞了十几年、二十年，跟蒋介石打了几十年嘛，中国党内出了陈独秀、李立三、王明、博古、张国焘，什么高岗、刘少奇多了，有了这些经验，比马克思还好。"

林彪说："有毛泽东思想。"

毛泽东接着说："有文化大革命的经验比没文化大革命好，当然也不能保证，但我们保证要好些。你们要跟人民在一起，跟生产者在一起，把他们消灭干净，有人民就行，就是把林彪以及在座都消灭，全国人民是灭不掉的。不能把中国人民都灭掉，只要有人民就行。最怕脱离工人、农民、战士，脱离生产者，脱离实际，对修正主义警惕性不够，不修也得修。你看朱成昭刚当了几天司令，就往外国跑。或者保爹、保妈就不干了。聂元梓，以她哥哥、姐姐不好来攻她。你那个姐姐聂元素我不清楚，也不那么坏嘛。聂元梓，哥哥、姐姐为什么一定和她联系起来呢？"

周恩来说："我弟弟周永爱，跟王、关、戚混在一起，我把他抓到卫戍区去了。"

毛泽东："我那个父亲也不大高明。要是在现在，也得坐喷气式。"

林彪说："鲁迅的弟弟是个大汉奸。"

毛泽东："我自己也不高明，读了哪个就信哪个，以后又读了七年，包括在中学读半年资本主义。至于马克思主义一窍不通，不知道世界上还有什么马克思，只知道拿破仑、华盛顿。在图书馆读书实在比上课好，一个烧饼就行了，图书馆的老头都跟我熟了。"

陈伯达说："韩爱晶，你的缺点就是没有毛泽东思想，就是不知道这次文化大革命的伟大意义是什么。"

姚文元说："韩爱晶提出这个问题，我们去年就说过，有林副主席做毛主席的接班人，有毛泽东思想，就不怕出修正主义。"

毛泽东："不能保证这次文化大革命以后就不搞文化大革命了，还是会有波折的，不要讲什么新阶段。好几个新阶段，我讲上海机床厂又是什么新阶段？一次文化革命可能不够。"

姚文元说："毛主席已经谈过此类问题，不要再提新阶段。"

周恩来："林彪同志对主席著作学习好，包括苏联在内，对马列原著都没掌握好，林副主席掌握了。"

毛泽东："党内出了陈独秀，党就没有啦？党犯错误，党还是有的，还是要革命的，军队还是要前进的。第四次王明路线那么长还不是纠正了，张闻天搞了十年也不高明。灾难多了，解放后又是多少次？我们这个党是伟大的党，光荣的党。不要因为出了刘少奇、王明、张国焘，我们党就不伟大了。你们年轻人就是没有经验，上帝原谅你们。韩爱晶你问起我，我答复你了，不要以为我们这些人有什么了不起，有我们这些人在就行，没有我们这些人，天就掉下来了。这也是一种迷信。"

陈伯达说："韩爱晶你读过多少马列的书，你懂得多少马克思主义！"

毛泽东："你们不要光说人家韩爱晶，他还小嘛，才二十二岁。你们就是不说你们自己，你们自己懂得多少马列主义？"

江青说："韩爱晶给我写过好几次信，提出这样那样的问题。一到我跟前，就问将来，为什么韩爱晶总喜欢提这类问题呢，总说几十年以后的事，还问我第三次世界大战什么时候打。"

毛泽东："想得远好，想得远好。这个人好啊，这个人好哇。我有几种死法，一个炸弹，一个细菌，一个火车、飞机，我又爱游点水，淹死……无非如此，最后一种寿终正寝。这无非还是细菌吗？薄一波差点死了，听说刘少奇也救活了，一种肺炎，一种心脏病，还有肾感染，四个医生和两个护士抢救，可以说脱离危险期了，你们听说了吗？"

大家说："没听说。"

姚文元对韩爱晶说："历史发展规律总是前进的，曲折的，前途是光明的。相信毛泽东思想，相信群众。我批评韩爱晶是悲观主义。"

韩爱晶反驳姚文元说："我相信共产主义一定会胜利。如果我对共产主义没有信心，我就不会献身共产主义事业，可是我认为，历史的发展是波浪式的，不可能是条直线，难道中国革命，由民主革命到社会主义革命到共产主义就是一条直线走向胜利吗？不会出现反复吗？不是波浪式吗？按照辩证法，肯定有曲折。"

毛泽东说:"韩爱晶这个人好啊!他的性格很像我年轻的时候,认为自己对的,就要坚持。"

他又说:"一次前进是没有的,历史总是曲折的。一九二七年受挫折,两三次受挫折。胜了以后,又出现高饶反党联盟。庐山会议以后,出了彭德怀。现在有走资派,像蒯大富那个彻底砸烂旧清华,'4.14'就不赞成,'4.14'就说,教员也有好的。可你们说的彻底砸烂,不是砸烂好人,而是一小撮坏人,你把含意讲清楚,他就驳不倒了。赶快把六七个领导找来,集中起来,你们今天晚上睡个觉,明天再开会。散会算了,以后再来。"

江青说:"蒯大富,看你那样子难过,不过对你也是锻炼。"

毛泽东站了起来。大家也都站起来,围到毛泽东身边,——与他握手告别。

韩爱晶拉着毛泽东的手说:"主席,我一定为您的革命路线奋斗终生。"

蒯大富握着毛泽东的手说:"主席,谢谢您,祝您万寿无疆。"

张玉凤异常平静地走了过来。她扶着毛泽东的胳膊,向客厅里走几步,掀起一个黑色的布帘,走进去,布帘放下,留下林彪、周恩来、中央领导和五位学生领袖,他们又分别与林彪、周恩来、江青等中央领导握手告别。

没想到,就在他们握手告别的时候,那个黑色的布帘又掀开了,毛泽东又回来了,众人赶紧迎过去。

毛泽东走过来说:"我走了,又不放心,怕你们又反过来整蒯大富,所以又回来了。"

他对在场的中央领导说:"不要又反过来整蒯大富啦,不要又整他。"

几位学生领袖又与毛泽东握手,依依不舍地看着张玉凤又掀起那个黑色布帘,扶着毛泽东走了进去。

毛泽东走了,真的走了。

蒯大富的眼眶红润,一颗颗泪珠从眼窝里滚落出来:"完了,完了,红卫兵完了……"他反复说着这么几个字。

聂元梓和谭厚兰听蒯大富这么一说，更加伤感，心一酸，两人紧紧抱在一起，轻声抽泣，泪水顺着脸颊流下来。

林彪走过来安慰说："别哭了，这也不是什么大不了的事，命还是要革的。今后路还长，说不定什么时候，革命需要你们再次出来时，你们仍然是革命的先锋。"

聂元梓等五人又一次与林彪、周恩来等中央领导握手告别。这时，江青对韩爱晶说："韩爱晶，怎么不握手就走了！"

与江青握手告别之后，韩爱晶和聂元梓、蒯大富、谭厚兰、王大宾五人跟在谢富治身后一起走出毛泽东召见的房子，走向另一个大厅。

韩爱晶后来回忆当时的心情：

我脚踏在过道长条地毯上，可是身体好像飞腾在缥缈的天空，周身依附在云里，周身依附在雾里。我觉得主观的自己根本失去了自我的控制、我像被超越人群、超越正常生活的魔力烘托在天上，社会人间都在看不见的脚下。我觉得不可思议，不可想象，也不敢相信。我觉得自己"轻""稚"。我不敢相信我凭什么置身于这种最高决策的范畴之中，我怎么能参与处理这样重大的事件！我意识到这是亿万人根本不可望也不可及的无比高贵的领地。作为一个红卫兵头头与统治全中国的神在一起，我有被天风吹飘在空中的感觉。

回头下望人寰处，不见北京见云雾。

我镇定自己，表面很正常地跟大家在一起来到另外一个大厅。

在这个大厅里，谢富治对他们五人说："已经9点了，毛主席还没有睡觉。我们吃点饭，然后讨论怎样传达毛主席的指示。"

人民大会堂的工作人员端来一盘鸡蛋炒饭和汤，还请谢富治到后面就餐。谢富治说："不用了，就在这里一齐吃吧。"

工作人员又给谢富治端上来一个盘子，盘子上有一个蒸熟的大蜜桃。谢富治剥去桃子皮，吃了桃子，就召集他们五人坐在一起。

谢富治说："今天，毛主席接见你们，从三点到八点半，谈了五个半小时，内容很多，我们先整理一个简单的统一稿，统一传达，一齐整理，一齐备案，一齐签名。要把对自己有利的先压下来，把批评的先传达。工人阶级是毛主席派的，对外先不讲。我再说一句话，如果有利的记下来要吃亏，批评的要记清，多从批评方面去接受。"

大家围在一起，由韩爱晶执笔，一齐整理了一份约一千字左右的稿子。整理好之后，念了两遍，又做了些补充修改，五个人都签了名后就交给谢富治了。

谢富治说："我看先照这份稿传达，其他内容今后再说。我们马上出发，先到北航去，到那里看看跑到那里的清华学生，然后再到清华大学去。"

出了人民大会堂，果然像毛泽东命令的那样，鲍长康站在大会堂门外等着，衣服上沾着血迹。他是被工人打晕后，赶紧被送往附近医院抢救。醒来时，已在北京市革委会的地下室的沙发上了。身上的血迹，鲍长康后来回忆说：应该是他挨打时流的鼻血。

韩爱晶和蒯大富就坐在谢富治的车里，后面有吴德、黄作珍的车，还有聂元梓、谭厚兰、王大宾的车。一行车辆，向北航驶去。

车队开进北京航空学院。谢富治说："我们先去看看跑出来的学生，然后再到清华大学去。"

28日凌晨，跟着蒯大富从清华大学跑出来的那部分清华学生临时栖身在北航俱乐部会堂。7.28召见的消息传到北航，眼巴巴守候在这里的几百名清华"井冈山"无不欢欣鼓舞。因为在文化大革命中，"毛主席接见"就表示了对你的支持。接见蒯大富会被当作对清华"井冈山"的支持。

谢富治、吴德、黄作珍、丁国钰、聂元梓、谭厚兰和王大宾等一行人从俱乐部会堂看望清华学生后，又去了清华大学。

二十九、清华园安抚工人与学生，电话到改"接见"为"召见"

28日晨，北京卫戍区组织战士乘车，一辆一辆地在清华大学外围转了几圈后开走，声援工人宣传队。

这时，工宣队发现清华"井冈山"的人都跑光了，而清华几个大门一直都被工宣队严守着，于是传言："'井冈山'的人钻地道跑了。"

谢富治等人的车队到了清华大学，先去明斋看望。当他们陆续下车后，看见一些解放军、工人和他们的负责人站在路边，面部表情冰冷严峻，目光充满仇恨。谢富治、吴德等领导走过去与他们握手说话。有的工人很愤怒、很激动地向谢富治控诉，说蒯大富的"井冈山"开枪打死打伤了工人和解放军。有的女工边说边哭、边哭边说，场面很惨痛。

北航韩爱晶远远站在旁边，看到清华这种状况，又难过，又痛苦，又尴尬，又无奈。此时的蒯大富已经处在千夫所指的窘境。

在工人、解放军仇视的目光下，谢富治等人又来到化学馆。任传仲和最后一批坚守在这里的"井冈山"见到他们，就像一群遭受劫难的农妇遇到亲人一样，拥过来拉着谢富治、吴德的手，扯着衣袖，一边嚎哭、一边告状。只见任传仲蓬头垢面，衣衫脏烂不堪，捶胸顿足、呼天抢地地哭喊着："啊！——啊！——保卫毛主席革命路线有罪啊！——保卫毛主席革命路线有罪啊！——杨、余、傅黑后台挑动工人镇压红卫兵啊！"

这是真情真泪，悲痛欲绝！此时他和他的战友们根本不知道工人就是毛主席派来的，也根本不认为自己做错了什么事。他们认为自己受到了反革命的围剿，遭受了天大的冤枉。

二十九、清华园安抚工人与学生，电话到改"接见"为"召见"

谢富治等人只好安慰他们，等他们情绪慢慢平静下来后，谢富治、吴德、黄作珍、丁国钰等又去安抚、慰问清华大学里的工人和解放军。

聂元梓、谭厚兰、王大宾、韩爱晶各自回校。蒯大富在化学馆召集"井冈山"的人开会，传达毛主席7月28日谈话的精神。

韩爱晶回到北航，在红旗小院看到聚集在那里的清华"井冈山"十几个骨干还在争论：清华到底是怎么回事？到底工人进清华对不对？有没有人欺骗毛主席？他们坚持认为："井冈山"是保卫毛主席革命路线的，工宣队是错误的，工人的斗争矛头错了。

韩爱晶委婉地向他们说明：工宣队是毛主席派的，现在要承认开枪是错的。他的话清华"井冈山"显然不爱听。他们希望从他口中听到：是毛主席受了欺骗，工宣队是错误的。韩爱晶觉得少数清华"井冈山"学生还处在情感惯性中，梦还没醒，就走开了。

下午，谢富治、温玉成带着聂元梓等人继续到清华做工人的工作，要他们高姿态，顾大局；又到"井冈山"做工作，向他们讲话，要他们向工人承认错误，并带着蒯大富到工人那里去表态。蒯大富表态承认工人的行动是革命行动，表示要向工人道歉。

下午，王大宾正在地院传达毛主席与他们的谈话，丁国钰给他和聂元梓等五人打电话，要求将"接见"改成"召见"。

当晚20时，首都大专院校红代会召集44所大专院校共130多人开会，传达毛主席7.28谈话的主要内容。在会上，蒯大富、聂元梓、王大宾做了自我批评。会议决定，还在搞武斗的六个学校立即无条件停止武斗，拆除工事，收缴武器。

晚上，蒯大富回到北航，与陈育延、鲍长康等人说毛主席7.28召见的情况。据陈育延回忆：

蒯大富说主席讲：'十万人进清华，4.14高兴，井冈山不高兴，我就不高兴。'说主席讲了三遍。蒯大富还说：'我们离开清华，使我们在主席面前好说话。'还说了关于主席评价周泉缨等人的事，全是对团派有利的事情。就是没有谈主席批评我们的话，也没有谈主席支持宣传队的话。结果当时在场的人都感到主席是支持井冈山的，感到：我们井冈山人必胜！根本就不感到自己的严重错误。

当晚，按照谢富治的要求，动员在北航的清华学生回校。对此，清华"井冈山"产生了三种意见：一是鲍长康、王良生和陈育延为代表的，主张回校。理由是："毛主席召见蒯大富，本身就是对'团派'的支持。中央文革的表态和谢副总理的讲话，也都很明确地支持清华'井冈山'。我们应当配合中央，回校和工宣队搞好关系，这才是真正的左派组织。第二种意见是大多数，他们不敢回校，因为工人宣传队反"团派"的情绪很大，基本上是见"井冈山"就打，他们害怕被抓，被打。第三种意见是以任传仲为首的少数几人，他们坚决要人回校"坚守岗位"，不是与工人搞好关系，而是要与工宣队"继续战斗"。这批人是27日晚就不同意撤走而支援9003楼的。尽管这样，经过动员，还是有一些清华学生从北航回到了清华。

7月28日这天，谢富治他们没有去9003。但是，守在9003的"井冈山"发现这天楼外的人和车越来越多。下午，工宣队开始广播凌晨毛主席接见"五大学生领袖"的一些指示，包括林彪说的"再不投降要予以歼灭"的话。

当晚，为了使坚守9003的"团派"学生安全撤出9003，鲍长康叫小车带他去清华找军宣队负责人。一路上多次被工人拦住，经说明是找军宣队负责人解决9003问题才放行。他来到清华园中学，坐在一间教室里等了10来分钟，迟群才进来。鲍长康向他表达了保证学生安全撤出9003的愿望和意见。

此时，坚守9003的学生已与外边联系中断。为了与"井冈山"总部联系，他们想出了通过广播"数字密码"传送消息的办法，就是双方约定一本书，只要广播该书某页某行某字的数字，一查该书便知是什么字了。派谁出去送"密电码"呢？就是把书名告诉总部，他们选中了工物系9字班的顾耀文。

29日清晨，顾耀文从9003楼后边的小门溜出去，钻出野草丛生的铁丝网，来到通往南校门的路上。这时，在他10余米外的工宣队

二十九、清华园安抚工人与学生，电话到改"接见"为"召见"

流动哨看见了他，叫他站住。正在顾耀文感到十分危急的关头，路东职工住的红砖平房里走出一位工人，应该是"工总司"的，可能认识顾耀文，过来一把拉住顾耀文说："是我们家的。"就把他领到屋里，什么也没问又出门去看动静。不一会回来对顾耀文说："可以走了。"顺手拿顶旧草帽扣在顾耀文头上，送他出了屋。

顾耀文此后一路无阻地来到化学馆，找到正在睡觉的邢晓光，把书名告诉他，任务完成。

从化学馆出来后，顾耀文在楼外丁香树下碰到动农系汽 9 班的"黄毛"（黄雅岚），问顾耀文去哪里？

顾耀文说："9003。"

黄雅岚说："别去了，很危险。"

顾耀文答："同学都在里面，岂能独善，一定要回去。"遂挥手道别。虽为夏日，颇有些"风萧萧兮易水寒"的味道。

顾耀文顺利回到9003。

这天，没有接到任何消息的9003大楼楼顶架起望远镜，每个楼角架起一门土炮，每个窗口处都放有硫酸瓶、手榴弹、暖气片等，大有决一死战的架势。中午，9003打出大标语：

"雪里梅花开不败，井冈山人敢上断头台！"

"生做毛主席的红小兵，死做毛主席的红小鬼！"

下午，"井冈山"总部广播通知9003："勿动静候。"

当9003听到毛主席28日接见蒯大富的消息后，不失时机地贴出大标语：

"毛主席接见蒯大富是对井冈山人最大的爱护！"

其中，"蒯大富"三个字写得大大的。

29日这天，从昌平县清华200号原子基地回到北航的刘才堂和崔兆喜等在北航召集了几十个人商量给9003的人解围的事。当时有人介绍情况说："几千个工人带长矛、柳条帽包围9003，很可能发起进攻，又有好多全副武装的解放军，一打我们在9003的几十个人就全完了。9003的人已发出三次呼救"等等。刘才堂又找韩爱晶，又找蒯大富，连拍好几封加急电报给中央。

这天，为了使被困在9003楼的"井冈山"安全撤出，陈育延代表"井冈山"总部与工宣队谈判，条件是："我们同意交枪，拆工事，但要求我们的战士安全撤出。"

工人让陈育延先去做9003楼"井冈山"的思想工作。

陈育延走进9003，这里的很多学生想不通，但迫于当时的形势也只能被迫同意交枪。可是，当陈育延走出9003，再去与工宣队商谈，将学生们同意交枪的意见告诉工宣队时，却在楼外被工人团团围住，既不让她回9003，也不让她去"井冈山"总部，一定要她同意四项条件：

1、上交所有武器。

2、立即拆除所有工事。

3、向毛主席低头认罪，向革命职工低头认罪，写检讨。

4、办学习班，由宣传队负责。

并说："在保证这四条的情况下，我们工人保证9003战士安全撤出。"

陈育延只同意前两条。之所以不同意后两条，是因为她只承认"井冈山"犯了错误，可以写检讨，但不是犯罪，所以不应"低头认罪"。而第四条"办学习班"，她还想以"井冈山"为主导，不同意"由宣传队负责"。她说："必须在保证我9003工厂全体战士安全的条件下，我们可以做到，第一，上交全部武器。第二，立即拆除工事。第三，写检讨。"

最后，谈判也没有成功，陈育延在9003楼外被扣了11个小时，从中午13时30分开始，一直到夜里24时30分，始终未达成协议，最后将她送回明斋。

三十、工人围住蒯大富，"井冈山"撤出9003

7月29日，北京市革命委员会在市委会议室召开全体会议，谢富治主持，传达贯彻毛主席召见的重要指示。作为市革委会常委的蒯大富参加了这次会议。

这天，在7月二十七日那天第一个死难者王松林所在的北京第二机床厂、9003大楼前被枪击受重伤的两名工人所在的北京光华木材厂和北京起重机厂的工人自发地组织起来前往北京市革委会。蒯大富会后被这些愤怒的工人代表团团围住，揪住不放，要跟他算账，其中很多人还是工宣队带队的负责人。当时在现场的韩爱晶后来回忆说："工人们把蒯大富带到一边，要求蒯大富签字认罪，蒯大富狼狈不堪。"

当晚，蒯大富向工人宣读了书面检讨。他说："我们清华井冈山的负责同志却对工人阶级的革命行动采取抵制和反对的极其错误的态度，并进行武斗，造成严重的伤亡。这完全是犯罪行为！是站在工人阶级的对立面，是对毛主席的最不忠！在这里，我们怀着沉痛的心情向首都工人阶级认错，赔礼道歉，特别向首都工人阶级中为宣传毛泽东思想而牺牲的几位工人同志的家属低头认罪，致以沉痛的哀悼和慰问。……

由于我们兵团负责人的严重政治错误，造成极大的不可挽回的损失，我们感到无比的痛心懊悔，实在对不起伟大领袖毛主席，对不起首都工人阶级，再一次向毛主席低头认罪！向首都工人阶级认错，赔礼道歉！"

但是，一直到7月30日凌晨，工人们依然不依不饶，要蒯大富交出凶手，交不出来，就说一说当时是怎么想的？蒯大富被逼得没办法，就说：当时工人宣传队攻楼，静斋的守楼人员让他拿主意，他当时的想法就是不让工人进楼。如果工人硬要进楼，就抵抗，还击。

魏秀茹等工人当即要求："写下来！写下来！"

蒯大富说："写就写！"就把这句话写了下来，并签了日期："1968年7月30日"。他刚写完，北京机床厂工人、后任北京大学革委会副主任的魏秀茹一把就将纸条抢了过去。

凌晨1时左右，北京市革委会副主任吴德、北京卫戍区政委黄作珍、副政委刘绍文和蒯大富、韩爱晶一起乘车从市革委会回到北航。刘才堂、崔兆喜等已经在北航门口等候。吴德等人下车后，清华"井冈山"的人就围住吴德、黄作珍了解情况。

蒯大富将崔兆喜拉至一旁说："给你一个重要任务：我已在谢副总理面前谈好了，要我们9003的人立即全部缴枪，可以保证9003的人出来，谈判条件都定好了，但谢副总理要我们交凶手。外地人里面肯定有坏人，交外地人也可以，交出两个送卫戍区去就行了，否则我们下不来台。如果我们的人里有坏人，也可以查出来送去。"

崔兆喜说："这到哪儿找去？人家外地人赶工人帮我们打了半天，倒把人家抓去，那怎么行？我们不仅在北京臭，在全国都要臭了。"

蒯大富说："不行。你一定想法找，就看你的了。"

崔兆喜沉吟半天，始终没答话。

随后，吴德他们又上车去往清华。

从7月30号凌晨2时开始，吴德、黄作珍、刘绍文在清华主持召开清华"井冈山兵团"总部与工人宣传队负责人的谈判会议。据崔兆喜后来在交代材料里写道："谈判中我的表现不好，惹得工人很气愤，要打我。"不过，最终双方还是达成了协议。

谈判协议的草稿原件是用铅笔字写在稿纸背面的，陈育延至今还保留着宣传队拟就的谈判协议草稿原件。她估计，这可能是迟群拟的稿，"30日"是按"卅"来写的。但在协议上签字的不是迟群。

协议草稿原文如下：

三十、工人围住蒯大富，"井冈山"撤出 9003

首都工农毛泽东思想宣传队
红代会清华井冈山兵团总部协议

红代会清华井冈山热烈欢迎、完全支持首都工农毛泽东思想宣传队来清华宣传毛泽东思想、宣传 7.3 布告的革命行动。在伟大领袖毛主席七·二八最新指示的光辉照耀下，在市革委会领导下，在解放军同志指导帮助下，达成协议如下：

一．立即无条件贯彻执行 7.3 布告，停止武斗。

二．立即无条件地交出所有武斗凶器，包括校内外，一件不准打埋伏。今天下午 4 时以前交清校内武器。

三．立即无条件彻底的拆除所有武斗工事，立即撤出武斗地区。

四．清华井冈山兵团总部组织学习毛主席批发的"7.3"布告，"7.24"布告，毛主席"7.28"最新指示，彻底清理阶级队伍。

五．立即恢复水、电、电话。

六．此协议签字后立即生效，由北京卫戍区刘绍文同志并首都工农毛泽东思想宣传队监督执行。

北京卫戍区代表

刘绍文

首都工农兵毛泽东思想宣传队代表

王慎、柳一安、郑清海、董太和、李保杰、施镜清、张世忠、金满银、刘风、刘桂芝、任庆君、胡墨林。

红代会清华井冈山总部代表

鲍长康、刘才堂、任传仲、陈育延、左正平、崔兆喜、黄跃寰、王庭佛、高季洪、周大卫。

1968．七．卅．八点卅分

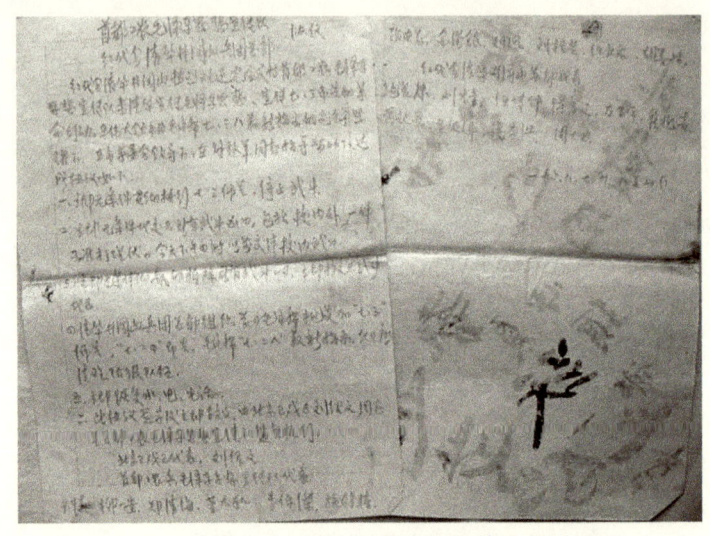

宣传队与井冈山兵团协议草稿原件

7月30日中午,9003大楼前开来几辆军用卡车,上百名解放军战士分两队把围楼的工人挡开,夹道保护9003大楼里的学生出楼上车。学生们要求打着"井冈山"的大旗走出9003,不许,而且还对每个人进行了搜身检查。学生们认为,这是极大的人身侮辱。

军用卡车将9003的学生送到明斋前面。下车后,他们与总部的人全都大哭一场,哭了很长时间。

陈育延日记里真实地记载了他们当时的心情:

"我当时坚持要9003工厂的全部井冈山战士在交武器的同时撤出,结果是卫戍区刘绍文帮助解决了。9003的井冈山战士在撤出时,受到了最大的人身侮辱——搜身,并且不许打井冈山大旗。他们很多人都是哭着出来的。一到明斋,就开会,痛哭,然后跟游行队伍离开了清华。这天,井冈山战士心情沉重,情绪极大。但是,他们哪里知道,此时工人已牺牲五人,伤六七百人了。晚饭时,蒯、鲍、我讨论,他们要离开清华,我不愿意离开,我认为现在离开是错误的,还应当再看看。"

在明斋二楼,"井冈山"总部向 9003 撤回来的人员传达了毛主席 7.28 谈话内容,随后,大家就都离开了清华,他们自己后来戏称之为:"即作鸟兽散"。

这时,崔兆喜将蒯大富向他布置"抓凶手"的事和鲍长康讲了。鲍长康说:"怎么抓?算了吧!"

之后,"井冈山"开始在学生中做艰苦的说服工作,他们挂出横幅:"向北京市工人阶级赔礼道歉!"

然后到工人家,一家一家地赔礼道歉。谢富治帮他们做工厂的工作,"井冈山"总部做学校的工作。事情很快平息了下来,但工人的情绪是很难在短时间内平息的。

三十一、公布正式传达稿

7月30日，周恩来、陈伯达、康生、江青致信毛泽东、林彪，认为毛泽东7月28日凌晨接见聂元梓、蒯大富、韩爱晶、谭厚兰、王大宾等五人的谈话"极为重要"，提议将这次谈话的书面整理稿或北京市革委会正式传达的《毛主席关于制止武斗问题的指示要点》，发到全国。

这天，北京公布了毛泽东7月28日召见北京五大学生领袖的正式传达稿。这是在谢富治主持下，"五大领袖"核对记录，经删减后统一公布的。第二天刊登在1968年7月31日的清华《井冈山》报第154期上。全文如下：

毛主席7.28重要讲话
（关于制止武斗问题的指示）

7月28日凌晨3点半到8点半，我们伟大领袖毛主席和他的亲密战友林彪副主席召见了我们五个人。主席的主要指示精神，是要我们欢迎和支持首都工人毛泽东思想宣传队到少数有武斗的大学宣传毛主席最新指示和"7.3布告"，劝说学生停止武斗，上交武器，拆除工事。要我们支持、尊重人民解放军。

召见时在座的有总理、伯达、康生、江青、姚文元、谢富治、黄永胜、吴法宪、叶群、汪东兴同志。还有温玉成、吴德、黄作珍等同志。

毛主席身体非常健康，他老人家看到了我们进到会场时，一一和我们握手，毛主席叫我们坐下。江青同志说：好久不见了。

毛主席说：还不是天安门上见过吗？又没有谈话，你们无事不登三宝殿。不过，你们的情况，我是知道的。

伟大领袖毛主席非常非常关心我们红卫兵小将和关心学校文化大革命运动。向我们进行了极为重要极为深刻的教导。下面传达主席关于制止武斗问题指示精神的要点，这是根据我们自己的记录整理的，可能记录不够准确。

毛主席说：今天是找你们来商量制止大学的武斗问题，怎么办？文化大革命搞了两年！你们现在是一不斗，二不批，三不改。斗是斗，你们少数大专学校是在搞武斗。现在的工人、农民、战士、居民都不高兴，大多数的学生都不高兴，就连拥护你那一派的也有人不高兴，你们脱离了工人，脱离了农民，脱离了部队，脱离了居民，脱离了学生的大多数。有些学校搞了些斗黑帮，但很不够，逍遥派那么多，就是因为分了两派，忙于武斗。现在不搞斗批改，而要斗批走，斗批散。我说大学还要办，讲了理工科，但没有讲文科都不办。但旧的制度，旧的办法不行了。学制要缩短，教育要革命。还是要文斗，不要武斗。现在提出四个办法；（一）实行军管；（二）一分为二（就是两派可以分两个学校，住在两个地方）；（三）斗批走；（四）继续打下去，大打，打他十年八年地球还是照样转动。这个问题也不必现在答复，回去你们商量商量，讨论讨论。

我说你们脱离群众，群众就是不爱打内战。有人讲：广西布告只适用广西，陕西布告只适用陕西，在我们这里不适用。那现在再发一个全国的布告，谁如果还继续违犯，打解放军、破坏交通、杀人、放火，就要犯罪；如果有少数人不听劝阻，坚持不改，就是土匪，就是国民党，就要包围起来，还继续顽抗，就要实行歼灭。

林副主席说：斗走资派是好事情。文艺界的牛鬼蛇神也必须斗。现在有些人不是搞这个，而是要搞学生斗学生，群众斗群众。他们大都是工农子弟,被坏人利用,有的就是反革命。有的人开始是革命的,渐渐地革命性减少了,走向反面。有的人主观上是想革命的,但客观上行动上是相反的,有一小撮人主观客观都是反革命的。

毛主席说:现在是轮到你们小将犯错误的时候了。不要脑子膨胀,甚至全身膨胀,闹浮肿病。希望你们不要分天派地派,搞成一派算了,搞什么两派。

林副主席说:今天是毛主席亲自关心你们,做了最正确的,最重要的,最明确的,最及时的教导,这次如果还置若罔闻,要犯很大的错误。你们红卫兵在文化大革命中起了很大作用,现在全国很多学校实现了革命大联合。大联合的问题,你们有些学校落后了。你们没有看到文化大革命每个时期需要干什么。希望你们赶上去。

同时,我们的总理、伯达、康生、江青、姚文元、谢富治、黄永胜等同志都给予亲切的批评和勉励。

在长达五个小时的接见中,深深地教育了我们。伟大领袖毛主席对我们红卫兵和无产阶级革命派无比的关怀和爱护,伟大领袖毛主席最了解我们红卫兵和广大无产阶级革命派,真是爹亲娘亲不如毛主席亲,天大地大不如党的恩情大。我们的工作过去没有做好,有许多缺点和错误,感到无比的惭愧,有些事是很可痛心的。我们绝不辜负伟大领袖毛主席对我们的最大的关怀、鼓舞和期望。我们坚决听毛主席的话,按照毛主席的指示办事,我们热烈欢迎,坚决支持首都工人毛泽东思想宣传队,到大学宣传最高指示和"7.3布告"。认真努力学习毛主席著作,老老实实地向工人、农民、解放军学习,彻底改造世界观,紧跟毛主席伟大战略部署,坚决执行"7.3布告"和毛主席的一系列指示,将无产阶级文化大革命进行到底!

北京大学	聂元梓
清华大学	蒯大富
北师大	谭厚兰

三十一、公布正式传达稿

北京航空学院　　韩爱晶
北京地质学院　　王大宾
1968年7月30日重印，以此为准。

毛主席七·二八重要讲话

（关于制止武斗问题的指示）

七月二十八日凌晨三点半到八点半，我们伟大领袖毛主席和他的亲密战友林彪副主席召见了我们五个人。主席的主要指示精神，是要我们欢迎和支持首都工人毛泽东思想宣传队到少数有武斗的大学宣传毛主席最新指示和"七·三布告"，劝说学生停止武斗，上交武器，拆除工事。要我们支持、尊重人民解放军。

召见时在座的有总理、伯达、康生、江青、姚文元、谢富治、黄永胜、吴法宪、叶群、汪东兴同志。还有温玉成、吴德、黄作珍等同志。

毛主席身体非常非常健康，他老人家看到了我们进到会场时，一一和我们握手，毛主席叫我们坐下。江青同志说：好久不见了。

毛主席说：还不是天安门上见过吗？又没有谈话，你们无事不登三宝殿。不过，你们的情况，我是知道的。

伟大领袖毛主席非常非常关心我们红卫兵小将和关心学校文化大革命运动。向我们进行了极为重要极为深刻的教导。下面传达主席关于制止武斗问题指示精神的要点，这是根据我们自己的记录整理的，可能记录不够准确。

毛主席说，今天是找你们来商量制止大学的武斗问题，怎么办？文化大革命搞了两年！你们现在是一不斗，二不批，三不改。工人，农民，战士、居民都不高兴，大多数的学生都不高兴，连拥护你那一派的也有人不高兴，你脱离工人，脱离了农民，脱离了部队，脱离了居民，脱离了学生的大多数。有些学校搞了挑斗黑帮，但很不够，逍遥派多，就是因为分了两派、忙于武斗。现在不搞斗批改，而要斗批建，斗批胜。我说大学还要办，讲了理工科，但没有讲文科就不行了。学如何运用，教育要革命。现在提出四个办法：（一）实行军管；（二）一分为二（就是两派可以分两个学校，住在两个地方）；（三）斗批走；（四）继续打下去，大打，打他十年八年地球还是照样转动。这个问题也不必现在答复，回去你们商量商量，讨论讨论。（下转第二版）

毛主席林副主席无限关怀红卫兵小将
亲切接见首都红代会核心组负责同志

毛主席身体非常非常健康、神采奕奕、红光满面，和被接见人员亲切交谈了整整五小时．对红卫兵小将和高校运动作了最正确、最重要、最明确、最及时的指示

周总理、陈伯达、康生、江青、姚文元、谢富治、黄永胜、吴法宪、叶群、汪东兴等中央首长参加接见

喜讯传来，正在为誓死保卫毛主席，为夺取无产阶级文化大革命全面胜利而浴血奋战的英雄的井冈山人个个热泪盈眶，万分激动，千遍万遍地高呼："毛主席万岁！""毛主席万万岁！"决心紧跟毛主席的伟大战略部署，虚心向工农兵学习，坚决贯彻"七·三布告"、"七·二四布告"，坚决制止武斗，主动上交武器，拆除武斗工事，尽快实现革命大联合，革命三结合，全面地不折不扣地落实毛主席最新指示，把无产阶级文化大革命进行到底。

我们最最敬爱的伟大领袖毛主席和他的亲密战友林副主席，以及周恩来、陈伯达、康生、江青、姚文元、谢富治、黄永胜、吴法宪、叶群、汪东兴等中央首长于七月二十八日凌晨接见了首都大专院校红代会核心组负责同志聂元梓、副政委、韩爱晶、谭厚兰、王大宾。接见时在座的还有温玉成、吴德、黄作珍等同志。

毛主席身体非常非常健康，红光满面，神采奕奕，和首都红代会核心组五同志一一握手。伟大领袖毛主席对红卫兵小将非常非常关心，对学校运动非常关心，他老人家对学校无产阶级文化大革命，对红卫兵小将进行了最正确、最重要、最明确、最及时的指示。这是对我们最大的关怀、最大的教育、最大的鼓舞。

我们红卫兵的最高司令，我们伟大统帅毛主席和他的亲密战友林副主席对我们的亲切教导，学习的运动非常清楚。在长达五个多小时的接见中，毛主席询问了"七·理、陈伯达、康生、江青、姚文元、谢富治、黄永胜、吴法宪、叶群、江二七"事件的经过，井冈山对我清华大学无产阶级文化大革命作了极为重要的指示，这是对我们井冈山无产阶级文化大革命命令的最大支持、最大鼓舞、最大教军，这是对我们坚决贯彻执行无产阶级文化大革命命令的最全面，最深刻，最精辟的分析。毛主席的一系列重要指示，为我们夺取无产阶级文化大革命的全面胜利指明了方向。

伟大领袖毛主席亲切地对我们说，井冈山人，你们回去要传达！要我们井冈山人民居立于伟大的毛泽东思想，正确理解、坚决执行毛主席"七·二八"最新指示，不论任何人，胆敢对"七·二八"最新指示进行歪曲、篡改，我们都要与他们不调和斗争到底。
（下转第二版）

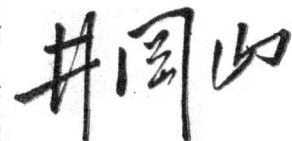

第154期 一九六八年七月三十一日
红代会清华大学《井冈山》报编辑部

钟声在这一天敲响——记1968年清华大学7.27事件

《2》井冈山 1968.7.31

伟大的战略部署
——热烈欢呼毛主席"七·二八"接见红卫兵代表

正当夺取无产阶级文化大革命全面胜利的关键时刻，我们最敬爱的伟大领袖毛主席亲自接见了英雄的红卫兵代表，并且就红卫兵运动一系列问题作了长达五小时的教导，这是红卫兵的最盛大的节日，是全面彻底地夺取无产阶级文化大革命胜利的伟大战略部署。

毛主席接见了我们的代表，毛主席教导我们，毛主席指挥我们前进！

革命不怕死，怕死不革命，英雄的红卫兵就是在毛主席亲自唱导下，在与刘邓陶等资产阶级反动路线顽固推行者的殊死搏斗中一小撮走资派、叛徒、特务的狗充我活的斗争中成长起来的，一切反动势力却害怕头顶的红卫兵，他们诬蔑毛主席的红卫兵，他们疯狂地否定伟大的红卫兵运动，但是我们伟大领袖毛主席根本支持红卫兵，最英明地指挥红卫兵运动胜利地前进。

现在，伟大的无产阶级文化大革命命已经取得了决定性的胜利，但是要夺取更大的胜利，要夺取全面彻底的胜利，要巩固、落实、发展文化大革命的伟大成果，这要进行更长更艰苦的斗争。

林副主席"七·二八"指示我们："你们没有上去。"这就需要我们下什么好了？就是要坚决执行毛主席的"还是要文斗，不要武斗"的指示，坚决贯彻"七·三"、"七·二八"布告，实行革命的大联合，革命的三结合，坚持好斗批改，要把反革命的黑手印倒头来，一句话，要抱紧打倒刘邓陶等党内最大的一小撮走资派及其在反革命乱集风下的反革命乱集团，要按照毛泽东思想的原则改造整个中国，整个世界。

毛主席亲切地教导我们说："有些学校，搞了能斗是黑帮，但很不够，通通派都会去，就是因为分了两派，化了派人，今天，我们就是从认为现在不要分几派了，大家共同做工作，特别是要斗争陶、反革命地下复仇军，例如在反动游乐队中路翎沈——罗反革命集团及其爪牙后台，就是当前无产阶级文化大革命的极其危险的敌人，不打倒这种反革命集团，文化大革命就不可能恢复起来的胜利，资本主义复辟了，刘邓或邓陶的代理人就会重新上台，就会千百万人头落地，那是一个多么严重的情景啊！

最近一个时期以来的种种事实表明，一小撮反革命分子、反革命伙伴心怀叵测别只要行动之前，做坏了毛主席的伟大战略部署，他们挑动群众斗群众，转移斗争大方向，制造一系列反革命阴谋事件，我们真正的井冈山人就要同全国的无产阶级革命派一道，对他们开展稳、准、狠地斗争，紧跟毛主席的战略部署，毫无不移地将文化大革命进行到底。

井冈山人樵聚，井冈山人为毛主席争气，踏开一切秆秆杆，横扫一切黑人虫，只要还有一个井冈山人在，沈——罗反革命集团就休想逃脱人民的审判，誓与沈——罗匪毒血集团及其后台台血战到底！

誓死捍卫毛主席的伟大战略部署！
全面地落实毛主席"七·二八"最新指示。

毛主席七·二八重要讲话
（上接第一版）

我说你们脱离群众，群众就是不爱打内战。有人讲，广西布告只适用广西，陕西布告只适用陕西，在我们这里不适用。那现在再发一个全国的布告，谁你布还继续搞打了。打斜放军、破坏交通、杀人、放火，就要犯罪。如果有少数人不听劝阻，坚持不改，就是土匪，就是国民党，就要包围起来，送续续的歼灭，就要实行开灭。

林副主席说，个女学源是好学生，文艺界中是蛇神之的婚干。现在有些人不是搞战士，而是要搞好学生十学生，群众斗群众。他们大都是工农子弟，被坏人利用，有的就是反革命。有的人开始是革命的，渐渐地革命性减少了，走向反面。有的人主观上是想革命的，但客观上上是相反的，有一小撮人主观客观都是反革命的。

毛主席说，现在是在轮到你们小将犯错误的时候了。不要脑子膨胀，甚至全身膨胀，闹浮肿病。

希望你们不要分天派垂派，搞成一派算了，搞什么两派。

林副主席说，今天是毛主席亲自关心你们，做了最正确的，最重要的，最明确的，最及时的教导，这次如果还置若罔闻，要犯原来的错误，那就不可以了，对红卫兵在文化大革命中表了很大作用。这是在全国所有学校实现了革命大联合，三结合的问题，有些学校落后了，你们没有看到文化大革命每个时期要求什么，希望你们赶上去。

同时，我们的总理、伯达、康生、江青、姚文元、谢富治、黄永胜等同志都给予亲切的批评和勉励。

在长达五个小时的接见中，深深地教育了我们。伟大领袖毛主席对我们红卫兵和无产阶级革命派无比的关怀和爱护，我们领袖毛主席最了解我们红卫兵和广大无产阶级革命派，真是爹亲娘亲不如毛主席亲，天大地大不如党的恩情大。我们的工作过去没有做好，有许多缺点和错误，感到无比的惭愧，有些事是很可痛心的，我们决不辜负伟大领袖毛主席对我们的关怀、鼓舞和教导，我们坚决听毛主席的指示办事，我们热烈欢迎、坚决支持首都工人毛泽东思想宣传队，到大学宣传最高指示和"七·三布告"，认真努力学习毛主席著作，老老实实地向工人、农民、解放军学习，彻底改造世界观，紧跟毛主席伟大战略部署，坚决执行"七·三布告"和毛主席的一系列指示，将无产阶级文化大革命进行到底！

北京大学 聂元梓
清华大学 蒯大富
北 师 大 谭厚兰
北京航空学院 韩爱晶
北京地质学院 王大宾

一九六八年七月三十日重印，以此为准。

毛主席林副主席无限关怀红卫兵小将
（上接第一版）

毛主席对井冈山人搏棒，井冈山人为毛主席争气！井冈山人为了强卫毛主席，为了保卫无产阶级文化大革命，不怕上刀山，下火海，不惜流头颅，洒热血，与党内一小撮走资派及其追随产阶级一小撮人派，扑着打，无论你们如何变颠倒是非，故意毁誉，是同盟提无产阶级一切党内一小撮走资派及其庇护东思想宣传队，否定无产阶级文化大革命的胜利成果，我们井冈山人都说森毛泽东思想宣传队，下决心起来夺你们无产阶级革命派掌管会的，彻底地将不管你们的，他们把我党谁的日子已经来到！

井冈山人决不辜负毛主席的期望，决不辜负工人，贫下中农，人民解放军的期望，一定紧跟毛主席的伟大战略部署，坚决执行"七·三布告"、"七·二四布告"，立即行动起来，主动上交武器，拆除武斗工事，紧紧地与广大工农兵群众结合在一起，团结起来，搞好斗、批、改，把无产阶级文化大革命进行到底。

你们人看想煽动井冈山人和广大工农兵群众的关系，从中渔利，都是绝对办不到的！

"天大地大不如党的恩情大，爹亲娘亲不如毛主席亲。"最敬爱的毛主席，您老人家最关心我们，最了解我们，最支持我们。当倾倒思想以及井冈山广大红卫兵代表和井冈山人受到毛主席接见红卫兵小将的幸福的消息，正在哄号着年下来井冈山人个个不是相亲，沉浸在一片无比幸福欢乐之中，多少人流下了幸福的泪。他们情不自禁地，千句话万句话，汇成一句话："敬祝伟大领袖毛主席万寿无疆！万寿无疆！"

三十一、公布正式传达稿

1968.7.31 井冈山(3)

向工农兵学习，向工农兵致敬！

七月二十七日，首都工农毛泽东思想宣传队到清华大学来，宣传毛主席批示的"七·三布告"，宣传毛主席的最新指示，这是一个革命行动。

我们清华大学井冈山兵团全体战士坚决贯彻执行毛主席"七·二八"最新最高指示的精神，热烈欢迎首都工农毛泽东思想宣传队来我校宣传"七·三布告"，宣传毛主席最新最高指示！我们全体井冈山兵团战士，衷心表示，向首都工农兵学习！向首都工农毛泽东思想宣传队致以无产阶级文化大革命的战斗敬礼！

首都工人阶级最听毛主席的话，他们立场最坚定，爱憎最分明。

工人阶级是红色小将的坚强后盾。他们坚决支持红卫兵小将向党内一小撮走资派发起的猛烈进攻，相互支援，在二年多的长期斗争中，粉碎了一切阴谋诡计。

在震动全北京市、全国的七·二七事件中，我们清华井冈山工总司战士与首都革命工人发生了一些不必要的冲突和误会。

我们伟大的领袖毛主席指出："在工人阶级内部，没有根本的利害冲突，在无产阶级专政下的工人阶级内部，更没有理由一定要分裂成为敌对的两大派组织。"

这次首都革命工人来清华宣传"七·三布告"制止武斗是革命行动，是对我们清华革命工人的有力支持。由于我们对毛主席的伟大战略部署觉察不够，以及一些派性原因，干了一些蠢事，发生了冲突和对立的现象。

这是完全不应该的。

过去，解放前，我们工人受够三座大山的压迫，吃够了国民党反动派的苦头，最亲人是毛主席教我们闹革命，毛主席啊，毛主席！您是我们的恩人、最亲的人，我们也您有深厚、最深、最深的无产阶级的感情。

但是，解放后，蒋南翔这个反革命修正主义分子，知一手遮天，在清华园大搞独立王国，疯狂实行毛主席、毛泽东思想、夺印，把我们广大革命工人管制于下，实行资产阶级知识分子统治的旧清华，挪里是工人阶级的地盘！1贯资产阶级的反动奥妙的政策，对我们革命工人却连住房、吃饭都没有解决。可每一天工人都挨一顿怒骂，特务、家伙！我们过去是头打不还手，人骂不还口！还有当时南瓦蒋南翔这些叛徒、特务、走资派；

平推一声令下，毛主席亲自发动和领导了史无前例的无产阶级文化大革命，使我们重新做回了主人，给了我们第二次生命，全体卫生战士，我们打了以下了打铁管子，就是要"树立新清华"！

我们遵照毛主席的伟大教导："资产阶级知识分子统治我们学校的现象再也不能继续下去了"！工人阶级一定要占上教育革命的舞台，他们决心，教育革命、革命，就是要革新清华的命运。

首都革命工人遵奉敬地保卫劳动派叛徒、和沈罗反革命集团的狗兄弟。他们指责我们工人是大老粗，不懂得文化革命的理论，蒋南翔的黑干将就是怕革命工人上政治舞台，扣帽子，骂大街，公然大叫什么"搞经济主义"，这比蒋南翔的看家的就是怕革命工人上政治舞台！

沈罗反革命集团就是我们敬爱的毛主席。罗瑞清比毛主席有吉南翔主席为师，和无产阶级司令部对着干，公然否定无产阶级文化大革命。他们就是为了清华大屠城复辟，破坏毛主席的伟大战略部署，向工农兵学习，把清华大学的无产阶级文化大革命进行到底。不达目的誓不罢休！

毛主席非常深刻地观察了大学的无产阶级文化大革命，在七月二十八日又向高校的无产阶级文化大革命的许多问题作了最正面、最重要、最明确、最及时的教导。毛主席严肃地指示了革命大战略部署，我们要革命工人不怕大的利益。

生活就是斗争，我们革命工人有远见骨气，最有革命的彻底性，骂不倒、压不倒，我们要按毛泽东思想和其黑匠台血战到底！

首都工农毛泽东思想宣传队来清华，是毛主席对我们制止武斗，请工农兵主管教育的战略部署，我们对毛主席的最新部署无限爱戴，我们根本利益和毛主席完全一致，我们坚决拥护，七·二七不愉快事件的发生，是十分令人痛心的！

回想当年，在与彭罗陆杨的斗争中，我们战斗在一起，在与刘邓陶、王光美的战斗中，我们一起保皇国——工贼"悍卫团"的坚决战斗中，我们同风同雨，一刀挥溃的坚风起浪，我们对我们的战士有力，我们共同提出了小虫王关震，在这次反击右倾、反复辟、反分裂的伟大斗争中，我们一齐打下了杨余傅，共同推翻黑黑台面所有。

在无产阶级文化大革命这两年中的战斗生活中，我们的命运紧紧地联系在一起，任何人也分不开。

然而，今天竟发生了这些不必要的风波的误会，健康的事，但同时我们也觉会比以前任何时候更加密地团结在一起，紧紧团结在伟大领袖毛主席的周围，为无产阶级文化大革命的全面胜利斗争到底！

我们：脱离了工人、农民、战士、脱离了学生的大多数。这是对我们红卫兵小将最大的爱护、最大的帮助、最大的教育。毛主席在这里说的每一句话都铿锵有声，都像锤子打在我们的心坎上，给我们以温暖，井冈山人会兴奋地、流着感激的泪，聆听着我们的最红最红的红太阳毛主席的伟大教导，心情是多么激动，多么的起伏不平啊！

这次，首都工农毛泽东思想宣传队来我校宣传"七·三布告"，宣传毛主席最新指示，付出了代价。由于事前没有打招呼，与井冈山红卫兵小将产生了一些误会，发生了一些冲突，这很不应该。我们全体井冈山兵团战士在此向首都工农兵毛泽东思想宣传队表示，对牺牲的工人及其家属表示深切的悼念和沉痛的哀悼。

对于一小撮阴谋陷人者和歪曲毛主席伟大战略部署、妄图挑拨首都工农兵与红卫兵小将、与清华井冈山的血肉关系的一切阴谋，必须予以揭露，坚决打倒。

我们深信，首都工农毛泽东思想宣传队来校宣传毛主席最新指示，必将进一步增强清华井冈山与首都工农兵的战斗友谊。新的团结，必将为无产阶级文化大革命的全面胜利打下牢固的基础。

工人阶级和我们红卫兵小将的关系是久经考验的，是血和肉的关系，我们坚决按照毛主席的教导，同工农兵相结合，与首都工农兵团结在一起，战斗在一起，胜利在一起，把无产阶级文化大革命进行到底！

向工农兵学习，向工农兵致敬！

革命工人心连心

·井冈山工总司·

短讯几则

"八·二四布告"，主张拆除金殿寺，制止了清华武斗，这是毛泽东思想的伟大胜利。

毛泽东思想宣传队，于七月三十一日发出一个几个具体规定的通告。

一、工农毛泽东思想宣传队在清华已经正式分区驻扎：
二、工农毛泽东思想宣传队负责指挥东北西的，清华大学教职员工在校内按规、机电系全校长分区工厂工作。
三、 清华井冈山兵团负责工；
四、 人员现正常活动，在顾问的指挥下区域为先；
五、 武器上交，不要太急。要通过思想政治工作，做。
六、 工农毛泽东思想宣传队欢迎校内外的同志批评。
七、 受保护革命小将，受到清华井冈山兵团的批准。一致同意自觉主动上交武器，不拿一草一木，不拿一针一线。

钟声在这一天敲响——记1968年清华大学7.27事件

1968年7月31日第154期《井冈山》报

这期《井冈山》报还在第三版刊登社论《向工农兵学习,向工农兵致敬!》。

正式的传达稿一公布,清华"井冈山"的头头们都怔住了,因为其内容与两天前蒯大富在"七二八召见"后返回北航时、非常兴奋地向他们口头传达的内容相差甚远。有些头头对蒯大富的"口头传达"产生了怀疑,认为至少是不全面的。

为了缓和工人与清华大学"井冈山"强烈的对立情绪,谢富治一直是亲自出面斡旋,要工人顾全大局,让他们多摆摆红卫兵小将在文化大革命中的"丰功伟绩"。工人因为死伤众多,情绪很大,一个工人宣传队的负责人气愤地说:

"摆什么摆!要摆就把我们受伤的那些工人在操场上摆起来!……"

有一次,陈育延在谈判时,亲眼看到谢富治叫迟群过来签字。迟群满脸通红,很不情愿地从后面站起来,走了过来。

7月30日,清华大学"井冈山"第二次跑光,工人无法收缴清华大学"井冈山"的全部武器。因此,7月31日,北京市卫戍区的军代表刘丰、海军宣传队领导、工人宣传队领导都来北航劝清华"井冈山"回校。下午,市领导吴德、刘绍文又轮番来北航劝清华"井冈山"回校。晚上,谢富治再次亲自来到北航。他是先到清华找工人谈,对工人宣队下达了《七条指示》和三条口头指示,内容如下:

谢富治的《七条指示》:

一、工农毛泽东思想宣传队人数减到五千人。

二、工农毛泽东思想宣传队住在清华井冈山和4.14之间宣传毛泽东思想。

三、暂时分门分区维持次序,学校五个门,宣传队负责南门;清华井冈山负责北门、西门、西南门;4.14负责东门。

四、清华大学的师生员工在校内恢复一切正常活动,在目前两派对立情绪没有消失之前,主要在自己的区域内活动。

工农毛泽东思想宣传队住：焊接馆、汽车楼、动农馆、招待所、附小、幼儿园等地；

4.14住：主楼；

清华井冈山住：原东区全部、原西区全部、原礼堂区全部；由解放军保护9003工厂。

五、武器上交不要太急，要通过政治思想工作，作到自觉上交。

六、工农毛泽东思想宣传队欢迎校外同学回校。对工农毛泽东思想宣传队如有意见欢迎批评。

七、爱护革命小将，爱护清华一草一木，不拿一针一线，作到秋毫不犯。

谢富治还做了三条口头指示：

1、所有抓的人都要放，4.14抓井冈山的所有人员都要放，统统放。

2、清华的所有财物都要归还，包括国家的和个人的。

3、宣传队负责处理工资和助学金问题。

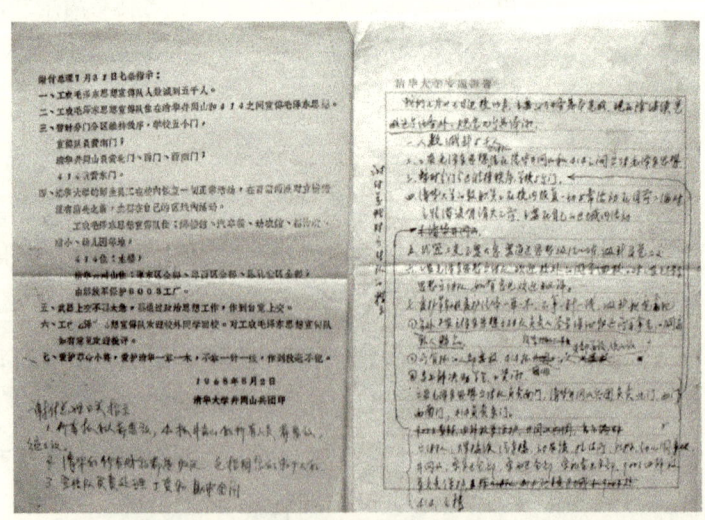

谢富治的《七条指示》和后三条"口头指示"

谢富治《七条指示》的大致内容也登在 1968 年 7 月 31 号的《井冈山报》154 期的《短讯几则》里，但没有说明是谢富治的指示。

谢富治在清华大学做了《七条指示》和"三条口头指示"后，又来到北航和清华"井冈山"谈，让他们回校，并在北航礼堂讲了话。当年的油印记录稿是这样记录谢富治当时的讲话：

清华井冈山在文化大革命过程中，特别是在文化大革命初期紧跟以毛主席为首、林付主席为付的无产阶级司令部，……和那些叛徒、特务、反革命修正主义分子刘少奇、邓小平、陶铸、彭德怀、贺龙、谭震林、薄一波、安子文、还有他们那些小爬虫王关戚作斗争，你们做了很大贡献。……特别是你们反对刘少奇，和他的特务老婆王光美作斗争，你们是有功劳的，你们是有功勋的，你们是干得对的！"

（底下喊口号：毛主席万岁！井冈山人誓死保卫毛主席！誓死保卫林副主席！誓死保卫周总理！誓死保卫中央文革！）

接着高度评价了："首都工农毛泽东思想宣传队是完全正义的行动。是按毛主席的指示办事的，是符合毛主席伟大战略部署的。"说我们反工宣队是"小将犯错误，这个错误是严重的"并说"这个错误要是我犯啊，那就立即撤职，你们犯了不要紧，但是要改正噢，不能够屡教不改噢。要做检讨，要支持工宣队，要刷大标语欢迎支持首都工农毛泽东思想宣传队。"并说"当然，首都宣传队没跟你们商量，这个人啊，多了一点。现在他们这个任务哇，制止武斗的任务哇，已经基本完成了。他们自己主动提出减少三分之二，这个具体事情跟你们领导小组都谈了。"

谢富治要求"清华同学统统回清华，正常搞四大，不要武斗。""对毛主席伟大战略部署，理解的执行，暂时不理解的也要执行！"接着，他让随同来的解放军宣传队的负责人也讲了话，表达了"工农兵毛泽东思想宣传队和红卫兵小将的深厚战斗友谊"。这条消息刊登在 1968 年 7 月 31 号的《井冈山报》第 154 期第四版头条"毛主席派人来"。

谢富治的北航讲话和《七条指示》下达后,"井冈山"受到了安慰,滞留北航的清华"井冈山"开始返回清华大学,并最终同意上缴全部武器。可以说,清华"井冈山"从7月27日开始武力对抗工宣队一事,到7月31日终于告一段落。但此时,"井冈山"内部"鹰派"的对立情绪并没有因此而减弱,他们在很长一段时间内,都不能改变对工宣队的抵触情绪。

7月31日,谢静宜回到中南海,去见毛主席。毛主席见到她,第一句话就问:"你未被打死啊?"

他是严肃而幽默地发问的,因为他看到简报上说谢静宜也挨了一砖头。

毛主席急着要了解清华的情况。谢静宜把北京市革委和宣传队指挥部事先准备好的一张很大的清华园地图铺在地毯上。毛主席蹲下仔细察看,并问工农宣传队的位置、分布的地区,现在都在哪里。

谢静宜汇报了宣传队当时在学校南门里照澜院和9003大楼一带的情况;汇报了"团派"蒯大富和"四派"沈如槐两派各占的地区。特别是汇报总指挥部让她向毛主席报告,总指挥部在体育学院与清华大学"团派"谈判时,市里一领导决定,限工农宣传队只准走的路线,以及规定哪些路线、地区不能进、不能通过的情况。

毛主席看完地图站起来气愤地说:"大学是工人、农民和全国人民办的。什么这条路能走,那条路不准通行?是谁规定的?没有道理!对工人、农民和全国人民来讲,条条道路都是通行的。什么这条路线不能走,那个地段不能进?岂有此理,是犯了'路线错误'。"

他看了学校一些小传单,上面写着:"工人不在工厂抓革命促生产,到学校干什么来了?"

毛主席说:"工人在工厂抓革命促生产,到学校是抓革命促教育。"

当他看到传单上写着"毛主席接见了五大学生领袖"时,又说:"不是接见,是召见他们,批判他们。"

他接着说:"看来我是要接见了,我是要接见工农宣传队,接见他们的代表。你去转报汪主任，由他来安排时间。"

虽然清华"井冈山"的报纸和宣传都表示欢迎支持工人宣传队，但有不少人还是想把工人"挤出去"，在很多事情上不与工人配合。

8月2日晚上，清华"井冈山"在北航大礼堂召开大会，主席台两侧依然贴着9003大楼曾挂出来的那两条醒目大标语：

雪里梅花开不败！

井冈山人敢上断头台！

蒯大富在会上传达了毛主席"7.28谈话"，大家讨论形势。

陈育延1968年8月4日工作笔记记载：

8月4日下午，谢富治指示："工农宣传队要住哪个房子就住哪个房子，礼堂空出来，由工农宣传队掌管，今天就办。"

8月5日，《人民日报》发表纪念毛主席《炮打司令部》大字报两周年的社论：《在以毛主席为首的无产阶级司令部领导下团结起来》，批判"多中心论"。社论指出："以毛主席为首的、林副主席为副的无产阶级司令部，是全党、全军、全国和广大革命群众的唯一领导中心……所谓'多中心论'是一种资产阶级山头主义、个人主义的反动理论，它涣散革命队伍在毛泽东思想基础上的团结，妨碍无产阶级革命路线的贯彻执行。倘若各个部门、各个单位都要'以我为中心'，全国有许多个'中心'，仍旧是无中心。这种思想如果听任发展下去，而不加纠正，就会走到脱离以至对抗无产阶级司令部的错误的道路上去。"

这天，毛主席将外国元首访华时送给他的芒果转送给驻清华大学的"工农毛泽东思想宣传队"，以示对他们的支持和赞扬。此事在全国引起很大的反响。

8月8日下午，毛主席接见中央文革碰头会成员和北京市革委会副主任吴德。谈到工人宣传队进学校制止武斗时，毛主席说："工人串连这样快，没有料到，可见武斗不得人心。宣传队、军管代表进学校不要急于表态，要他们联合。要一个一个研究怎么样表态，促成联合。要告诉他们，两派的小报不要对骂，不利于联合，红卫兵要和工农兵相结合。靠学生解决问题是不行的,历来如此。学生一不掌握工业,二不掌握农业,三不掌握交通,四不掌握兵。他们只有闹一闹。四大自由,我看现在什么自由都没有。清华两大派打,有什么自由?双方报纸互相骂,有什么自由?在本派内又不能自由辩论,有什么自由?在本派内也没有自由。他们都是武斗集团,不知有多少个中心。所谓'五大领袖',群众不信任他们,工人、农民、士兵不信任他们,学生不信任他们,本派的大部分不信任他们,只有几百人勉强控制,怎么行呢?学生为人民没做什么好事,怎么能取得群众的信任呀?要二十年、三十年做了点好事,才能取得群众信任。当了什么委员、副主任,就不得了喽!"

  谈到8月5日把外国友人送的芒果转送给首都工人毛泽东思想宣传队,引起全国震动的事情,毛主席说:"这是个偶然事件,现在变成了政治事件。我没有见到芒果,我告诉汪东兴,我们不吃,送给工人宣传队。"【注】

  【注】《毛泽东年谱》第六卷第178、179页。

三十二、工宣队进驻大学

清华大学的百日大武斗以 7 月 27 日后，工宣队控制清华局势，"团派"撤离清华，"四派"认可工宣队而暂告结束。虽然谢富治的《七条指示》后，"团派"学生陆续回到了清华，但双方的俘虏还没有获得自由，两派迟迟不能达成交换俘虏的协议，

7 月 27 日那天，被"4.14"关押的俘虏从科学馆转移到主楼三楼的大教室，依旧是原来的看守看管他们。

又是一个星期过去了，十分渴望自由的叶志江决定组织越狱。一天中午，当他确定大多数人已经午睡后，拉开了已在几天前就被他悄悄弄坏门扣的房门。几个俘虏跟着他从主楼楼梯旁离地近 10 米高的窗口跳下，除了曾昭奋脚后跟粉碎性骨折外，其他人顺利地逃脱。曾昭奋忍着剧痛，用脚尖猛跑，最后瘫倒在地。一辆路过的粪车将受伤的曾昭奋送了回来。

"4.14"向工宣队报告俘虏逃跑一事后，工宣队召集两派举行紧急会议。"井冈山"坚称没有见到任何俘虏，指控"4.14"阴谋杀害俘虏。但陈育延在会上忍俊不禁的表情露出了破绽。

"4.14"手里还掌握着一批俘虏。清华大学两派最终于 8 月 9 日晚 21 时 20 分签署了交换俘虏的协议。协议原稿至今保存在陈育延手中。

在交换的俘虏中"井冈山"谭小平和裴觉民两位同学，一个是男生，一个是女生，但是两人被关在同一间牢房里了。这男女同牢应是独创，不记得是男的挨打还是女的挨打，总之，另一方很尽了喂水喂饭的责任。出狱后，两人成为患难夫妻。

8 月 13 日，毛泽东、林彪接见了北京工宣队队员。15 日，又接见了驻清华大学工宣队代表。

8月16日，工宣队要求清华两派组织都撤销，成立联合的"红代会清华井冈山革命大联合委员会"，并且宣布工宣队长期驻在清华大学。

8月17日，清华两大派在工宣队的帮助下，达成停止武斗、停止互相攻击的协议，成立了大联合委员会。"团派"负责人蒯大富和"四派"负责人沈如槐分别担任正、副主任。

晚上，毛泽东听取林彪、黄永胜、吴法宪、温玉成汇报工作。北京卫戍区司令员温玉成汇报到清华大学两派已经联合起来时，毛泽东说："清华联合起来是大势所趋，不联合不行。清华这个学校，我们一定要占领，搞到底，搞到它斗批改为止。"

汇报到许多院校长期联合不起来时，毛泽东说："总会有团结的时候，事情总是有始有终。可以军管。北京的学校要有工人、解放军进去。北京八十万工人，抽出十分之一——八万人就够了，实际上用不着十分之一，并不影响生产。完全是工人不行，要有解放军。现在北京的学生，不怕解放军，就是怕工人。因为他们摸到解放军的底，有五不政策。解放军对学生没办法，工人硬一些。"【注1】

毛泽东这里说的"五不政策"是指解放军在"三支两军"中坚持的"打不还手，骂不还口，不捕人，不开枪，不动气"政策。

8月18日，《人民日报》为纪念毛泽东首次检阅红卫兵两周年，发表社论《坚定地走上同工农兵相结合的道路》。这篇社论稿，陈伯达、姚文元于8月16日报送毛泽东审阅。毛泽东将文中"挑动工农斗学生"，改为"挑动群众斗群众"；将大学生"轻视工农而又自己以为了不起，难道还不该'奉劝'一下吗？"，改为"轻视工农而又自己以为了不起，这种极端错误的态度，难道还不该彻底改正一下吗？"【注2】

8月19日下午，毛泽东召集中央文革碰头会成员开会。谈到工人和解放军宣传队进驻学校搞斗批改的情况时，毛泽东说：

从前我说过，斗批改要靠教职员、工人、学生中的积极分子，现在还是不改变这个提法。要依靠教职员、学生、工人中的积极分子，但光依靠他们还不行。有的学校就是不搞斗批改,专打内战,所以要派解放军和工人进去。清华两派联合起来了,主要是工人、解放军去一冲。上海有一百二十万工人,把大中小学、文艺团体统统都管起来。进去的工人、解放军一直住下去,搞一个工兵学三结合。总而言之,要工人同解放军、学生三结合,从此把大中小学管起来。已经两年多了,不斗不批不改,尽搞武斗。打内战这叫作革命吗?这里面一定有坏人。我很注意逍遥派的动向,逍遥派是多数。他们之所以逍遥,就是他们反对打内战,不愿意搞武斗。

谈到8月5日把外国友人送的芒果转送给北京工人毛泽东思想宣传队引起全国震动一事时,毛泽东说:

你们要看看恩格斯的一篇文章《偶然性与必然性》,这篇文章强调了偶然性。有很多事都是偶然的。

谈到工厂的运动进展情况时,毛泽东说:

工厂到现在差不多了,也有少数工厂没有搞好。今后工厂要搞大批判、清理阶级队伍、整党三项任务。

在谈话中,毛泽东还提出:

九月或十月要开中央工作会议或中央全会,全会到半数以上就可以,各省革命委员会负责人参加会。会议的主题,一是大批判;二是清理阶级队伍;三是整党;四是减薪,科室人员下放。厂长、副厂长的薪金要同工人差不多,现在相差太远,要减下来。【注3】

8月19日,北京第一机床厂、第二机床厂、外文印刷厂、齿轮厂、财经印刷厂、六十三军,共492人组成的"首都工人、解放军毛泽东思想宣传队"进驻北京大学。六十三军政治部副主任刘信担任总指挥,二机床厂女工人魏秀茹等6名工人是副总指挥。8月20日晚上,宣传队召集北京大学两派代表谈判,达成有关协议:一是上交武器，拆除武斗工事；二是对宣传队不能两面三刀；三是宣传队接管全校广播台；四是着手解决释放被抓人员问题；五是停止互相攻击等等。此后两天内，北大的"公社"和"井冈山"分别上交武斗工具。

8月21日晚，进驻北京大学的毛泽东思想宣传队第一次与聂元梓及北大校文革全体常委接触，并向他们提出三个问题：

为什么"井冈山"不承认校文革？

校文革采取了什么态度？

校文革支持武斗，要不要承担武斗造成的损失和责任？

北大校文革作出四项决定：

1、主动到"井冈山"住区帮助拆除武斗工事；

2、把"井冈山"人员未领的工资送去并承认错误；

3、聂元梓接受批判；

4、给"井冈山"人员解决吃饭问题，以后政治、经济、生活上一律平等。

根据毛泽东的指示，姚文元于8月22日给毛泽东送去了《在工人阶级的领导下，认真搞好斗、批、改》一文。他在送审报告中说："根据您'宜有一篇指导当前政治的文章'的提示，我写了一篇评论，整理了您的两段重要指示，驳斥了一些错误的观点，不知能否作为社论或署名文章在《红旗》用。"【注4】

姚文元提到的"整理了您的两段重要指示"是文章中的这两段话：

毛主席最近指出："实现无产阶级教育革命，必须有工人阶级领导，必须有工人群众参加，配合解放军战士，同学校的学生、教员、工人中决心把无产阶级教育革命进行到底的积极分子实行革命的三结合。工人宣传队要在学校中长期留下去，参加学校中全部斗、批、改任务，并且永远领导学校。在农村，则应由工人阶级的最可靠的同盟者——贫下中农管理学校。"

毛主席最近指出："建立三结合的革命委员会，大批判，清理阶级队伍,整党,精简机构、改革不合理的规章制度、下放科室人员,工厂里的斗、批、改,大体经历这么几个阶段。"

毛泽东审阅时又做了一些修改。送审稿中写道:"正是在以毛主席为首的无产阶级司令部领导下,才能发动这样一场亿万革命群众参加的史无前例的无产阶级文化大革命。"毛泽东审阅时,删去了文中"史无前例的"五个字,并写道:"以后不要说史无前例。历史上最大的几次文化大革命是发明火,发明蒸汽机和建立马克思列宁主义,而不是我们的革命。"

毛泽东将原标题"在工人阶级的领导下,认真搞好斗、批、改",改为"工人阶级必须领导一切",并加上了姚文元的署名。

毛泽东在送审稿上批示:

应确定红旗为半月刊,按期出版,每期由你写一篇评论。此文由你署名,在红旗先发,然后由各报转载并广播。

请向碰头会宣读一次,征求意见。

毛泽东
八月廿二日下午八时

8月23日,姚文元将修改后的该文送审,并说明:"这是准备提交碰头会宣读的稿子。您加的一些段落,都用了粗体,以便同志们了解学习。如认为有的地方在发表时不宜用,请注明。"

毛泽东在"不宜用"三字下画了一道杠,并写道:"除已写明是我讲的两段话以外,其余都不用粗体。"最后在送审稿上批示:"大体可以了。"

8月25日,《红旗》杂志第2期发表了姚文元的《工人阶级必须领导一切》。次日,《人民日报》转载这篇文章。

姚文元指出,坚持工人阶级的领导,首先要保证"毛主席的每一个指示,工人阶级的最高战斗指挥部的每一个号令,都能迅速畅通贯彻执行。必须反对'多中心论即无中心论'、山头主义、宗派主义等破坏工人阶级领导的资产阶级反动倾向……我们国家中,不允许存在与毛主席的无产阶级司令部相对抗的任何大的或小的'独立王国'。"

毛泽东在审阅到此时加写了下面这段话:"全国各地那些被资产阶级分子所把持的大大小小的独立王国里的公民们,也应当研究这个教训。"

姚文元在文章中写道:"那种把工人当成'自己'以外的异己力量的人,如果不是糊涂,他自己就是工人阶级的异己分子,工人阶级就有理由专他的政。"毛泽东加写了下面这段话:"有些自己宣布自己为'无产阶级革命派'的知识分子,一遇到工人阶级触动他那个小小的'独立王国'的利益的时候,就反对起工人来了。这种叶公好龙的人物,在中国还是不少的。这种人就是所谓轻视工农、爱摆架子、自以为了不起的人物,其实不过是现代的一批叶公而已。"

文章说:"凡是知识分子成堆的地方,不论是学校,还是别的地方,都应有工人、解放军开进去,打破知识分子独霸的一统天下,占领那些大大小小的'独立王国',占领那些'多中心即无中心'论者盘踞的地方。这样,成堆的知识分子中间的不健康空气、作风和想法就可以改变,他们也就可能得到改造和解放。"这段话同样是毛泽东加写进去的。

姚文元认为,当时"首先的任务是建立三结合的革命委员会,使工厂企业的领导权真正掌握在无产阶级手里。这往往是同大批判和大体上清理阶级队伍两项任务结合起来做的。"接着就是开展"革命的群众性的大批判",然后,"清理阶级队伍,稳、准、狠地打击一小撮特务、叛徒、死不悔改的走资派和没有改造好的地、富、反、坏、右分子"。而大批判和清理阶级队伍,又为整党创造了最好的条件。姚文元还传达了毛泽东的整党目标:"党组织应是无产阶级先进分子所组成,应能领导无产阶级和革命群众对于阶级敌人进行战斗的朝气蓬勃的先锋队组织。"【注4】

8月24日,上海首批工人毛泽东思想宣传队进驻上海戏剧学院和上海海运学院。

8月25日,周恩来等人将派"工宣队"进学校的通知稿报告毛泽东、林彪："前遵主席指示，由姚文元同志起草了这个通知，并在中央文革碰头会上做了一些修改。""请主席予以批示。"

周恩来等送审的通知稿中写道："根据毛主席的指示而进驻大学的北京工人毛泽东思想宣传队，已经获得显著的成效，在全国起了巨大的影响。中央认为：整顿教育，时机到了。各地应该仿照北京的办法，把大中城市的大、中、小学校逐步管起来。在已经成立了革命委员会，在工人中已经实行革命大联合，清理阶级队伍工作已经有了显著成效的大、中城市，都要在革命委员会领导下，以优秀的产业工人为主体，配合人民解放军战士，组成毛泽东思想宣传队，分批分期，进入各学校。先搞试点，总结经验，逐步普及。先进大学，后进中、小学。没有两派组织，也没有武斗的学校，也要进入。"

毛泽东批示："照发。"并对通知稿中一段话：工人宣传队"抽调工人的人数，大体上可占当地产业工人十分之一左右"之后，加写"或更少一点，不会妨碍生产。"【注5】

当天，中共中央、国务院、中共军委、中央文革下发中发［68］135号文件：《关于派工人宣传队进学校的通知》。

8月26日，毛主席审阅中共中央军委办事组8月20日建议对部分军事院校实行军管的报告，批示："如工人条件成熟，所有军事院校均应派工人随同军管人员进去。打破知识分子独霸的一统天下。"【注6】

8月26日，上海第二批工宣队进驻复旦、交大、师大等20所高校。

8月27日，第三批工宣队进驻上海第二医学院、上海外贸学院、上海科技大学、上海铁道学院等院校。至此，上海从15个工业局所属250家企业抽调的1.1万余名工宣队员和218名军宣队队员已经全部进入市高教局、教育局和28所高校。

到8月底，北京的59所大专院校全部进驻了工宣队。

到1968年年底，不仅全国大中城市的学校或教育部门，而且中国科学院、文化艺术单位或部门及出版社，甚至还有一些军事院校，都进驻了工宣队。

钟声在这一天敲响——记1968年清华大学7.27事件

　　如果说，1967年7月20日发生在武汉的"7.20事件"彻底改变了文革中造反派的地位，那么，一年后的清华"7.27事件"则改变了有史以来教育和文化领域的状态。"7.27事件"不仅结束了清华大学的武斗，结束了北京大学的武斗，也结束了北京高校的武斗，结束了北京的武斗。不仅如此，作为群众自发组织性质的红卫兵运动可以说从此终结，文革中自发的群众组织基本也从此终结。工人进入了高校，进入了学校，进入了整个教育领域和文化领域。他们不是来这里为知识分子从事服务性的工作，而是来领导知识分子，这是人类历史上从未有过的现象。这一切，从现象看，都源于"7.27事件"！这一天，值得我们记住并且回忆。

　　【注1】《毛泽东年谱》第六卷第182、183页。

　　【注2】《毛泽东年谱》第六卷第182页。

　　【注3】《毛泽东年谱》第六卷第183、184页。

　　【注4】《毛泽东年谱》第六卷第185、186、187页。

　　【注5】《毛泽东年谱》第六卷第188页。

　　【注6】《毛泽东年谱》第六卷第189页。

后　　记

　　1968年7月27日，清华大学发生的"7.27"事件，是"文革"中的标志性事件，也是"文革"的转折点。从此，红极一时的蒯大富等"五大领袖"告别政治舞台，轰轰烈烈的红卫兵运动悄然落幕。按照毛泽东指示，"军宣队""工宣队"进驻高等院校，而且要长期驻下去，领导教育革命，从而开启"文革"新篇章。

　　毛泽东的机要秘书谢静宜在她的《毛泽东身边工作琐记》一书中写到，一个月后（指"7.27"后），毛泽东对她说："真正在上层建筑中体现工人阶级领导的从'7.27'开始。"可见，"7.27"是毛泽东的战略部署。谢静宜还在该书中披露："毛泽东预计到时会流血。""那时，主席时刻关注清华的消息。"毛泽东怎样关注？看电视转播，还是听取汇报？谢静宜汇报了吗？如果事先通知蒯大富和清华师生，"团派"会抵抗吗？会发生流血冲突吗？

　　了解"7.27"的全貌，探索"7.27"真相，清华人，亲历者，责无旁贷。

　　2018年7月，原清华大学学生、"井冈山兵团"二把手鲍长康，应邀赴贵阳参加"7.29"纪念活动，遇见几位1968年借住清华大学10号楼的贵州"4.11"，他们也是"7.27"事件亲历者。真是机会难得，随即安排了座谈会和采访活动。几位受访人谈了"7.27"那天清华园发生的冲突，10号楼被火攻，以及深夜撤离时的不舍和对中央声音的期盼。《访谈录》登载2020年乐山斋书屋出版的《火炬文萃》。

　　鲍长康并未止步于此，又组建"实说7.27"微信群，继续探索"7.27"真相。本群成员基本上是"7.27"亲历者，有清华的"团派""四派"、当年住10号楼的贵州"4.11"，还专门邀请了来自天津的《文革史话》作者刘朝驹，他是局外人，也是本书主笔。

每位群成员都写了"7.27"的亲身经历，还向群外亲历者征稿数10篇。经过反复研讨和刘朝驹先生的辛勤劳作，历时5年，《钟声》终于完稿成书。

《钟声》简明扼要，重点突出，有较强的可读性。同时由刘朝驹先生执笔，一定程度上避免了派性倾向，比较客观地陈述了"7.27"事实，为学者和后人研究这一课题提供了一份有价值的史料。

戴碧玉

2023 年 4 月 20 日

读后记

很荣幸能够成为《钟声在这一天敲响——记1968年清华大学的"7.27事件"》(以下简称"钟声")这部书较早的读者，或许同时还是这一批读者中最年轻的一位。

1977年出生的我，理论上是文革后的成长起来的一代人。少年时代常玩一种把香烟的外包装折成三角形的游戏，那时候几乎每个小孩子手里都会有河南新郑卷烟厂出产的"芒果"牌香烟烟标，绿色的背景中，白瓷盘子上放有一个金灿灿的芒果，看起来十分诱人，而真正的芒果滋味我直到九十年代中期才得以品尝。那时候的我就一直困惑，河南这样一个北方内陆省份，出产"中岳""太行""黄金叶"之类品牌的香烟可以理解，为什么会有这样一个世面上大家从来都见不到、吃不到的热带水果为主题的香烟？很多年后我才找到答案，这款香烟就是为了纪念毛主席1968年8月5日将外国朋友赠送给他的芒果转送给清华大学工人毛泽东思想宣传队而特意生产设计的。老版的香烟包装上曾经印有1968.8.5的字样，在八十年代淡化政治、淡化文革的背景下取消了1968.8.5的字样，让年少的我误认为这是一款以水果为主题的商标。或许这枚烟标就是我最早接触到与工宣队有关的符号与信息。

工宣队全面进入教育领域和文化领域，正是始于清华大学"7.27事件"，而《钟声》这本书翔实的讲述了工宣队进入清华大学的全过程。在文革研究领域中，与清华大学相关著述已经有了多种，有两派头头的个人回忆录或传记，如沈如槐的《清华大学文革纪事》、许爱晶的《清华蒯大富》；也有清华校友文革回忆合集，如孙怒涛的《良知的拷问》《历史拒绝遗忘》；还有以原始资料为基础《清华文革亲历——史料实录、大事日志、孙维藩日记》等等。这些著述的作者有两派学生、教师、干部，内容涵盖了清华文革历程中的方方面面，为后人研究清华文革提供了宝贵的资料。在清华文革的历程中，"7.27事件"无疑是一个重要事件，它不但影响了整个清华文革的走向，也是全国红卫兵运动的转折点。关于"7.27事件"，以上相关著作都有或多或少的记述，但是全角度的、以特定主题来叙述整个"7.27事件"的，《钟声》还是第一部。

整部书正文部分共有三十二章，从大的框架上看，其实可以分为两大部分：前八章是背景介绍，《7.3布告》和《7.24布告》的颁布、外地造反派在北航开会以及中央领导人对此次会议的批评；后二十四章则是以时间为脉络，以地点为轴线对整个事件的详细阐述。整体结构清晰明了，以叙事为主，不涉及太多的理论讨论，即使是文革后成长起来的年轻一代，整部书读起来也并不会觉得吃力。

唯有一点，倘若不熟悉清华校园布局，会对工宣队行动部署略有困惑。但是书中配有清华大学全景平面图，这一平面图与1968年工宣队进校时的校园布局完全吻合，并且标注了4.14当时占据的主要区域。阅读时结合着这一平面图，"7.27事件"时工宣队如何进入学校、两派学生有何反应，都会立体而生动地——再现于读者面前。

根据当时的部署，共有来自北京市冶金、机械、纺织、中央各部直属工厂等各行业约三万余人共计八个团的庞大兵力，分别由东门、南门、西门进入清华。书中所附的校园平面图中也标注了第五团、第六团由东门进入校园，第四团、第八团由南门进入校园，第一团、第二团由西门进入校园，而这只涵盖了工宣队八个团中的六个团，缺少第三团和第七团的确切进校路线。在"7.27事件"中，多数回忆来自学生方面，来自工人、指挥部、北京市革委会方面的信息，尤其是关于决策、部署方面的信息相对欠缺。第三团和第七团由哪里进入校园固然可以从他们接受的任务中"推测"出来，但是目前并无确切信息，编著者们只标注了有确切信息的六个团，从这一小细节不难看出编著者们的严谨态度。

在以往有关"7.27事件"的描述中，较少提及当时在清华校内的外地造反派在这一重大事件中的反应与表现。在外地造反派集中居住的东区 10 号楼，以往的记载多集中于二机床厂中层干部王松林在这里死于手榴弹一事。在《钟声》中，则有专门的章节收录了多位居住于 10 号楼的贵州造反派回忆，生动地再现了当时 10 号楼攻守双方的真实场景，冲突如何一步步地由辩论、对峙到互掷石头、砖块、桌椅，进而发展到工宣队一方"火攻"。而这样严重程度的冲突，在清华校园的核心区域（如大礼堂、静斋等）都未出现。这些回忆，对于丰富"7.27 事件"有着重要的价值和意义。

值得一提的是，《钟声》以发生在清华的"7.27 事件"为主题，编著者们自然以清华文革当事人为主，有团派亲历者，也有 4.14 亲历者，而非某一派观点和立场，主笔则是来自天津的文革研究学者刘朝驹老师，从而以避免派性，力求客观公正。书中引述了各方的回忆，如蒯大富、沈如槐、陈育延、谢静宜，对团派在"7.27 事件"中表现出的狂热、膨胀没有丝毫回避，对 4.14 在"7.27 事件"中表现出来的冷静、理智也如实记述。

《钟声》的出版将会进一步丰富清华文革研究文库。《钟声》的编著者希望这是一部"年轻人能够看得懂""如实陈述历史事实"的书，我想，他们的确做到了。衷心感谢所有为这部书付出努力的参与者！

许东杰

2023.4.16

书中人物介绍

（按书中出现先后为序）

1. 陶　森——清华大学电机系党总支副书记、代书记，团派。
2. 陈天晴——清华大学数力系力 7 班学生，四派。
3. 葛伍群——清华大学冶金系铸 0 班学生，四派。
4. 陈文安——清华大学燃 9 班学生，四派。
5. 宿长忠——清华大学水利系 7 班学生，"4.14"总部委员。
6. 周忠东——清华大学力 03 班学生，四派。
7. 沈文龙——清华大学力 04 班学生，团派。
8. 李钟奇——北京卫戍区副司令员。
9. 姜文波——清华大学土建系学生，四派。
10. 谢晋澄——清华大学自动控制系 904 班学生，四派。
11. 蒯大富——清华大学工化系化 92 学生，清华大学井冈山兵团总部一把手，首都大专院校红代会核心组副组长，北京市革命委员会常委。
12. 聂元梓——北京大学哲学系党总支书记，北京大学文化革命委员会主任，北京市革命委员会副主任。
13. 韩爱晶——北京航空学院学生，北京航空学院"红旗战斗队"一把手，北京航空学院革命委员会主任，首都大专院校红代会核心组副组长，北京市革命委员会常委。
14. 王大宾——北京地质学院学生，北京地质学院"东方红公社"政委兼司令，首都大专院校红卫兵代表大会核心组副组长，北京市革命委员会常委兼政法组副组长。
15. 罗征启——清华大学党委宣传部部长，四派。
16. 孙华栋——清华大学无线电系 64 级光 01 班学生，四派。

17. 吴慰庭——清华大学自控系 67 届自 7 班学生，团派。

18. 郭福鑫——清华大学土建系暖 0 班学生，团派。

19. 张　庚——清华大学动农系动 9 班学生，团派。

20. 李自茂——清华大学动农系动 9 班学生，团派。

21. 鲍长康——清华大学工程化学系 92 班学生，清华大学井冈山兵团总部二把手，"井冈山文攻武卫指挥部"总指挥。

22. 段洪水——清华大学修缮科工人，团派。

23. 卞雨林——清华大学工程化学系化 003 班学生，四派。

24. 刘万璋——清华大学物 6 班学生，四派，"4.14 文攻武卫总指挥部"副总指挥，总指挥。

25. 许恭生——清华大学冶金系焊 8 班学生，团派。

26. 贾培发——清华大学自 9 班学生，四派。

27. 孙　慧——清华大学水利系 00 班学生，四派。

28. 张寿昌——清华大学校医院党委书记，副院长，四派。

29. 朱玉生——清华大学土木建筑系房 01 班学生，四派。

30. 樊思清——清华大学动农系光 01 班学生，团派。

31. 路再沂——清华大学动力系实验室实验员，团派。

32. 杨志军——清华大学电机工程系电 01 班学生，四派。

33. 周剑秋——清华大学工物系物 9 班学生，四派。

34. 刘庆西——清华大学汽 9 班学生，四派。

35. 崔丕源——清华大学汽 9 班学生，四派。

36. 杨述立——清华大学动农系实验室实验员，四派。

37. 周家琮——清华大学冶金系学生，四派。

38. 赵德胜——清华大学电机系学生，团派。

39. 沈如槐——清华大学力 03 班学生，"4.14"总部一把手。

40. 汲　鹏——清华大学学生，"4.14"总部常委，"4.14 文攻武卫总指挥部"副政委。

41. 傅正泰——清华大学老师,"4.14"总部委员。

42. 温玉成——北京卫戍区司令员。

43. 曹贤文——清华大学无8班学生,四派。

44. 邱心伟——清华大学水利系水02班学生,四派。

45. 钱萍华——清华大学自控系82班学生,四派。

46. 但　燊——清华大学自9班学生,1968年7月4日任四派"东区司令"。

47. 张雪梅——清华大学水利系水02班学生,"4.14"总部常委。

48. 王永县——清华大学工化系00班学生,"4.14"科学馆"卫戍区司令"。

49. 戴维堤——北京航空学院学生,北京航空学院革命委员会保卫部部长。

50. 刘长信——北京体育学院学生,北京体育学院革命委员会主任,北京市革命委员会委员,首都大专院校红代会核心组成员。

51. 康　生——中共中央政治局候补委员,中央书记处书记,中央文革小组顾问。

52. 谢纪康——北京大学物理系学生。

53. 梁清文——北京大学地球物理系学生。

54. 孔易人——北京大学哲学系学生。

55. 关玉霖——北京大学物理系学生。

56. 卢　平——北京大学"新北大公社"社长。

57. 武传斌——广州中山大学生物系学生,广州"旗派"负责人,广东省革委会常委。

58. 邱学科——广州"工联"负责人。

59. 林基球——广州"工人"负责人。

60. 郑焕成——北京航空学院学生,"北航红旗"广州联络站站长。

61. 段孔莹——北京航空学院学生,"北航红旗"动态组负责人。

62. 柴孟贤——北京航空学院学生。

63. 黄永胜——解放军总参谋长，中央军委办事组组长。

64. 侯玉山——北京航空学院学生，北京航空学院革命委员会常委。

65. 谭厚兰——北京师范大学学生，北京师范大学"毛泽东思想红卫兵井冈山战斗团"总负责人，北京师范大学革委会主任，"首都大专院校红代会"核心组副组长，北京市革命委员会常委。

66. 朱　仁——广西党校教师，广西"4.22"赴京代表。

67. 陈　岩——清华大学工程化学系化0班学生，团派。

68. 白鉴平——广西柳州"造反大军"负责人。

69. 钱文军——广西柳州铁路一中学生，"柳州铁路局工机联"柳铁一中"联战"负责人。

70. 井岗山——北京航空学院学生，北京航空学院革命委员会副主任。

71. 段永基——清华大学化00班学生，蒯大富秘书，团派。

72. 许志新——北京航空学院学生。

73. 祝春生——北京航空学院学生。

74. 王竹贤——北京航空学院学生。

75. 杨玲玲——北京航空学院学生。

76. 柴孟贤——北京航空学院学生。

77. 尹聚平——北京航空学院学生。

78. 吴旭君——毛泽东护士长。

79. 谢静宜——八三四一部队机要员。

80. 张荣温——八三四一部队副团长。

81. 迟　群——八三四一部队宣传科副科长，新华印刷厂革命委员会主任。

82. 杨德中——八三四一部队政委。

83. 谢富治——公安部部长，国务院副总理，中共中央书记处书记、政治局候补委员，北京市革命委员会主任、北京军区政委、北京卫戍区第一政委。

84. 吴　德——北京市革命委员会副主任。

85. 吴　忠——北京卫戍区第一副司令员。

86. 杨俊生——北京卫戍区政委。

87. 刘绍文——北京卫戍区政委。

88. 黄意坚——广州中山大学学生，中山大学"8.31战斗团"负责人。

89. 蒋南峰——清华大学学生，"4.14文攻武卫总指挥部"副总指挥。

90. 陈楚三——清华大学力6学生，"4.14文攻武卫总指挥部"副政委。

91. 王云生——贵州息烽中学"4.11"学生。

92. 柳一安——北京第五建筑公司。

93. 张东昌——海军某部后勤处干部。

94. 光积昌——清华大学学生，四派。

95. 刘德山——北京第五建筑公司工人。

96. 任传仲——清华大学自00班学生，"井冈山"总部核心组成员，"井冈山文攻武卫指挥部"副总指挥、作战部部长，后接替鲍长康担任"井冈山文攻武卫指挥部"总指挥。

97. 陈育延——清华大学力003班学生，"井冈山"总部委员。

98. 赵菊生——清华大学力02班学生，团派。

99. 童悦仲——清华大学土建系学生。

100. 颜慧中——清华大学无线电系无06班学生，四派。

101. 刘　智——清华大学学生，"井冈山"办公室副主任。

102. 崔兆喜——清华大学电机系学生，"井冈山"总部委员，"井冈山文攻武卫指挥部"副总指挥、保卫组组长。

103. 贺鹏飞——清华大学机械系光0班学生，贺龙的儿子。

104. 刘　涛——清华大学自9班学生，刘少奇的女儿。

105. 李世雄——清华大学工程化学系92班学生，团派。

106. 刘才堂——清华大学工程化学系化91班学生，"井冈山"总部核心组成员，"井冈山文攻武卫指挥部"副总指挥。

107. 沈　昆——清华大学动农系汽002班学生，团派。

108. 赵炎生——清华大学水利系9班学生，团派。

109. 刘　丰——北京市革命委员会、北京卫戍区"三支两军"办公室负责人。

110. 陈继芳——清华大学冶金系焊0班学生，"井冈山"总部核心组成员。

111. 鲁文阁——北京二机床厂工人，北京市革命委员会常委。

112. 徐　凯——北京二七机车车辆厂工人，二七机车车辆厂"二七红色造反团"负责人，北京市革命委员会常委，北京市工代会副组长。

113. 吴国梁——清华大学电厂党支部副书记，"清华大学革命工人造反总部"负责人，"4.14"总部委员。

114. 宋执中——清华大学数力系03班学生，四派。

115. 叶志江——清华大学数力系力9班学生，团派。

116. 郁吉仁——清华大学数力系02班学生，"4.14"广播台编辑。

117. 付连池——清华大学动农系热0班学生，团派。

118. 牛又奇——清华大学动农系量9班学生，团派。

119. 游白然——清华大学动农系汽9班学生，团派。

120. 高继洪——清华大学力9字班学生，团派。

121. 刘宗有——清华大学工人，团派。

122. 邢云有——北京针织总厂工人，工宣队负责人。

123. 谢德明——清华大学土建系房9班学生，团派。

124. 王卫平——北京101中学学生，团派。

125. 廖凯贤——清华大学数力系02班学生，团派。

126. 孙炳华——清华大学无06班学生，无线电系团派一把手。

127. 邢晓光——清华大学无06班学生，无线电系团派二把手。

128. 王章练——清华大学无01班学生，团派。

129. 王学文——清华大学工物系64级物0班学生，团派。

130. 袁昌福——贵州新华印刷厂"4.11"工人。

131. 曾廉溪——贵州工学院"4.11"学生。

132. 姚德仁——贵阳师范学院（今贵州师范大学）"4.11"学生。

133. 张天海——清华大学无线电系8字班学生，团派。

134. 金利华——清华大学焊0班学生，团派。

135. 翁文斌——清华大学学生，团派，明斋"井冈山"广播台负责人。

136. 方雁生——清华大学房9班学生，团派。

137. 范希明——清华大学物9班学生，团派。

138. 卜国臣——清华大学力8班学生，团派。

139. 李冬民——北京二十五中学生，北京市中学红代会主任，北京市革命委员会常委。

140. 黎景泉——清华大学自控系教工，团派。

141. 唐建民——清华大学自控系0字班学生，团派。

142. 常燕群——清华大学自控系9字班学生，团派。

143. 李光鸣——清华大学设备仪器厂团支部书记，"4.14"独立排负责人之一。

144. 高季章——清华大学水利系9字班学生，"4.14"总部委员、"4.14"《井冈山报》总编辑。

145. 颜家庆——清华大学电00班学生，团派。

146. 刘汉碧——重庆大学学生。

147. 李　青——贵阳花溪中学高一"4.11"学生。

148. 魏凤英——贵阳十七中学"4.11"学生。

149. 田世信——贵州清镇一中"4.11"美术教师。

150. 戴碧玉——贵阳医学院（今贵州医科大学）"4.11"学生。

151. 郭　平——贵州橡胶制品厂"4.11"工人。

152. 莫福麟——贵州花灯剧团"4.11"演员。

153. 温思源——贵阳六中高二"4.11"学生。

154. 陈孝洪——贵阳七中初三"4.11"学生。

155. 王松林——北京第二机床厂副科长。

156. 张旭涛——北京541厂工人。

157. 潘志洪——北京市供电局工人。

158. 张存和——清华大学化91班学生。

159. 王良生——清华大学水9班学生,"井冈山"总部核心组成员。

160. 韩忠现——北京市第一食品厂革命委员会委员。

161. 廖光黔——清华大学冶金系0字班学生,团派。

162. 顾耀文——清华大学工物系9字班学生,团派。

163. 来可伟——清华大学动农系汽9班学生,团派。

164. 胡家柱——清华大学动农系汽7班学生,团派。

165. 李文元——北京橡胶四厂工人。

166. 邓广志——北京光华木材厂工人。

167. 刘孝林——北京光华木材厂工人。

168. 孙镇井——清华大学精仪系002班学生,团派。

169. 周大卫——清华大学学生,团派。

170. 张树有——清华大学光7班学生,团派。

171. 胡家柱——清华大学汽7班学生,团派。

172. 舒梦桃——清华大学自7班学生,团派。

173. 刘冠美——清华大学水9班学生,团派。

174. 攸　光——清华大学学生,"井冈山"保卫组。

175. 许瑞洪——清华大学学生,"4.14"守动农馆地区的负责人之一。

176. 王明媛——贵阳师范学院（今贵州师范大学）"4.11"学生。

177. 李仁福——贵阳医学院（今贵州医科大学）"4.11"学生。

178. 习更生——贵阳医学院（今贵州医科大学）"4.11"学生。

179. 杨道明——贵阳五中初中"4.11"学生。

180. 席里龙——贵阳师范学院附属中学高一"4.11"学生。

181. 许　东——原名许定科,贵州省聋哑学校教师。

182. 李康群——清华大学物00班学生,团派。

183. 熊　琍——清华大学冶金系金0班学生，团派。
184. 黄雅岚——清华大学动农系汽9班学生。
185. 魏秀茹——北京市第二机床厂工人。
186. 曾昭奋——清华大学教职工群众组织"红教工"成员，建工系助教，团派。
187. 谭小平——清华大学学生，团派。
188. 裴觉民——清华大学化02班学生，团派。
189. 刘　信——六十三军政治部副主任。

www.ingramcontent.com/pod-product-compliance
Lightning Source LLC
Chambersburg PA
CBHW031145020426
42333CB00013B/524